【改訂版】

空家等対策特別措置法の解説

【監修】衆議院議員・元環境大臣 **西村 明宏**
衆議院議員・元法務大臣 **山下 貴司**
【編著】**自由民主党空き家対策推進議員連盟**

大成出版社

はじめに

▶人口減少等の社会経済情勢の変化に伴い、総務省の住宅・土地統計調査によれば、使用目的のない空き家の総数はこの20年間で約2倍に増加しました。空き家は、防災・防犯、衛生、景観など多岐にわたり大きな問題をもたらし、地域の発展の支障となっています。私の地元の宮城県でも様々な空き家を巡る問題を目の当たりにしますが、近年では「空き家」という言葉を目にしない日がないほど、都市部・地方部を問わず全国的な課題となっています。

元環境大臣
衆議院議員　**西村明宏**
（自由民主党空き家対策推進
議員連盟会長）

▶本法が制定される以前、全国の地方から国レベルでの対応を求める切実な声が上がっていました。一部の自治体では法制定前から条例により空き家対策が講じられていましたが、空き家は「私有財産」であり、その財産権が強く守られている我が国においては、自治体もその対応に二の足を踏んでいたのが実情です。

▶そこで、当時の宮路和明代議士の下、自民党の国会議員の有する知見、経験や情報を結集し、解決策を見出すべく平成25年3月に立ち上がったのが「自民党空き家対策推進議員連盟」です。宮路会長の下、議員連盟の事務局長としてその検討に奔走しました。議員連盟では、現場の実情や声を踏まえた活発な論議、空き家対策に独自で先進的取組をしている自治体との意見や情報交換、空き家の現地視察などを精力的に積み重ねていきました。

▶そして、自治体が倒壊の危険等がある空き家への代執行も含めた円滑な対処を行うためには、議員立法が不可避であるとの思いを議員一同がいち早く共有するに至り、衆議院国土交通委員長提案として第187回臨時国会（平成26年9月29日〜11月21日）に法案を提出し、最終的に全会一致により可決に至ったのが「空家等対策の推進に関する特別措置法」です。

▶空き家の定義をどうするか、どの用途の建築物まで本法の措置の対

象とするかなど、法の根幹部分を整理し、まずは倒壊等著しく保安上危険である空き家への対処を緊急に行うための法律でした。産みの苦しみでしたが、国として総力を挙げた空き家対策はここからはじまったのです。

▶令和5年の本法の改正は、保安上危険である空き家への対処にとどまらず、空き家の「活用拡大」や「管理の確保」を含め、さらに「指定法人」という民間の力も含めて総力戦で対策を強化する、いわば空き家対策を「次なるステージ」へ進めるためのものです。

▶全国各地の自治体において、空き家対策を通じて、本法が究極の目的とする「公共の福祉の増進」と「地域の振興」に繋がることを願ってやみません。本著が、国民の皆様の空き家への関心の高まりや、関係者による空き家対策推進の一助となれば幸いです。

令和6年3月

【初版】はじめに

▶平成21年8月の衆議院総選挙で落選した私は、捲土重来を期し、早速、地元選挙区の集落回りを徹底し、これまで全く行ったことのなかった限界集落などにも積極的に足を運びました。その中で、最も痛切に感じたのは、猛威をふるう鳥獣による農林業被害のひどさと、驚くべき空き家の多さでした。

▶鳥獣被害については、いち早く平成8年に自ら「自民党農林漁業有害鳥獣対策議員連盟」を結成し、環境省をはじめ政府に対策の強化を訴え続けて、逐次その実現に努め、同19年には議員立法で「鳥獣による農林水産業等に係る被害の防止のための特別措置に関する法律」を成立させたところでした。

自由民主党
空き家対策推進議員連盟
前会長　**宮路和明**

▶一方、空き家問題のすさまじさは、初めてこれを目の当たりにし、強烈な衝撃を受けました。選挙区内の多くの集落で続々と空き家が発生し、台風時に瓦や壁が周辺に飛び散り、危険を及ぼしている空き家、手入れのされない庭木や垣根が周囲の家屋敷や路上にはみ出し、危険を及ぼしたり通行を妨げている空き家、シロアリの巣窟となり近隣の家屋に被害を発生させている空き家、荒廃した家屋敷が美しい農村風景を著しく損ねている空き家など、様々な空き家の弊害を集落の人々から訴えられ、早急に対策に乗り出さなければならないと思いました。

▶そして私は、平成24年12月の衆議院総選挙に当たって、空き家対策を自らの選挙公約に掲げました。なんとか国政復帰を果たして国会に久しぶりに戻ってくると、空き家問題は、田舎だけの問題ではなく、東京23区から法整備を含めた対策推進の意見書が国会に提出されているなど、既に全国的に広がりをもった大きな社会問題となっていることを思い知らされました。

▶そこで私は、党内に議員連盟を作って速やかに空き家対策に取り組むことを決意し、当時、自民党国土交通部会長であった西村明宏代議士と相談し、平成25年3月、「自民党空き家対策推進議員連盟」を、衆参両院の議員26名をもって結成しました。そのうち半数の13名が初当選組で、空き家問題が各地の新たな課題として急浮上していることを裏付けているようでした。

3

▶議員連盟では、その後、議員による現場の実情や声を踏まえた活発な論議、空き家対策に独自で先進的取組をしている自治体との意見や情報交換、空き家の現地視察、学識経験者による講演などを精力的に積み重ねていきました。

▶そしてその中で、空き家対策の全国的な展開をしっかり図っていくには、①対策の直接的な実施主体として、住民に最も身近な自治体である市町村・特別区を位置付けること、②市町村・特別区が固定資産税情報を空き家対策推進上、利用可能とすること、③市町村・特別区に空き家への立入調査の法的権限を与えること、④市町村・特別区に空き家除却のための最終的手段として、行政代執行権を与えること、が不可欠であり、そのためには議員立法が不可避であるとの思いを議員一同がいち早く共有するに至りました。

▶そして、「空家等対策の推進に関する特別措置法案」の検討・作成作業が着実に進展していく中で、公明党との協議・調整に十分配慮するとともに、民主党との調整においても、「特定空家等」に関するガイドラインの国による策定について、これを法文上明記することとして最終的な与野党合意をみました。

▶その結果、同法案を衆議院国土交通委員長提案として、第187回臨時国会（平成26年9月29日〜11月21日）に提出したのが11月14日、同日、衆議院本会議で全会一致により可決し、参議院本会議でも衆議院解散の前々日である19日に全会一致で可決し成立することができました。まさに綱渡りの国会審議だったわけですが、この法律の成立にご尽力いただいた各党はもちろん、衆議院法制局、国土交通省・総務省をはじめ関係各省及び関係自治体、市長会、町村会、その他多くの皆様のご理解とご協力に心から感謝する次第です。

▶空き家対策は国民の生命・身体・財産の保護並びに良好な住環境の維持・向上にかかわり、今や待ったなしの緊急重要課題であることを考えると、本法律の成立も遅きに失した感さえあります。

▶本法律の適切な運用によって全国津々浦々まで空き家の実態調査や現状分析、そしてそれに基づく対策計画の作成とその実行が推進され、単に迷惑空き家の除却等だけでなく、空き家を貴重な地域資源として様々な用途に積極的に有効活用して地域活性化に貢献するなど、それぞれの地域事情に即した多様で効果的な空き家対策が強力に展開されることを願ってやみません。

▶本著が、国民の皆様の空き家問題に関する意識の高まりや、全国で空き家対策に取り組まれる関係者の対策推進の一助となれば幸いです。

平成27年8月

刊行に寄せて

　この度の「改訂版空家等対策特別措置法の解説」の発刊をお慶び申し上げます。

　平成27年に、空き家対策が全国的にも深刻な問題となる中、空家等対策特別措置法が施行され、空き家の適切な管理は所有者の責務であることを明文化するとともに、管理が不十分な所有者には市町村が助言、指導、勧告といった行政指導、それでもなお状況が改善されなかった場合は命令を出すことができるようになり、都市自治体の空き家対策への取組みは本格化しました。

　以後、都市自治体では同法に基づき、空き家対策を推進してまいりましたが、相続問題あるいは所有者不明等による管理不全空家や防災上において速やかな除去が必要となる特定空家等の増加などの空き家問題が顕在化・深刻化してまいりました。

　そのような状況において、全国市長会では、地域の特性に応じた課題等を踏まえたうえで、空き家対策の一層の推進が図られるよう、その拡充を求めてまいりました。そして、自由民主党空き家対策推進議員連盟の議員各位のご尽力をいただき、令和5年6月に同法が改正され、特定空家等の一段階手前の空き家を管理不全空家とし、その空き家に対する指導等を可能とするとともに、固定資産税の住宅用地特例の解除、財産管理人の選任申立権の市区町村への付与、緊急時における特定空家等への円滑な代執行が可能となりました。

　この度の改正は、全国市長会がこれまで住民の安全・安心及び地域の景観を守る観点から求めてまいりました多くの空き家対策が反映されたものであり、空き家問題の解決に向けた大きな一歩となるものです。

　本書には政府のガイドライン等が折り込まれ、実務に携わる方にとってわかりやすい解説書となっており、全国の都市自治体において本書が活用され、今後の空き家対策が一層推進されることを期待しております。

令和6年3月
全国市長会会長
相馬市長　立谷　秀清

刊行に寄せて

　「改訂版空家等対策特別措置法の解説」発刊をお慶び申し上げます。

　「空家等対策の推進に関する特別措置法」は、自由民主党空き家対策推進議員連盟の議員各位のご尽力をいただき、平成26年に制定され、空き家対策の道筋が明確化されました。

　しかしながら、その後も空き家は増加の一途をたどり、今後もさらに増加することが見込まれています。

　本会といたしましても、町村が空き家対策を適切かつ円滑に実施できるよう、さらなる制度的対応を要望してきたところです。

　この度、「空家等対策特別措置法」が改正され、管理不全な空き家への早期対処に加え、空き家の「活用拡大」、「管理の確保」、「特定空家等の除却等」、さらに「指定法人」など官民挙げて空き家対策を強化する制度が加えられました。

　本書にはこの改正法の運用に際しての有用な内容が網羅されておりますので、実務に携わる全国の町村の手引きとして活用され、空き家対策がより一層推進されることを期待しています。

令和6年3月

全国町村会長　吉田　隆行

刊行に寄せて

 当連合会は、空き家・所有者不明土地問題の解決の担い手として、全国の会員がその使命を十全に果たすことができるよう、当該分野における研修をはじめとして、様々な事業展開をしてきました。

すでに、司法書士は、法第8条に定める協議会の構成員としての役割を期待され、多くの会員が参画しているところであります。今般の改正により、地域の協議会における司法書士の役割は、さらに重要なものになっていくことでしょう。

今般の改正に伴って、「管理不全空家等及び特定空家等に対する措置に関する適切な実施を図るために必要な指針（ガイドライン）」の中では、所有者等の特定に係る調査方法等について、所有者等の特定に係る調査や登記関係業務等に関し、専門的な知識が必要となる場合には、司法書士等の活用が有効である、とされ、このほか、空家等管理活用支援法人に対して、所有者等の探索を委託することが考えられる、とされています。

そして、「空家等管理活用支援法人の指定等の手引き」によれば、支援法人として活動が期待される法人の一例として、相続・登記などの法務その他の専門家（弁護士、司法書士など）による団体が掲げられており、指定に係る法人の業務体制の要件の一つとして、支援法人として業務を行うに足る専門性を有していることが示され、例えば、申請者が支援法人として行おうとする業務が、相続や登記等の法務に関わる相談対応等である場合には、弁護士や司法書士をはじめとした専門士業の者が構成員や連携先となっていることなどが考えられる、としています。

本書は、この司法書士に対する期待に応えるために必要な知識を得るための、絶好の図書であることを確信しております。ぜひ、全国の会員の皆様にご一読いただけるようお願いを申し上げる次第であります。

令和6年3月
日本司法書士会連合会
会長　小澤　吉徳

刊行に寄せて

少子化及び高齢化が社会問題となって久しい我が国において、空き家対策が避けては通れないことは明白だと言えます。その対策の一つとして、平成26年11月に「空家等対策の推進に関する特別措置法」が成立したところですが、空き家の増加傾向には歯止めが効かず、国土交通省の資料によると平成30年に約349万戸だった空き家数は、令和12年見込みでは470万戸と約1.3倍に増加すると予測されています。

これまでも様々な場面において検証と議論が展開されてきたところですが、空き家のもたらす負の影響は多岐にわたり、自然災害発生時には倒壊の危険性をはらみ、犯罪の温床にもなり得ます。また、害獣・害虫の生息場所となり衛生的な問題が発生する可能性も否定できません。さらには、平常時においても、景観の悪化や倒壊にまでは至らないとしても老朽化に起因する壁や屋根からの落下物の対応等々、子どもたちの通学路選定にも影響を及ぼすなど、地域コミュニティをも脅かす問題であると多くの人々が認識してきました。

そして今般、空家等対策の推進に関する特別措置法の一部を改正する法律が令和5年6月に公布され、同年12月に施行されたところです。今回の改正は、社会的要請にダイナミックに応える内容であり、従来の特定空家に加えて管理不全な空き家も市区町村からの指導・勧告の対象となり、管理が行き届いていない空き家への適切な対処を軸に、空き家の「活用拡大」、「管理の確保（悪化の防止）」、「特定空家等の除却等」と空き家対策を強化する改正となっています。

この度、空き家問題に当初から警鐘を鳴らし続けてきた、自由民主党空き家対策推進議員連盟から「改訂版空家等対策特別措置法の解説」が発刊されたことは、空き家問題に対峙する全ての人々が直面するであろう多様な局面において、血の通った解説書として誠に意義あるものと確信するとともに、今後の空き家対策の推進に大いに活用されることを期待してやみません。

令和6年3月
日本土地家屋調査士会連合会
会　長　岡田潤一郎

刊行に寄せて

　総務省が発表した住宅・土地統計調査によれ
ば、2018年10月時点での全国の空き家は849万
戸、うち賃貸用や売却用、別荘用に該当しない
「その他空き家」は349万戸にのぼっています。
最新調査（2023年）にもとづく空き家数は、本
原稿を執筆した2024年2月時点ではまだ公表さ
れておりませんが、専門機関の予測によれば、
全国の空き家件数は今後1,000万戸を超え、利
用予定のない「その他空き家」数も2030年にはおよそ470万戸にのぼ
るとの見通しを立てています。

　こうした状況のなかで、今般の改正空家等対策特別措置法では、こ
れまでメインであった特定空き家の除去等のルールに加え、空き家の
利活用や管理を促進するための新たな制度枠組みが導入されました。

　これまで、私ども宅地建物取引業者は、地域の再生や発展に資する
ため、様々なかたちで空き家問題に取り組んで参りましたが、利活用
の障害となる各種法令制限や空き家所有者情報の取り扱いの難しさ等
から、充分に力を発揮できない場面が多々見受けられました。

　さらには、主導的な役割を担うはずの地方公共団体においてはマン
パワー不足が深刻であり、空き家問題への取り組みは地域によってか
なり温度差が見られるのが実態でした。

　今回の改正で導入された「空家等活用促進区域」や「空家等管理活
用支援法人」制度により、以上の課題が改善される道が開かれ、空き
家対策は新たなステージを迎えるものと予想されます。そして、これ
らの制度のもとで実際に現場を動かすのは地場の宅建業者であり、業
界に対する住民の方々や行政の期待は今後ますます高まるものと思わ
れます。

　今回の改正を機会に私ども宅建業界はあらためて襟を正し、消費者
の期待に適切に応え得るよう、さらなる資質の向上と体制の整備を
図って参ります。

　本書がそのための貴重な導きとなることを願ってやみません。

令和6年3月

公益社団法人　全国宅地建物取引業協会連合会

会長　坂本　　久

刊行に寄せて

　「空家等対策の推進に関する特別措置法」が施行されてからも、空き家の増加は止まることはなく、この20年間で約1.9倍も増えています。法律では特定空家への対応を重点的に定められていたものの、それだけでは手に負えない状況に陥っていました。

　そこで、特定空家の除却のさらなる促進に加え、周囲に悪影響を及ぼす前段階での有効活用や適切な管理を強化することを目的として「空家等対策の推進に関する特別措置法の一部を改正する法律」が令和5年6月に公布され、同年12月より施行されました。

　本会は、以前より増加する空き家の有効活用と官民連携した制度の構築を政府・与党に要望していました。この度の法改正により旧来より抱える問題の解決に向けた動きへの追い風となることを期待いたします。

　本書は、法改正の趣旨、政府の施策を含め、空き家対策に関して画期的な方策や同法の運用に際しての有効的な内容が網羅された解説書となっています。

　空き家問題は日本における課題であり関係者の関心も高いものです。この法律の改正趣旨や施策等を十分に理解いただき、実務に携わる我々中小不動産業者にとって手引きとして活用していただければと考えています。

令和6年3月
公益社団法人全日本不動産協会
理事長　中村　裕昌

刊行に寄せて

　この度の「改訂版空家等対策特別措置法の解説」の刊行、誠におめでとうございます。空き家対策は、行政、事業者、所有者等、多くの関係者が理解しあって連携を図って対応していくことが何より求められます。今回の出版が広く、様々な立場で空き家問題にかかわっておられる方々の理解を深めることに繋がることを切に期待します。

　わが国では人口減少等を背景に、全国的に空き家が増加しており、適切な管理が行われていないおそれのある、居住目的のない空き家は、この20年間で約2倍に増加しました。こうした空き家はそのまま放置されることにより、老朽化して危険な状態となったり、景観を悪化させるといった周囲に様々な問題をもたらすことになります。

　平成26年に空家等対策特別措置法が制定されましたが、今般、問題となる空き家の除却のほか、周囲に悪影響を及ぼす前の空き家の活用や管理の促進なども更に充実させることになりました。今後、「除却」、「管理」、さらに「活用」の三本柱で空き家対策が総合的に推進されることになります。

　住宅については、「いいものをつくって」「きちんと管理して」「長く大切に使う」という考えが大切です。住宅生産団体連合会としては、2022年3月に「住生活産業ビジョン」を改訂し、空き家問題に関しては、老朽化等により継続使用が困難なものは早期に除却し、立地や管理状況の良好な空き家については、他用途への転用も含めた有効活用を促進することが重要としています。そのためにも、建替えやリフォームの推進と併せ、一定の条件下で点検・メインテナンスを行った既存住宅の査定・販売をするスムストックの取組など既存ストックの流通にも取り組んでいます。

　本書をもとに今回の法改正の内容を深く理解し、地方公共団体と連携し、住まい手に寄り添い、今後とも空き家になる前の対応や、空き家の有効活用に繋がる取組みを業界一丸となって進めてまいりたいと考えております。

令和6年3月
一般社団法人住宅生産団体連合会
会長　芳井　敬一

刊行に寄せて

　総務省が5年ごとに実施する「住宅・土地統計調査」によると、平成30年に空き家は全国に848万9千戸あり、前回調査が行われた平成25年から約29万戸増加し、過去最高となっています。空き家は社会問題ともなっており、平成27年に「空家等対策の推進に関する特別措置法」が施行されました。

　同法では、周囲に悪影響を及ぼす「特定空家等」への対応を中心に制度的措置が定められましたが、特定空家等になってからの対応には限界がありました。これは、問題が顕在化してからではなく、より早期に対応する必要があることを意味しています。

　そのため、実情に沿った制度対応により、空き家対策を強化しようという自治体の声が反映され、令和5年の改正で同法はブラッシュアップされました。改正により「管理不全空家等」が新設され、倒壊の危険が高い特定空家等になる前段階で、早期介入が法令上可能となりました。新制度は、空き家になっているにも関わらず、制度上対処できなかった問題に追い風となるはずです。

　当会では、改正後の同法を周知するため、また、空き家を賃貸住宅とするなどの有効活用を提案するために、国土交通省、総務省、内閣府の協力並びに後援を得て『【空家所有者向け】改正空家等対策特別措置法の趣旨を理解し、空家等の有効活用等を検討していただくためのガイドブック』を作成し、全国1,788自治体に提供をし、空き家所有者への案内や、相談会、セミナー等で活用していただいています。

　管理不全空家等の問題に効果的に対処することで、地域の安全性や美観が向上し、住民の生活の質も改善され、地域の活性化につながります。また、空き家の活用は、高齢者や低額所得者、子育て世帯などの住宅の確保が困難な方々の住まいの確保や、災害時に不足しがちな多人数世帯向けの応急住宅として期待ができます。

　本著が改正空家等対策特別措置法の実務運用に際し、効果的に活用され、空き家問題の解消の一助となることを期待しています。

令和6年3月

公益社団法人　全国賃貸住宅経営者協会連合会

会長　宮野　純

目　次

●はじめに

●刊行に寄せて

●第1編　「空家等対策の推進に関する特別措置法」を巡る背景・経緯

●第2編　解説

i

●第3編　空家等対策に関連する財政支援措置及び税制上の措置

●第4編　参考資料

●著者略歴

※解説中に特に言及がない場合は、以下の凡例のとおりとする。

法／本法	空家等対策の推進に関する特別措置法（平成26年法律第127号）をいう。
改正法／令和５年改正法	空家等対策の推進に関する特別措置法の一部を改正する法律（令和５年法律第50号）をいう。
空家等	法第２条第１項の空家等をいう。 ※法に基づく措置等に関係しない一般的な空き家については、「空き家」と表記している。
特定空家等	法第２条第２項の特定空家等をいう。
管理不全空家等	法第13条第１項の管理不全空家等をいう。
所有者等	法第５条の空家等の所有者等（所有者又は管理者）をいう。
市町村	特別区を含む法第１条の市町村をいう。 ※法第10条第２項関係の解説では、特別区を除く。
市町村長	特別区の区長を含む法第８条第２項の市町村長をいう。
基本指針	空家等に関する施策を総合的かつ計画的に実施するための基本的な指針（令和５年総務省・国土交通省告示第３号）をいう。
管理指針	空家等に関する施策を総合的かつ計画的に実施するための基本的な指針（基本指針）のうち、所有者等による空家等の適切な管理について指針となるべき事項のことをいう。
ガイドライン	管理不全空家等及び特定空家等に対する措置に関する適切な実施を図るために必要な指針（ガイドライン）をいう。
空家等対策計画	法第７条第１項の空家等対策計画をいう。
空家等活用促進区域	法第７条第３項の空家等活用促進区域をいう。
空家等活用促進指針	法第７条第３項の空家等活用促進指針をいう。
協議会	法第８条の協議会をいう。
空家等管理活用支援法人／支援法人	法第23条第１項の空家等管理活用支援法人をいう。
接道規制の合理化（特例）	法第７条及び第17条第１項に基づく、空家等活用促進区域内における建築基準法第43条の接道規制の合理化（特例）
用途規制の合理化（特例）	法第７条及び第17条第２項に基づく、空家等活用促進区域内における建築基準法第48条の用途規制の合理化（特例）
固定資産税等の住宅用地特例	地方税法第349条の３の２及び第702条の３に基づく固定資産税及び都市計画税に係る住宅用地に対する課税標準の特例をいう。
財産管理制度／財産管理人	民法の不在者財産管理制度（人）、相続財産清算制度（人）、所有者不明土地・建物管理制度（人）、管理不全土地・建物管理制度（人）をいう。
略式代執行	法第22条第10項に基づく所有者等が確知できない場合の代執行をいう。
緊急代執行	法第22条第11項に基づく緊急時の代執行をいう。

第1編

「空家等対策の推進に関する 特別措置法」を巡る背景・経緯

(1)　「空家等対策の推進に関する特別措置法」の背景

　「空き家問題」。今や、新聞紙面で見ない日はないほど、社会的耳目を集める言葉である。

元法務大臣
衆議院議員　**山下貴司**
（自由民主党空き家対策推進
議員連盟幹事長）

　近年、地域における人口減少や既存の住宅・建築物の老朽化、社会的ニーズの変化及び産業構造の変化等に伴い、空き家が年々増加している。この中には適切な管理が行われず、放置されているものも少なくないが、こうした管理不十分な空き家が、安全性の低下、公衆衛生の悪化、景観の阻害等、多岐にわたる問題を惹起しているのである。この問題は、農山漁村ばかりでなく、都市地域においても顕在化する

など全国的に広がりを見せ、日増しにその深刻の度を増している。

　平成30年に総務省が実施した住宅・土地統計調査によると、全国の総住宅数は約6,240万戸、総世帯数は約5,400万世帯となっている。このうち空き家[※1]の数は849万戸であり、この20年で約1.5倍（576万戸→849万戸）に増加している。また「賃貸用又は売却用の住宅[※2]」及び「二次的住宅[※3]」を除いた「その他の住宅[※4]」に属する空き家の数は、349万戸にまで達している。これが全国の総住宅数に占める割

[※1]　住宅・土地統計調査における「空き家」とは、以下に掲げる「賃貸用又は売却用の住宅」、「二次的住宅」及び「その他の住宅」を合計したものをいう。

[※2]　住宅・土地統計調査における「賃貸用又は売却用の住宅」とは「新築・中古を問わず、賃貸又は売却のために空き家になっている住宅」をいう。

[※3]　住宅・土地統計調査における「二次的住宅」とは「別荘（週末や休暇時に避暑・避寒・保養などの目的で使用される住宅で、普段は人が住んでいない住宅」及び「その他住宅（普段住んでいる住宅とは別に、残業で遅くなったときに寝泊まりするなど、たまに寝泊まりしている人がいる住宅）」を合計したものをいう。

[※4]　住宅・土地統計調査における「その他の住宅」とは「賃貸用又は売却用の住宅」又は「二次的住宅」以外の人が住んでいない住宅で、例えば転勤・入院などのために居住世帯が長期にわたって不在の住宅や建て替えなどのために取り壊すことになっている住宅など」をいう。

合は5.6％であり、その数は、平成10年からの20年間で約２倍にも増加している。また、「令和元年空家所有者実態調査（国土交通省）」では、「空き家にしておく理由」として、「特に困っていない」としている者が約４人に１人の割合でいるなど、特別な理由がなく放置している者も多い。

　このような状況から、市町村等の地方公共団体は、本書で解説する「空家等対策の推進に関する特別措置法」が平成26年に公布されるまでは、適切な管理が行われていない空き家に対して、独自に定めた条例等に基づき必要な助言・指導等を行うなど、適切な管理を促してきた（平成26年10月の時点で、401の地方公共団体が空き家対策条例を制定していた）。また、地域の活性化等の観点から、国の財政上の支援措置等を利用しながら空き家を地域資源として有効活用するなど、地域の実情に応じた空き家施策を進めてきた。

　しかしながら、空き家がもたらす問題が多岐にわたり、また、空き家の所有者又は管理者の特定が困難な場合があるなど様々な制約があったことから、こうした地方公共団体の取組みに限界があることも現実であった。このため、空き家がもたらす問題に総合的に対応するため、国レベルで制度的枠組みを整え、施策の更なる充実を図ってほしいとの声が日増しに高まっていった。

■ 空き家の現状ー空き家数の推移

1) 住宅・土地統計調査（総務省）によれば、空き家の総数は、この20年で約1.5倍（576万戸→849万戸）に増加。
2) 二次的利用、賃貸用又は売却用の住宅を除いた長期にわたって不在の住宅などの「使用目的のない空き家」（349万戸）がこの20年で約1.9倍に増加。

【空き家の種類】
二次的住宅：別荘及びその他（たまに寝泊まりする人がいる住宅）
賃貸用又は売却用の住宅：新築・中古を問わず、賃貸又は売却のために空き家になっている住宅
使用目的のない空き家：上記の他に人が住んでいない住宅で、例えば、転勤・入院などのため居住世帯が長期にわたって不在の住宅や建て替えなどのために取り壊すことになっている住宅など

■ 空き家にしておく理由・利活用上の課題

1) 空き家にしておく理由として、「物置として必要」のほか、利活用を図ろうとしても「更地にしても使い道がない」、「住宅の質の低さ」や「買い手・借り手の少なさ」により空き家となっていることがあげられている。
2) また、「解体費用をかけたくない」、「労力や手間をかけたくない」といった消極的な理由のほか、「特に困っていない」とする所有者も少なくない。
3) 一方、実際に売却・賃貸を考えている所有者からは、売却・賃貸する上での課題として、「買い手・借り手の少なさ」、「住宅の傷み」や「設備や建具の古さ」があげられている。

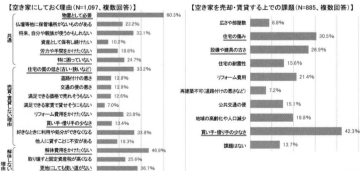

4

■ 管理水準の低下した空き家や空き店舗の周辺への影響

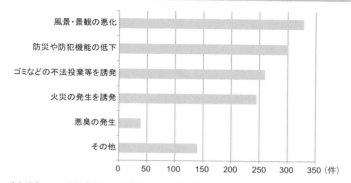

〔出典〕 いずれも国土交通省 HP 資料（社会資本整備審議会　空き家対策小委員会・最終とりまとめ（参考データ集））より作成

■ 適切に管理されていない空き家のイメージ

⑵　自民党「空き家対策推進議員連盟」の設立

　空き家問題は、今や国レベルで積極的かつ計画的に対処することが必要な政策課題となったが、これは省庁横断的な広がりのある課題であった。主要な関係省庁だけでも、国土交通省、総務省、厚生労働省、農林水産省、環境省、法務省と、６つの省庁にも跨っているのである。役所の検討を待っていては、相当の時間を費やすことになり

5

かねない。空き家問題は、もはや一刻の猶予も許されず、まさに役所の縦割りを排除し、政治のリーダーシップを強く発揮することが必要な状況であった。

　このような背景から、地域の空き家問題の実情に精通する自民党の議員有志が集まり、その情報や知見、経験を結集して総合的な視点から空き家対策を検討し、議員立法を含めて有効・適切な措置を打ち出すために、「空き家対策推進議員連盟」（会長：（衆）宮路和明議員）を設立したのである。

　平成25年3月8日に第1回会合を開催し、その後平成26年6月12日に至るまでの間に、国土交通部会、住宅土地・都市政策調査会、総務部会との合同会合を含め、延べ12回に及ぶ会合を開催した。会合では、現場に即した総合的かつ効果的な対策を検討すべく、関係する省庁、自治体、有識者のヒアリングや現地視察なども行いながら、精力的に議論を積み重ねた。

　何しろ、過去に前例のない、空き家対策法である。そもそも論から精緻かつ総合的に議論していくことが必要であった。

　「実態を踏まえ、そもそも空き家をどう定義するのか。住居だけではなく、その他の建築物も対象とするのか。」、「どのようなものを「特定空家等」の対象とし、どのように定義するのか。その判断基準はどう定めるべきか。」、「空き家の所有者を特定する際に使える新たな仕組みを作れないか。」、「国と自治体の役割分担はどうあるべきか。どのような制度的枠組みが効果的か。」、「空き家についての税制上の取扱いをどうするべきか。」、「建築基準法などの既存法令や条例との関係をどのように整理するのか。」。

　これらは議論の一端に過ぎないが、こうした様々な課題について一つひとつつぶさに議論し、結論を出しながら、条文を練っていったのである。

　また、連立政権の一翼をなす公明党においても、空き家問題の重要性が共有され、法整備を念頭に置いたプロジェクトチーム（空き家対策PT。座長：（衆）伊藤渉議員）が設置された。

　自民党「空き家対策推進議員連盟」は、この公明党空き家対策PTと協力しつつ、「空家等対策の推進に関する特別措置法」の制定に向けて着実に歩みを進めた。

⑶　「空家等対策の推進に関する特別措置法」の成立までの道のり

　平成26年4月9日には自民党国土交通部会・総務部会・空き家対策

推進議員連盟合同会議において、「空家等対策の推進に関する特別措置法案」の原案を了承した。また、同年4月16日には、公明党総務部会・国土交通部会合同部会においても、同様に原案が了承された。

　こうした与党内での議論を経て、平成26年9月29日から始まった第187回国会において、ついに本法案を提出することとなった。この臨時国会は、閉会までの期間が大変短く、国会で審議される法案も必然的に絞られる状況にあった。そのような中、空き家対策推進議員連盟メンバー等の尽力の下、限られた時間の中で、空き家対策の重要性、緊急性等を粘り強く説きながら与野党間の法案調整を進め、国会の終盤、ついに衆議院国土交通委員長により「空家等対策の推進に関する特別措置法案」が提案されることとなったのである。

　本法案は平成26年11月14日に衆議院国土交通委員会において全会一致で可決された後、同日中に衆議院本会議に緊急上程され、全会一致で可決された。続いて、同年11月18日には参議院国土交通委員会において全会一致で可決された後、11月19日に参議院本会議においても全会一致で可決、成立した。11月21日の衆議院解散のわずか二日前の成立であった。

　そして、同年11月27日に公布され、翌平成27年2月26日に一部施行、同年5月26日には完全施行された。空き家対策推進議員連盟の発足後、わずか2年余りで、空き家対策を強力に推進する法制度を確立し、完全施行までを成し遂げたのである。

　もちろん法制度を確立して終わりというのではなく、魂を入れて実効あるものとして運用されることが何より重要である。このため、空き家対策推進議員連盟では、法制度を実際に運用する地方公共団体の立場に立ち、関係省庁と連携して、空き家対策の前進を促す財政支援措置や税制上の措置の整備についても全力で取り組んできたところである（現在の空き家対策に関連する財政支援措置及び税制上の措置の概要については、第3編を参照していただきたい）。

⑷　令和5年法律改正の背景

　平成27年に法が施行されて以降、8割を超える市町村において、空家等対策計画が策定されているほか、これまでに約2万2千件（令和4年度末時点）の特定空家等の除却や修繕等がなされるなど、地方公共団体の取組により空き家対策は着実に進展してきた。また、上記のとおり法による措置とあわせて、国により財政支援や税制上の措置が講じられてきたところである。

空家等対策の推進に関する特別措置法（改正前）の施行状況等

令和5年3月31日時点（調査対象：1,741市区町村）

1. 空家等対策計画の策定状況

	市区町村数	比率
策定済み	1,450	83%
策定予定あり	195	11%
令和5年度	69	4%
令和6年度以降	16	1%
時期未定	110	6%
策定予定なし	96	6%
合　計	1,741	100%

2. 法定協議会の設置状況

	市区町村数	比率
設置済み	992	57%
設置予定あり	215	12%
令和5年度	51	3%
令和6年度以降	15	1%
時期未定	149	8%
設置予定なし	534	31%
合　計	1,741	100%

4. 空き家等の譲渡所得3,000万円控除に係る確認書の交付実績

	交付件数
平成28年度	4,472
平成29年度	7,033
平成30年度	7,665
令和元年度	9,676
令和2年度	9,824
令和3年度	11,976
令和4年度	12,956
合　計	63,602

3. 特定空家等に対する措置状況　（ ）内は市区町村数

	助言・指導		勧告		命令		行政代執行		略式代執行		合計	
平成27年度	2,440	(125)	60	(24)	6	(5)	2	(2)	8	(8)	2,516	(129)
平成28年度	3,288	(208)	215	(73)	19	(16)	10	(10)	28	(24)	3,560	(222)
平成29年度	4,252	(274)	303	(92)	37	(27)	12	(12)	40	(33)	4,644	(300)
平成30年度	4,690	(326)	383	(107)	42	(20)	18	(14)	51	(46)	5,184	(360)
令和元年度	5,587	(402)	442	(136)	40	(32)	28	(25)	67	(55)	6,164	(445)
令和2年度	6,122	(406)	473	(145)	65	(46)	24	(22)	67	(55)	6,751	(454)
令和3年度	6,081	(422)	564	(157)	84	(60)	47	(43)	83	(73)	6,859	(490)
令和4年度	4,961	(418)	638	(159)	89	(57)	39	(36)	71	(54)	5,798	(473)
合　計	37,421	(808)	3,078	(417)	382	(180)	180	(129)	415	(228)	41,476	(853)

5. 空家法に基づく措置や市区町村による空き家対策による管理不全の空き家※1の除却や修繕等※2の推進

空家法の措置により除却や修繕等※2がなされた特定空家等	左記以外の市区町村による空き家対策の取組により、除却や修繕等※2がなされた管理不全の空き家※1	合　計
22,148件	146,050件	168,198件

※1 特定空家等及び特定空家等ではないものの、何らかの対応が必要であると市区町村が把握している空家等。なお、改正法第13条に基づく管理不全空家等とは異なる。
※2 除却や修繕等：除却、修繕、繁茂した樹木の伐採、改修による利活用、その他適切な管理

〔出典〕　国土交通省 HP 資料より作成

　一方、人口減少等を背景に空き家は増加しており、本編(1)で言及した住宅・土地統計調査の平成30年の結果では、空き家の数は849万戸、全国の総住宅数に占める割合は13.6％と、平成25年調査から更に増加し、過去最高の数値を更新する結果となった。また、適切な管理がなされず、地域住民の生活環境に影響を及ぼすおそれが高いと考えられる「その他の住宅」に属する空き家は、その数が349万戸、全国の総住宅数に占める割合が5.6％に増加しており、令和12年には470万戸にまで増加するとの推計もある。

　このことから、空き家対策の充実・強化は不可欠であり、空き家が発生する前から、また発生した後もより早い段階から対応することの必要性や、地域のニーズに応じて空き家を活用することで社会的な付加価値を創出し地域経済やコミュニティの活性化につなげることの必要性が高まっていた。

⑸　「空家等対策の推進に関する特別措置法の一部を改正する法律」の成立までの道のり
＜自民党住宅土地・都市政策調査会「空き家対策小委員会」の設立＞
　今後更なる空き家の増加が見込まれることを踏まえると、除却等の取組の一層の促進に加え、空き家が危険な状態になるのを待つことな

く適切な管理や有効活用を促し、これを地域経済の活性化に繋げることができるよう、早急に空き家対策を強化する必要がある。また、今や空き家問題は、一部の地域だけの問題ではなく、全国の自治体が直面する喫緊の課題であり、先々を見通して政治の力で積極果敢に取り組まなければならない状況であった。

　このような背景から、今後の空き家対策の強化・充実を検討するために、自民党の住宅土地・都市政策調査会の下に「空き家対策小委員会」（委員長：（衆）井上信治議員）を設立した。

　令和4年10月27日に第1回委員会を開催し、令和5年1月までに延べ4回の委員会を開催した。委員会では、空き家の活用等に積極的に取り組む地方公共団体やNPO、民間事業者のヒアリングも行いながら、活発に議論を積み重ねた。

　こうした議論を経て、法改正・予算措置・官民連携の取組等により、必要な方策の実現を図るべく、令和5年2月に空き家対策の強化に関する中間提言を取りまとめた。

＜国土交通省社会資本整備審議会住宅宅地分科会「空き家対策小委員会」の設立＞

　時を同じくして、国土交通省においても、空き家の発生抑制や活用、適切な管理、除却に向けた取組の強化など、今後の空き家対策のあり方を検討するため、令和4年10月に社会資本整備審議会住宅宅地分科会の下に「空き家対策小委員会」（座長：中川雅之　日本大学経済学部教授）が設立された。

　同小委員会では、同年10月の開催に始まる計4回の審議において、空き家等の活用等に積極的に取り組む地方公共団体やNPO、民間事業者へのヒアリング等が行われ、令和5年2月に議論のとりまとめが行われた。とりまとめでは、❶発生抑制、❷活用促進、❸適切な管理・除却の促進、❹NPO等の民間主体やコミュニティの活動促進という観点から、今後の空き家対策のあり方が示されている。

＜「空家等対策の推進に関する特別措置法の一部を改正する法律」の成立＞

　政府において、空き家等の活用拡大、管理の確保、特定空家等の除却等に総合的に取り組むための「空家等対策の推進に関する特別措置法の一部を改正する法律案」の国会提出を令和5年3月3日に閣議で決定した。

制定時の「空家等対策の推進に関する特別措置法」の概要

公布：平成26年11月27日
施行：平成27年2月26日（※特定空家等に対する措置の規定は5月26日）

背 景

○平成25年時点での空き家は全国約820万戸と増加の一途であり、多くの自治体が空家条例を制定するなど、空き家対策が全国的に課題。
○適切な管理が行われていない空家等が防災、衛生、景観等の地域住民の生活環境に深刻な影響を及ぼしており、地域住民の生命・身体・財産の保護、生活環境の保全、空家等の活用のため対応が必要(1条)

定 義

○「空家等」とは、建築物又はこれに附属する工作物であって居住その他の使用がなされていないことが常態であるもの及びその敷地
○「特定空家等」とは、以下の空家等をいう。
❶ 倒壊等著しく保安上危険となるおそれのある状態
❷ 著しく衛生上有害となるおそれのある状態
❸ 適切な管理が行われないことにより著しく景観を損なっている状態
❹ その他周辺の生活環境の保全を図るために放置することが不適切である状態

施策の概要

空 家 等

○**基本指針・計画の策定等（5～8条）**
• 国は、空家等に関する施策の基本指針を策定
• 市町村は、国の基本指針に即し空家等対策計画を策定、協議会を設置
• 都道府県は、市町村に対して技術的な助言等必要な援助

○**空家等についての情報収集（9～11条）**
• 市町村長は、法律で規定する限度において、空家等への立入調査が可能
• 市町村長は、空家等の所有者等を把握するために固定資産税情報の内部利用が可能
市町村は、空家等に関するデータベースの整備等を行うよう努力

○**所有者等による空家等の適切な管理の促進（12条）**
• 市町村は、所有者等による空家等の適切な管理を促進するため、必要な援助

○**空家等及びその跡地の活用(13条)**
• 市町村による空家等及びその跡地に関する情報の提供その他これらの活用のための対策の実施

○**財政上の措置及び税制上の措置等（15条）**
• 市町村が行う空家等対策の円滑な実施のために、国及び地方公共団体は、対策実施に要する費用の補助、地方交付税制度の拡充等を行う
• このほか、今後必要な税制上の措置等を行う

特定空家等

○**特定空家等に対する措置（14条1～15項）(※)**
• 特定空家等に対しては、除却、修繕、立木竹の伐採等の措置の助言又は指導、勧告、命令が可能。
• さらに要件が明確化された行政代執行の方法により強制執行が可能

令和5年の改正概要（空家等対策の推進に関する特別措置法の一部を改正する法律）

令和5年6月14日公布
令和5年12月13日施行

背景・必要性

○居住目的のない空家は、この20年で1.9倍、今後も増加。
　(1998年)182万戸→(2018年)349万戸→(2030年見込み)470万戸
○除却等のさらなる促進に加え、周囲に悪影響を及ぼす前の
　有効活用や適切な管理を総合的に強化する必要。

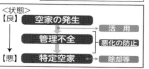
<状態>
【良】　空家の発生　→　活用
　　　　管理不全　→　悪化の防止
【悪】　特定空家　→　除却等

法案の概要

○所有者の責務強化
  • (現行の「適切な管理の努力義務」に加え、)国、自治体の施策に協力する努力義務

1.活用拡大

❶空家等活用促進区域(例)中心市街地、地域の再生拠点、観光振興を図る区域等
  • 市区町村が区域や活用指針等を定め、用途変更や建替え等を促進
    ⇒安全確保等を前提に接道に係る前面道路の幅員規制を合理化
    ⇒指針に合った用途に用途変更等する場合の用途規制等を合理化
  • 市区町村長から所有者に対し、指針に合った活用を要請
❷財産管理人による所有者不在の空家の処分(詳細は3. ③後掲)
❸支援法人制度
  • 市区町村長がNPO法人、社団法人等を空家等管理活用支援法人に指定
  • 所有者等への普及啓発、市区町村※から情報提供を受け所有者との相談対応
    ※事前に所有者同意
  • 市区町村長に財産管理制度の利用を提案

2.管理の確保

❶特定空家※化を未然に防止する管理 ※周囲に著しい悪影響を及ぼす空家
  • 放置すれば特定空家になるおそれのある空家(管理不全空家)に対し、
    管理指針に即した措置を、市区町村長から指導・勧告

窓が割れた管理不全空家

  • 勧告を受けた管理不全空家は、固定資産税の住宅用地特例(1/6等に減額)を解除
❷所有者把握の円滑化
  • 市区町村から電力会社等に情報提供を要請

3. 特定空家の除却等

❶状態の把握
  • 市区町村長に報告徴収権(勧告等を円滑化)
❷代執行の円滑化
  • 命令等の事前手続を経るいとまがない緊急時の代執行制度を創設
  • 所有者不明時の代執行、緊急代執行の費用は、確定判決なしで徴収
❸財産管理人※による空家の管理・処分(管理不全空家、特定空家等)
  • 市区町村長に選任請求を認め、相続放棄された空家等に対応
    ※所有者に代わり財産を管理・処分。(注)民法上は利害関係人のみ請求可

緊急代執行を要する
崩落しかけた屋根

【目標・効果】①空家等活用促進区域の指定数:施行後5年間で100区域
　　　　　　　②空家等管理活用支援法人の指定数:施行後5年間で120法人
　　　　　　　③市区町村の取組により管理や除却等された管理不全空家及び
　　　　　　　　特定空家数:施行後5年間で15万物件

〔出典〕 いずれも国土交通省 HP 資料より作成

本法案は、同年5月10日に衆議院国土交通委員会で全会一致をもって可決され、6月6日には参議院国土交通委員会においても全会一致をもって可決された後、6月7日に成立した。そして、「空家等対策の推進に関する特別措置法の一部を改正する法律」が14日に公布された。

　改正法の施行に当たっては、市町村や民間事業者等が参考とできる基準やガイドラインを用意することや、空き家の管理・活用のプレーヤーとなる民間事業者等から協力をいただくことが重要である。このため、令和5年10月31日の自民党住宅土地・都市政策調査会では、改正法の円滑な施行に向けた参考基準等の検討状況の確認や、民間事業者・地方公共団体へのヒアリングを実施し、改正法により民間事業者等と連携した空き家対策が進むよう議論を行った。そして、同年12月13日、改正法が施行された。

コラム

空家等対策と所有者不明土地対策

　人口減少・少子高齢化が進む中、土地利用ニーズの低下、土地の所有意識の希薄化が進行しており、不動産登記簿等を参照しても所有者が直ちに判明しない、又は判明しても所有者に連絡がつかない土地、いわゆる「所有者不明土地」の増加が大きな課題となっている。

　所有者不明土地は、公共事業や民間主体による開発事業の実施に際し、土地の所有者の探索等に多大な時間・費用を要するなど、円滑な土地利用の支障となっているところである。また、所有者による自発的な管理が行われる蓋然性が低い土地であり、適正に管理されないまま放置されることにより、宅地の崩落や害虫の発生など周辺地域への悪影響の要因となる場合もある。

　こうした所有者不明土地に関する諸課題に対応するため、平成30年に所有者不明土地の利用の円滑化等に関する特別措置法（平成30年法律第49号。以下「所有者不明土地法」という。）が公布された。同法では、所有者不明土地を円滑に利用する仕組み（地域福利増進事業の実施等）や、所有者不明土地を適正に管理する仕組み（市町村長による管理適正化のための代執行等）が定められている。

　所有者不明土地を巡る課題や対策は、空家等と共通するものも

多い。「空家等対策の推進に関する特別措置法」と所有者不明土地法においては、共通した制度も定められている。例えば、所有者不明土地法では、所有者不明土地につき、その適切な管理のため特に必要があると認めるときは、地方公共団体の長等は、家庭裁判所等に対し、民法に基づく相続財産の清算人等の選任請求をすることができる。「空家等対策の推進に関する特別措置法の一部を改正する法律」では、こうした所有者不明土地法の制度に倣い、市町村長が空家等の適切な管理のため特に必要があると認めるときに、相続財産の清算人等の選任を請求できることとした。

これらの制度は、それぞれ要件や目的等は異なるものの、空家等対策と所有者不明土地対策を連携して進めることが重要である。例えば、空家等と所有者不明土地が隣接して別々に所有されており、それぞれ単独での活用が難しい場合に、両者を一体として活用し、保育所など子育て支援施設や公園を整備することが一つの解決策となることもある。国においても「空き家対策と所有者不明土地等対策の一体的・総合的推進（政策パッケージ）」（令和5年2月27日所有者不明土地等対策の推進のための関係閣僚会議報告）が策定されているところであるが、市町村等では、空家等対策と所有者不明土地等対策を担当する部局が連携し、効果的な対策を講ずることが重要である。

空き家対策と所有者不明土地等対策の一体的・総合的推進（政策パッケージ）（令和5年2月公表）

● 概要❶

1) 空き家と所有者不明土地等は、人口減少等により増加が見込まれ、対策強化が急務。
2) 地域においては空き家と所有者不明土地等が混在し、両対策の連携を進めることが必要。
3) 推進体制、活用や管理の確保促進、所有者探索、自治体等への支援について、両対策を強化・充実し、一体的・総合的に推進。

➡ 空き家・土地の有効活用を通じ、地域経済の活性化に寄与。あわせて子育て世帯向けの住まい等への空き家の活用を促進。

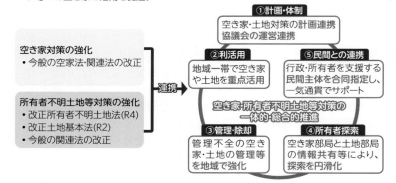

空き家対策の強化
・今般の空家法・関連法の改正

所有者不明土地等対策の強化
・改正所有者不明土地法(R4)
・改正土地基本法(R2)
・今般の関連法の改正

連携

①計画・体制
空き家・土地対策の計画連携
協議会の運営連携

②利活用
地域一帯で空き家や土地を重点活用

⑤民間との連携
行政・所有者を支援する民間主体を合同指定し、一気通貫でサポート

空き家・所有者不明土地等対策の一体的・総合的推進

③管理・除却
管理不全の空き家・土地の管理等を地域で強化

④所有者探索
空き家部局と土地部局の情報共有等により、探索を円滑化

空き家と空き地を地域一帯で活用した事例

■石川県輪島市／まちなかの複数の空き家と空き地を活用して、拠点施設や子育て支援施設等を整備

拠点施設(温浴施設、レストラン、事務所等)

ショートステイ

子育て支援施設

健康増進施設

空き家の改修・増築に対して、国が支援

民間主体が空き家と空き地の一体活用を支援した事例

■山形県鶴岡市／民間主体が、隣接する狭小空き家・空き地の一体的活用を提案・調整し、子育て世帯向け住宅の建築を誘導

※本事業を主導した民間主体（NPO法人つるおかランド・バンク）を、市が令和5年1月に所有者不明土地法に基づく推進法人として指定

空き家

空き地

空き家

空き地

セットバックが必要

狭小な空き家・空き地

⬇ 民間主体が提案

2区画を再編し一体的に活用

子育て世帯が住まいとして活用

● 概要❷

1) 空き家と所有者不明土地等は、ともに人口減少や相続の増加等を要因とし、今後も増加が見込まれるため、対策の強化が急務。

2) 地域においては、空き家と所有者不明土地等が混在。地域の機能維持や経済活性化を図るためには、両対策の連携を進めることが必要。

3) 部局間連携によって対策の中心的な主体である市区町村の業務の円滑化・効率化を図ることも重要。

➡空き家対策及び所有者不明土地等対策を一体的・総合的に推進し、空き家・土地の有効活用や適切な管理を図り、地域経済の活性化に繋げる。あわせて、子育て世帯向けの住まいや子供の居場所等として、空き家の活用を促進する。

空き家・所有者不明土地等対策の一体的・総合的推進

	空き家対策		所有者不明土地等対策
推進の計画・体制	○市区町村が対策計画を策定、関係者の協議会を設置	◆空き家・土地対策の計画連携、協議会の運営連携	○市区町村が対策計画を策定*、関係者の協議会を設置*
所有者の探索	○課税に係る行政情報に加え、電力会社等の情報を活用★ ○住基ネットの活用(R4.8施行)、戸籍情報連携システムの活用★ ○相続登記等の申請義務化(R6.4以降順次施行)	◆空き家部局と土地部局が相互に情報共有し、探索を一層円滑化 ◆空き家・土地の所有者への意識啓発 ◆自治体に空き家・土地に係る一元的相談窓口を設置 ◆行政を補完する民間主体を合同指定	○課税に係る行政情報、電力会社等の情報を活用 ○ 住基ネットの活用★、戸籍情報連携システムの活用★ ○相続登記等の申請義務化(R6.4以降順次施行)
利活用	○所有者に早期活用を促すよう意識啓発 ○相続空き家の早期譲渡のインセンティブ拡大(3000万円控除)(R5税制改正)★ ○指定されたNPO等が所有者に寄り添い空き家の管理・活用に係る相談対応、子育て世帯等とマッチング等★ ○空き家の活用を重点的に進める区域制度★、子育て世帯向け等への活用促進	◆空き家と空き地のバンクを一体整備 ◆地域一帯で空き家や低未利用土地を重点活用 ◆管理不全の空き家・土地の管理を地域で強化	○所有者に早期活用を促すよう意識啓発 ○低未利用地の譲渡を促すインセンティブ拡大(100万円控除)(R5税制改正)★ ○指定されたNPO等が所有者に寄り添い所有者不明土地・低未利用土地の管理・活用に係る相談対応・マッチング等* ○地域福利増進事業の活用を促進(朽廃空き家のある土地も対象*)
適切な管理、除却等	○所有者責務の強化★ ○管理不全・所有者不明の建物管理制度の創設(R5.4施行)、市区町村による利用の円滑化★ ○特定空家となるおそれのある空き家に対して指導・勧告(固定資産税の住宅用地特例の解除を含む)★ ○ 特定空家の緊急代執行★	◆空き家・所有者不明土地等への各支援事業を連携させて採択・重点配分 ◆地方整備局等に自治体等向けの一元的相談窓口を設置 ◆空き家と所有者不明土地等の問題に一体で取り組む優良・先進事例の横展開	○所有者責務の強化* ○管理不全・所有者不明の土地管理制度の創設、市区町村による利用の円滑化(R5.4施行)* ○災害等の発生防止のための勧告・命令・代執行* ○相続土地国庫帰属制度の創設(R5.4施行)
自治体・所有者への支援	○空き家の活用・除却に対する財政支援の強化		○所有者不明土地等の利活用や管理不全の解消等に対する財政支援

★今後、法改正等で措置する予定の事項　*改正所有者不明土地法(R4)・改正土地基本法(R2)

〔出典〕　いずれも国土交通省 HP 資料より作成

第2編

解　説

第2編　解　説

第1条関係（目的）

●目的●

第1条　この法律は、適切な管理が行われていない空家等が防災、衛生、景観等の地域住民の生活環境に深刻な影響を及ぼしていることに鑑み、地域住民の生命、身体又は財産を保護するとともに、その生活環境の保全を図り、あわせて空家等の活用を促進するため、空家等に関する施策に関し、国による基本指針の策定、市町村（特別区を含む。第10条第2項を除き、以下同じ。）による空家等対策計画の作成その他の空家等に関する施策を推進するために必要な事項を定めることにより、空家等に関する施策を総合的かつ計画的に推進し、もって公共の福祉の増進と地域の振興に寄与することを目的とする。

【解説】

本条は、本法の目的規定である。

本法は、適切な管理が行われていない空家等が防災、衛生、景観等の地域住民の生活環境に深刻な影響を及ぼしている現状を立法動機としたものである。

本法が視野に入れる空き家問題には、防災、衛生、景観上の問題のほか、例えば、空家等の敷地内で繁茂した樹木が道路上にはみ出すこと等による「交通の妨害」等も含まれるであろう。※

このような現状から地域住民の生命、身体又は財産を保護するとともに、その生活環境の保全を図り、あわせて空家等の活用を促進するため、空家等に関する施策に関し、国・都道府県・市町村の緊密な連携による空家等対策計画の作成その他の空家等に関する施策を推進するために必要な事項を定めるものであり、これにより、空家等に関する施策を総合的かつ計画的に推進し、もって公共の福祉の増進と地域の振興に寄与することを目的とするものである。

※ なお、「防犯」については、空き家対策として何らかの措置を講ずるよりは、直截に警察等によって不審者や非行少年に対応する方が適当であることから、本法の目的規定には掲げていない。しかし、各地方自治体の運用や条例等において、空き家対策の目的として捉えることを妨げるものではない。

第2条関係（定義）

━●定義●━

第2条　この法律において「空家等」とは、建築物又はこれに附属する工作物であって居住その他の使用がなされていないことが常態であるもの及びその敷地（立木その他の土地に定着する物を含む。第14条第2項において同じ。）をいう。ただし、国又は地方公共団体が所有し、又は管理するものを除く。

2　この法律において「特定空家等」とは、そのまま放置すれば倒壊等著しく保安上危険となるおそれのある状態又は著しく衛生上有害となるおそれのある状態、適切な管理が行われていないことにより著しく景観を損なっている状態その他周辺の生活環境の保全を図るために放置することが不適切である状態にあると認められる空家等をいう。

【解説】

　本法において「空家等」とは、「建築物又はこれに附属する工作物であって居住その他の使用がなされていないことが常態であるもの及びその敷地（立木その他の土地に定着する物を含む。）をいう。」と定義している。

　ここでいう「建築物」とは建築基準法（昭和25年法律第201号）第2条第1号の「建築物」と同義であり、土地に定着する工作物のうち、屋根及び柱又は壁を有するもの（これに類する構造のものを含む。）、これに附属する門又は塀等をいう。なお、建築基準法第2条第1号によれば、「建築物」には、上記に加え、観覧のための工作物（屋根のない野球場や競技場のスタンド等）、地下又は高架の工作物内に設ける事務所等の施設（地下街や高架鉄道内の店舗等）も含むとされているところ、本法においてもこれらを除く趣旨ではない。

　「これに附属する工作物」には、本法で「建築物」とされる前記の「附属する門又は塀」以外のもの、例えば、ネオン看板などの建築物に附属する工作物が該当する。

　このような建築物又はこれに附属する工作物（以下「建築物等」）のうち「居住その他の使用がなされていないことが常態であるもの」（Q1参照）が「空家等」である。

　本法における「特定空家等」とは、そのまま放置すれば倒壊等著し

く保安上危険となるおそれのある状態又は著しく衛生上有害となるおそれのある状態、適切な管理が行われていないことにより著しく景観を損なっている状態その他周辺の生活環境の保全を図るために放置することが不適切である状態にあると認められる空家等をいう。

　例えば、

---

❶　倒壊のおそれがあるほどの著しい構造部材の破損、腐朽、蟻害、腐食等又は構造部材同士のずれがある場合

❷　敷地等からの著しく多数の蚊、ねずみ等の害虫等の発生がある場合

❸　屋根ふき材、外装材、看板等の著しい色褪せ、破損又は汚損がある場合

❹　周囲の建築物の破損又は歩行者等の通行の妨げ等のおそれがあるほどの著しい立木の枝等のはみ出しがある場合

などが想定される。

　市町村長は、特定空家等及びそれに対する必要な措置の判断のため、報告徴収や立入調査を行うことができ（法第9条第2項～第5項）、調査の結果、判明した特定空家等の所有者等に対して、当該特定空家等に関し除却、修繕、立木竹の伐採その他周辺の生活環境の保全を図るために必要な措置をとるよう助言・指導などをすることができる（法第22条）。なお、適切な管理が行われていないことによりそのまま放置すれば特定空家等に該当することとなるおそれのある状態にある空家等は、「管理不全空家等」として市町村長が指導等を行うことができるが、詳細は法第13条関係の解説を参照されたい。

　どのような空家等が特定空家等に該当するかについては、国土交通省及び総務省より「管理不全空家等及び特定空家等に対する措置に関する適切な実施を図るために必要な指針（ガイドライン）」が示されているところであり、各市町村において、同ガイドラインを参考にして判断することになる。

Q1 「居住その他の使用がなされていないことが常態であること」とは、どのような状態をいうのか。

A

「居住その他の使用がなされていないこと」とは、「人の住居や店舗として使用するなど建築物として現に意図をもって使い用いていないこと」をいう。

居住その他の使用がなされていないことが「常態である」とは、すなわち居住その他の使用がなされていないことが「長期間にわたって継続している状態」であることを意味するが、概ね年間を通して建築物等の使用実態がないことが一つの基準となると考えられる。

建築物等の使用実態の有無については、調査等（法第9条・第10条）により、調査時点での建築物等の状況等に基づき、客観的に判断されるべきものである。考慮すべき判断要素については、Q3参照。

Q2 「空家等」の定義から「国又は地方公共団体が所有し、又は管理するもの」を除外した趣旨は何か。

A

「国又は地方公共団体が所有し、又は管理するもの」としては、例えば、廃止決定済の公務員宿舎等がこれにあたるであろう。

ところで、国又は地方公共団体が所有し、又は管理する国有財産・公有財産については、関係法令に基づき適切に管理され、その活用等についても、所有又は管理する国又は地方公共団体が、関係法令に基づいて適切に行っているのが通例である。

したがって、このような建築物等については、本法の対象とする必要がなく、明示的に除外することとしたところである。

Q3 「空家等」の判断において、考慮すべき要素は何か。例えば、❶現に居住している者がおらず、人の出入りもない状態が長期間継続している家屋や❷長期間人の出入りもなく、管理行為も認められない倉庫は「空家等」か。

A

建築物等の使用実態の有無については、本法に定める調査等（法第9条・第10条）により、調査時点での建築物及びその敷地などの状況等に基づき客観的に判断されるべきものであるが、実務上は、

・建築物等の朽廃等の状況
・建築物等の用途
・建築物等への人の出入りの有無
・電気・ガス・水道の使用状況及びそれらが使用可能な状態にあるか否か
・建築物等及びその敷地の登記記録、所有者等の住民票の内容
・建築物等の適切な管理が行われているか否か
・所有者等による固定資産税等の納付状況
・所有者等によるその利用実績についての主張

などの諸要素を総合的に考慮して判断されることになろう。

したがって、❶現に居住している者がおらず、人の出入りもない状態が長期間継続している家屋や❷長期間人の出入りもなく、管理行為も認められない倉庫は、いずれも「居住その他の使用」がなされていないことが常態であるとして、一般に「空家等」と認められることになると考えられる。

なお、このような建築物等の中に所有者等の物品が残っていることもあるが、適切な管理がなされず放置されている建築物等の中の物品は、当該建築物等を物置又は倉庫として物品の保管に使用していると認められる特段の事情がない限り、それら物品も建築物等同様に放置されているにすぎず、「居住その他の使用」がなされているとはいえないから「空家等」と考えられるであろう。

また、「空家等」に該当すると判断された場合、市町村の空家等活用促進に係る措置を含む空家等対策計画（法第7条）や市町村長が行

う調査等（法第9条・第10条）の対象となるが、さらに「管理不全空家等」又は「特定空家等」に該当しない限りは、市町村長による助言・指導、勧告、命令※、代執行※といった措置の対象とはならず、ただちに本法において所有者等に不利益が生じるものではない。

Q4 次のような「現に居住していない家屋」は「空家等」に該当するか。
❶現に居住してはいないが、所有者等が時々出入りして物置として利用している家屋
❷現に居住してはいないが、週末には農作業のために訪れ、着替えや休憩の場所として利用し、農機具も置いている家屋
❸現に居住しておらず物を置いたりもしていないが、将来利用する意思があり、たまに換気するなど管理行為は行っている家屋

A

　本法にいう「空家等」と認められるためには、「居住その他の使用がなされていないことが常態であるもの」、すなわち「人の住居や店舗として使用するなど建築物として現に意図をもって使い用いていないことが長期間にわたって（概ね年間を通じて）継続している状態」であると認められることが必要である。したがって、建築物として使用実態が認められるのであれば、一般に「空家等」には該当しない。

　「❶現に居住してはいないが、所有者等が時々出入りして物置として利用している家屋」については、当該家屋を住居として使用するものではないものの、屋根及び柱又は壁を有する建築物として、物品を保管する「物置」として使用されていることから、「居住その他の使用」がなされていると考えられ、一般に「空家等」には該当しないと考えられる。

　ただし、所有者等が出入りすることが年間を通じてなく、あっても数年に一度というような場合は、物品を放置しているにすぎず、「物置として使用している」と認められない結果、「空家等」と認定されうる。

　同様に「❷現に居住してはいないが、週末には農作業のために訪

※ 特定空家等に対してのみ可能。

23

れ、着替えや休憩の場所として利用し、農機具も置いている家屋」についても、屋根及び柱又は壁を有する建築物として、農機具を保管する「物置」ないし「更衣所」としての使用があるから、一般に「空家等」には該当しないと考えられる。

　他方、「❸現に居住しておらず物を置いたりもしていないが、将来利用する意思があり、たまに換気するなど管理行為は行っている家屋」については、使用の実態がない以上、「居住その他の使用」がなされていないと考えられることから、一般に「空家等」に該当すると考えられる。

　なお、本事例では、「将来利用する意思があり、たまに換気するなど管理行為は行っている」が、本法では、条文上「使用」と「管理」とを区別し、「管理されていない空家等」との概念を用いていることから明らかなように、管理行為があってもなお「空家等」に該当しうる。たまに換気する程度の管理行為のみでは、建築物として現に意図をもって使い用いているとまでは言えない場合が多いであろう。また、「将来利用する意思」が漠然とあるだけでは、建築物等を「使用」しているとは認められず、「空家等」と認められることもあろう。

　ただし、近い将来、自ら居住し、又は他人に貸すなどして使用する具体的な予定があり、これに備えて当該建築物等の清掃や換気を行っているなど、具体的な使用に向けた準備行為があると認められる場合は、「空家等」ではないと認められるであろう。

> **Q5** 「現に居住している者はいないが、遺品が置かれている家屋」について、次のようなものは「空家等」にあたるか。
> ❶盆暮れ、彼岸などに年に一、二度帰省して先祖の供養を行うために用いている家屋
> ❷遺品などの物品が置かれ、時々遺品などの出し入れのために立ち入っている家屋
> ❸所有者等による出入りも管理も長期間なされないまま遺品が残っている家屋

A

　「空家等」というためには、居住その他の使用がなされていない状態が長期間にわたって継続していることが必要であり、概ね年間を通して建築物等の使用実態がないことが一つの基準となると考えられ

る。

「❶盆暮れ、彼岸などに年に一、二度帰省して先祖の供養を行うために用いている家屋」については、盆暮れ、彼岸などに先祖の供養を行うために家屋を用いており、置いてある物も放置されているとは考えられないので、年に一、二度の帰省であっても、「居住その他の使用」がなされていると考えられることから「空家等」には該当しないと考えられる。

「❷遺品などの物品が置かれ、時々遺品などの出し入れのために立ち入っている家屋」についても、時々遺品などの物品の出し入れをしているのであれば、当該家屋を建築物等として物置又は倉庫として使用しているといえるから、そのような事実が確認できる場合は、「居住その他の使用」がなされていると考えられるので「空家等」には該当しないと考えられる。

他方、「❸所有者等による出入りも管理も長期間なされないまま遺品が残っている家屋」については、適切な管理がなされず放置されている家屋であり、当該家屋を物置又は倉庫として物品の保管に使用していると認められる特段の事情がない限り、それらの遺品も放置されているにすぎないことから、「居住その他の使用」がなされているとは認められず、「空家等」と認められる。

Q6 次のような家屋は本法にいう「空家等」か。
❶本来の用途は「住宅」であるが、もはや人が住んでおらず、物置ないし倉庫として使われている家屋
❷現に人が居住しているが、管理がなされていないゴミ屋敷で敷地内にもゴミが散乱している家屋

A

本法において、「空家等」とは「居住その他の使用がなされていないこと」が常態であるものをいう。「居住その他の使用がなされていないこと」とは、「人の住居や店舗として使用するなど建築物として現に意図をもって使い用いていないこと」をいう。

事例❶では、本来の用途は「住宅」ではあるが、物置ないし倉庫として使用しているため、「居住その他の使用」がなされていることから、「空家等」には該当しない。

事例❷では、いわゆる「ゴミ屋敷」であるが、現に居住している以上「居住その他の使用」がなされていると考えられるから、やはり「空家等」には該当しない（ただし、管理不全土地・建物として民法上の措置※の対象となり得る）。

　このような家屋については、周辺の生活環境に悪影響を及ぼすこともあり、また、市町村によっては、より有効な活用を促したいと考えることもあり得る。そのような場合は、他の法令の規定や任意の措置による対処を検討すべきである（大阪市住居における物品等の堆積による不良な状態の適正化に関する条例等参照）。

　なお、本法の「空家等」に該当しない建築物等について、市町村が条例を定めたり、他の法令に基づき、地域の実情に応じてその活用のための施策を講じたりすることは可能であることはいうまでもない。

Q7 現に居住している者がいない空部屋がほとんどである老朽化したマンション（集合住宅）は「空家等」か。

A

　集合住宅については、現に居住している者がいない空部屋がほとんどであっても、一部でも現に居住している者がいる住戸がある限り、「空家等」には該当しない。

　なぜならば、「空家等」は「建築物等」を対象としているところ、マンションは、一棟全体で一つの「建築物等」であり、その建築物等が一部でも使用されている以上、「空家等」とはいえないからである。マンションの一住戸は「建築物等」の一区画にすぎず、一部屋ごとに「空家等」か否かを判断するものではない。

　したがって、現に居住している者がいない空き住戸が多数存在するとしても、一部の住戸に居住者がおり、マンション全体としては「居住その他の使用がなされていない」とはいえないことから「空家等」には該当しない。

　なお、このようなマンション全体の管理は、「建物の区分所有等に関する法律」（昭和37年法律第69号）に基づき、区分所有者の団体（管理組合）が行う（同法第3条、第65条参照）こととなっており、

※　管理不全土地管理制度（民法第264条の9）や、管理不全建物管理制度（同法第264条の14）に係る措置の対象となり得る（第14条関係Q3参照）。

管理組合によってマンション全体の適切な管理が行われることになる^{※1.2}。他方、マンション全体が、居住その他の使用がなされている部屋等が全くない場合は、「空家等」に該当することはいうまでもない。

Q8　特定空家等やその前段階の管理不全空家等に関する具体的な考え方はどこで示されているのか。

A

　「空家等対策の推進に関する特別措置法の一部を改正する法律」（令和5年法律第50号）では、適切な管理が行われていないことによりそのまま放置すれば特定空家等に該当することとなるおそれのある状態にある空家等（「管理不全空家等」）についての規定（法第13条）を定め、特定空家等となる前の段階でその所有者等に対し、指導・勧告を行うことができることとした。

　特定空家等に対する措置とあわせてその適切な実施のため、「管理不全空家等及び特定空家等に対する措置に関する適切な実施を図るために必要な指針（ガイドライン）」には、管理不全空家等及び特定空家等に該当するか否かを判断するための参考となる基準や、管理不全空家等及び特定空家等にする措置を行う上での具体的な手続等の考え方が定められている。

　管理不全空家等及び特定空家等を判断するための参考となる基準については、管理不全空家等及び特定空家等と判断しうる建築物の物的状態に関する基準が具体例として示されているとともに、これらが周辺の建築物や通行人等に与える悪影響の有無、またその悪影響の程度が社会通念上許容される範囲にとどまるか否か、さらにもたらされる危険について切迫性が高いか否かを、適宜判断する必要があることが示されている。

----

^{※1}　区分所有者は、共同の利益に反する行為を禁止されており（同法第6条第1項）、空き住戸から発生している悪臭を除去しない等、当該空き住戸の区分所有者が上記義務に違反している場合には、他の区分所有者全員又は管理組合法人は、当該義務違反者に対し、裁判上の請求（違反行為の停止、使用禁止、競売、引渡し等の請求）をすることが認められている（同法第57条～第60条）。

^{※2}　法務省の法制審議会において、区分所有建物の管理を円滑化等するための制度の見直しに関する要綱がとりまとめられ、これを踏まえて同省において、建物の区分所有等に関する法律（昭和37年法律第69号）の見直しが検討されている（令和6年3月時点）。

27

法第13条に基づく管理不全空家等に対する措置を行う上での具体的な手続きについては、事前準備、法第９条第１項に基づく調査の方法、市町村長による指導・勧告に係る具体的な手続等の考え方が示されている。また、法第22条に基づく特定空家等に対する措置を行う上での手続については、事前準備、所有者等からの報告徴収及び立入調査の方法、市町村長による助言又は指導・勧告・命令や当該命令に従わない場合の行政代執行等に係る具体的な手続等の考え方が示されている。

　ガイドラインは、市町村が本法を執行して管理不全空家等及び特定空家等に対処するにあたっての基本的考え方を示すものであるが、実施にあたっては、地域の実情や措置の緊急性などを踏まえて行われることを許容するものであり、今後、事例の集積等の知見を踏まえ、必要に応じて適宜見直されるものとされている。

Q9 特定空家等の定義中「そのまま放置すれば倒壊等著しく保安上危険となるおそれのある状態」とはどのような場合を想定しているのか。また、このような特定空家等を念頭においた場合の管理不全空家等の定義中「そのまま放置すれば特定空家等に該当することとなるおそれのある状態」とはどのような場合を想定しているのか。

A

　「そのまま放置すれば倒壊等著しく保安上危険となるおそれのある状態」とは、例えば、

❶　建築物の１／20超の傾斜がある場合
❷　門、塀、屋外階段等の倒壊のおそれがあるほどの著しい傾斜がある場合
❸　倒壊のおそれがあるほどの著しい立木の傾斜がある場合
❹　擁壁の一部の崩壊又は著しい土砂の流出がある場合
❺　落下につながるような外装材、屋根ふき材、手すり材、看板、雨樋、給湯設備、屋上水槽等の剝落又は脱落がある場合
❻　軒、バルコニーその他の突出物の脱落がある場合
❼　立木の大枝の脱落がある場合
❽　飛散につながるような屋根ふき材、外装材、看板、雨樋等の剝

落又は脱落がある場合

❾　飛散のおそれがあるほどの著しい立木の大枝の折れ又は腐朽が
　ある場合

であって建築物等の倒壊や擁壁の崩壊等につながる場合などが該当す
るものと考えられる。

　また、「そのまま放置すれば特定空家等に該当することとなるおそ
れのある状態」とは、例えば、

---

❶　建築物の構造部材（基礎、柱、はりその他の構造耐力上主要な
　部分をいう。以下同じ。）の破損、腐朽、蟻害、腐食がある場合

❷　門、塀、屋外階段等の構造部材の破損、腐朽、蟻害、腐食等が
　ある場合

❸　立木の伐採、補強等がなされておらず、腐朽が認められる場合

❹　擁壁のひび割れ等の部材の劣化、水のしみ出し又は変状がある
　場合

❺　落下につながるような外壁上部の外装材、屋根ふき材若しくは
　上部に存する看板、雨樋、給湯設備、屋上水槽等の破損又はこれ
　らの支持部材の破損、腐食等がある場合

❻　軒、バルコニーその他の突出物の破損、腐朽等がある場合

❼　立木の大枝の剪定、補強がなされておらず、落下につながるよ
　うな折れ又は腐朽が認められる場合

❽　飛散につながるような屋根ふき材、外装材、看板、雨樋等の破
　損又はこれらの支持部材の破損、腐食等がある場合

❾　立木の大枝の剪定、補強がなされておらず、立木の飛散につな
　がるような折れ又は腐朽が認められる場合

であって建築物等の倒壊や擁壁の崩壊等につながる場合などが該当す
るものと考えられる。悪影響による危険性は、特定空家等の例より低
い状態にあることに留意する必要がある。

　具体的に、どのような場合が「そのまま放置すれば倒壊等著しく保
安上危険となるおそれのある状態」又は「そのまま放置すれば特定空
家等に該当することとなるおそれのある状態」にあたるかについて
は、ガイドラインを参考にしつつ、各市町村の個別具体的な状況に基
づいた合理的な判断に委ねられることになる。

Q10 特定空家等の定義中「そのまま放置すれば著しく衛生上有害となるおそれのある状態」とはどのような場合を想定しているのか。また、このような特定空家等を念頭においた場合の管理不全空家等の定義中「そのまま放置すれば特定空家等に該当することとなるおそれのある状態」とはどのような場合を想定しているのか。

A

「そのまま放置すれば著しく衛生上有害となるおそれのある状態」とは、例えば、

- ❶ 石綿の飛散の可能性が高い吹付け石綿の露出又は石綿使用部材の破損等がある場合
- ❷ 排水設備（浄化槽を含む。以下同じ。）からの汚水等の流出がある場合
- ❸ 敷地等からの著しく多数の蚊、ねずみ等の害虫等の発生がある場合
- ❹ 敷地等の著しい量の動物の糞尿等がある場合

であって、石綿の飛散や健康被害の誘発につながる場合などが該当するものと考えられる。

また、「そのまま放置すれば特定空家等に該当することとなるおそれのある状態」とは、例えば、

- ❶ 吹付け石綿の周囲の外装材又は石綿使用部材の破損等がある場合
- ❷ 排水設備の破損等がある場合
- ❸ 清掃等がなされておらず、常態的な水たまりや多量の腐敗したごみ等が敷地等に認められる場合
- ❹ 駆除等がなされておらず、常態的な媒介動物等の棲みつきが敷地等に認められる場合

であって、石綿の飛散や健康被害の誘発につながる場合などが該当するものと考えられる。悪影響の程度は、特定空家等の例より低い状態

にあることに留意する必要がある。

　具体的に、どのような場合が、「そのまま放置すれば著しく衛生上有害となるおそれのある状態」又は「そのまま放置すれば特定空家等に該当することとなるおそれのある状態」にあたるかについては、ガイドラインを参考にしつつ、各市町村の個別具体的な状況に基づいた合理的な判断に委ねられることになる。

Q11 特定空家等の定義中「適切な管理が行われていないことにより著しく景観を損なっている状態」とはどのような場合を想定しているのか。また、このような特定空家等を念頭においた場合の管理不全空家等の定義中「そのまま放置すれば特定空家等に該当することとなるおそれのある状態」とはどのような場合を想定しているのか。

A

　「適切な管理が行われていないことにより著しく景観を損なっている状態」とは、例えば、

---

❶　屋根ふき材、外装材、看板等の著しい色褪せ、破損又は汚損がある場合
❷　著しく散乱し、又は山積した敷地等のごみ等がある場合

であって景観悪化につながる場合などが該当するものと考えられる。

　また、「そのまま放置すれば特定空家等に該当することとなるおそれのある状態」とは、例えば、

---

❶　補修等がなされておらず、屋根ふき材、外装材、看板等の色褪せ、破損又は汚損が認められる場合
❷　清掃等がなされておらず、散乱し、又は山積したごみ等が敷地等に認められる場合

であって景観悪化につながる場合などが該当するものと考えられる。悪影響の事象の切迫性は、特定空家等の例より低い状態にあることに留意する必要がある。

　具体的に、どのような場合が、「適切な管理が行われていないこと

により著しく景観を損なっている状態」又は「そのまま放置すれば特定空家等に該当することとなるおそれのある状態」にあたるかについては、ガイドラインを参考にしつつ、各市町村の個別具体的な状況に基づいた合理的な判断に委ねられることになる[※]。

　他方、奇抜なデザインにより周囲の景観に合わない建築物等については、それだけでは、本法でいう「適切な管理が行われていないことにより著しく景観を損なっている状態」には該当しないことになろう。

Q12 特定空家等の定義中「その他周辺の生活環境の保全を図るために放置することが不適切である状態」とはどのような場合を想定しているのか。また、このような特定空家等を念頭においた場合の管理不全空家等の定義中「そのまま放置すれば特定空家等に該当することとなるおそれのある状態」とはどのような場合を想定しているのか。

A

　「その他周辺の生活環境の保全を図るために放置することが不適切である状態」とは、例えば、

---

❶　排水設備（浄化槽を含む。以下同じ。）の汚水等による悪臭の発生がある場合

❷　不特定の者が容易に侵入できるほどの著しい開口部等の破損等がある場合

❸　頻繁な落雪の形跡がある場合

❹　周囲の建築物の破損又は歩行者等の通行の妨げ等のおそれがあるほどの著しい立木の枝等のはみ出しがある場合

❺　著しい頻度又は音量の鳴き声を発生する動物の敷地等への棲みつき等がある場合

[※] この点、最高裁判例は、景観に関し、良好な景観に近接する地域内に居住する者が有するその景観の恵沢を享受する利益は、法律上保護に値するものと解するのが相当であるとするが、ある行為がこの利益に対する違法な侵害に当たるといえるためには、少なくとも、その侵害行為が、刑罰法規や行政法規の規制に違反するものであったり、公序良俗違反や権利の濫用に該当するものであるなど、侵害行為の態様や程度の面において社会的に容認された行為としての相当性を欠くことが求められる、としている（平成18年3月30日最高裁第一小法廷判決）。

❻　周辺への侵入等が認められる動物等の敷地等への棲みつきがある場合

であって汚水等による悪臭の発生や、不法侵入の発生等（落雪による通行障害等の発生、立木等による破損・通行障害等の発生、動物等による騒音の発生又は動物等の侵入等の発生）につながる場合などが該当するものと考えられる。

また、「そのまま放置すれば特定空家等に該当することとなるおそれのある状態」とは、例えば、

------

❶　排水設備の破損等又は封水切れがある場合
❷　開口部等の破損等がある場合
❸　通常の雪下ろしがなされていないことが認められる場合
❹　立木の枝の剪定等がなされておらず、立木の枝等のはみ出しが認められる場合

であって汚水等による悪臭の発生や、不法侵入の発生等（落雪による通行障害等の発生、立木等による破損・通行障害等の発生、動物等による騒音の発生又は動物等の侵入等の発生）につながる場合などが該当するものと考えられる。悪影響の事象の切迫性は、特定空家等の例より低い状態にあることに留意する必要がある。

具体的に、どのような場合が、「その他周辺の生活環境の保全を図るために放置することが不適切である状態」又は「そのまま放置すれば特定空家等に該当することとなるおそれのある状態」にあたるかについては、ガイドラインを参考にしつつ、各市町村の個別具体的な状況に基づいた合理的な判断に委ねられることになる。

第3条関係（国の責務）

●国の責務●

第3条 国は、空家等に関する施策を総合的に策定し、及び実施する
責務を有する。

2 国は、地方公共団体その他の者が行う空家等に関する取組のため
に必要となる情報の収集及び提供その他の支援を行うよう努めなけ
ればならない。

3 国は、広報活動、啓発活動その他の活動を通じて、空家等の適切
な管理及びその活用の促進に関し、国民の理解を深めるよう努めな
ければならない。

【解説】

　空家等対策においては、地方公共団体のみならず、国においても全
国的な規模で、かつ、全国的な視点に立って総合的に施策を策定・実
施し、国と地方公共団体が一体となって取り組むことが必要である。
本条は、こうした空家等対策における国の責務を規定したものであ
る。

　また、空家等対策の推進にあたっては、所有者等に対して指導や助
言等を行う市町村等に対する情報提供その他の援助や、空家等の所有
者等をはじめとした国民の理解を得ることが不可欠である。国とし
て、このような取組を進めることが必要であるため、本条の第2項及
び第3項においてその旨が定められている。

　なお、法では、国が行うこととして、基本指針を定めること（第6
条）や、特定空家等に対する措置の適切な実施を図るために必要な指
針を定めること（第22条第16項）のほか、予算や税制上の措置を講じ
ること（第29条）等が定められている。

Q1 本条を踏まえ、具体的に国はどのようなことを行うのか。

A

　本条を踏まえた国の役割については、基本指針において記載されて
いる。例えば、基本指針を定め、国の関係行政機関内において、空家
等対策の必要性や空家等の活用の有効性についての認識の共有を図る
ことに加え、法の内容について、地方公共団体等に対して具体的に周

知を図りつつ、市町村長による管理不全空家等又は特定空家等に対する措置に関し、その適切な実施を図るために必要な指針を定めること等により、市町村による空家等対策の適切な実施を支援すること等である。

　また、空家等の活用や、適切な管理、除却の促進に関し、国民の理解を深めるため、都道府県や市町村、民間団体とも連携しながら、パンフレットやウェブサイトを用いた情報提供に加え、動画配信や説明会の開催等を積極的に行うことに努めることとしている。

　このほか、法第29条を踏まえ、市町村が行う空家等対策を交付金制度や補助制度、特別交付税措置等により支援することとしているほか、空き家の発生を抑制するための税制上の特例措置（所得税・個人住民税の特例）等を講じている（第３編参照）。

第4条関係（地方公共団体の責務）

——●地方公共団体の責務 ●——

第4条 市町村は、第7条第1項に規定する空家等対策計画の作成及びこれに基づく空家等に関する対策の実施その他の空家等に関して必要な措置を適切に講ずるよう努めなければならない。

2 都道府県は、第7条第1項に規定する空家等対策計画の作成及び変更並びに実施その他空家等に関しこの法律に基づき市町村が講ずる措置について、当該市町村に対する情報の提供及び技術的な助言、市町村相互間の連絡調整その他必要な援助を行うよう努めなければならない。

【解説】

国、都道府県、市町村のうち、いずれが空家等対策に主たる役割を果たすべきかを考えた場合、住民に最も身近で個別の空家等の状況を把握できるのは市町村であると考えられる。

空家等の所有者等が、経済的な事情等から本来自ら行うべき空家等の管理を十分に行うことができず、その管理責任を全うしない場合においては、所有者等の第一義的な責任を前提にしながらも、住民に最も身近な行政主体であり、個別の空家等の状況を把握することが可能な立場にある各市町村が、地域の実情に応じて、地域活性化等の観点から空家等の有効活用を図る一方、周辺の生活環境に悪影響を及ぼす空家等については所要の措置を講ずるなど、空家等に関する対策を実施することとなる。本条は、この点を明確にしたものである。

このようなことから、市町村に空家等に関する措置を適切に講ずるよう努めるべき旨の責務規定を置き、市町村が空家等対策について主体的な役割を果たすべき旨を明らかにした。

また、都道府県においては、市町村と緊密な連携を図りつつ、市町村による空家等対策の実施を支援することとなる。

Q1 空家等対策における都道府県の役割は、どのようなものが想定されるか。

A

法において、都道府県は、市町村に対する情報の提供及び技術的な助言、市町村相互間の連絡調整等の援助を行うよう努めなければならないとされている。

具体的には、

---

❶ 都道府県内の市町村間での効果的な情報共有の支援や士業、不動産業等の関係団体との連携支援
❷ 建築部局がない市町村に対する管理不全空家等又は特定空家等の判断に関する技術的な助言

等の積極的な役割が求められている。

第5条関係（空家等の所有者等の責務）

──●空家等の所有者等の責務●──

第5条 空家等の所有者又は管理者（以下「所有者等」という。）は、周辺の生活環境に悪影響を及ぼさないよう、空家等の適切な管理に努めるとともに、国又は地方公共団体が実施する空家等に関する施策に協力するよう努めなければならない。

【解説】

本条は、空家等の所有者等に対して、周辺の生活環境に悪影響を及ぼさないよう、空家等を適切に管理すべき責務を定めるものである。

空家等が私有財産である以上、その管理は所有者等の自由であるのが原則ではあるが、所有者等といえども、その管理を怠って周囲の生活環境に悪影響を及ぼすことまで許されるものではない。そこで、本法は本条を置くことで、空家等の所有者等の責務を明らかにしている。

「周辺の生活環境に悪影響を及ぼさないよう、空家等の適切な管理に努める」とは、本法でいう管理不全空家等や特定空家等の状態にならないように措置することはもとより、自ら所有又は管理する空家等が、防災、衛生、景観等において、地域住民の生活環境に悪影響を及ぼさないように、法第6条第2項第3号に定める「所有者等による空家等の適切な管理について指針となるべき事項」（管理指針）に則し、空家等の適切な管理に努めることをいう。

また、周囲に悪影響を及ぼし得る空家等が増加する中、国や地方公共団体による施策の実施が一層必要になっており、行政主体の施策の実効性の確保を図る必要があるため、国・地方公共団体の施策への協力に関する規定が設けられている。

Q1 所有者等が本条の責務規定に違反した場合、罰則等はあるのか。

A

本条の責務規定に違反したからといって、それだけでは、何らかの罰則等があるということはない。

しかし、本条の責務を怠った結果、空家等が管理不全空家等となった場合には、法第13条に基づく指導や勧告の対象となる。また、特定

空家等となった場合には、法第22条に基づく助言・指導、勧告、命令、行政代執行（法第22条）等の対象となる。

　そのほか、空家等である看板の保存に瑕疵があり、それが原因で他人に損害を与えた場合には、民法上の工作物責任（民法第717条）など、他の関係法令による法的責任が当然問われ得る。

第6条関係（基本指針）

●基本指針●

第6条 国土交通大臣及び総務大臣は、空家等に関する施策を総合的かつ計画的に実施するための基本的な指針（以下「基本指針」という。）を定めるものとする。

2 基本指針においては、次に掲げる事項を定めるものとする。

 一 空家等に関する施策の実施に関する基本的な事項

 二 次条第1項に規定する空家等対策計画に関する事項

 三 所有者等による空家等の適切な管理について指針となるべき事項

 四 その他空家等に関する施策を総合的かつ計画的に実施するために必要な事項

3 国土交通大臣及び総務大臣は、基本指針を定め、又はこれを変更するときは、あらかじめ、関係行政機関の長に協議するものとする。

4 国土交通大臣及び総務大臣は、基本指針を定め、又はこれを変更したときは、遅滞なく、これを公表しなければならない。

【解説】

本条では、国土交通大臣及び総務大臣は、空家等に関する施策を総合的かつ計画的に実施するための基本的な指針（基本指針）を定める旨が規定されており、この基本指針に即して各市町村が空家等対策計画（法第7条）を作成することとされている。本条に基づき、「空家等に関する施策を総合的かつ計画的に実施するための基本的な指針」（平成27年2月26日総務省・国土交通省告示第1号）が定められている。

基本指針には、

- ❶ 空家等に関する施策の実施に関する基本的な事項
- ❷ 空家等対策計画に関する事項
- ❸ 所有者等による空家等の適切な管理について指針となるべき事項（管理指針）
- ❹ その他空家等に関する施策を総合的かつ計画的に実施するために必要な事項

を定めるものとされている。

　国土交通大臣と総務大臣の共管となっているのは、本法の目的が、生活環境の保全を図るとともに空家等の活用を促進することにより、公共の福祉の増進と地域の振興に寄与することにあることから、住宅行政やまちづくりを所掌している国土交通大臣と、地域の振興を所掌している総務大臣の共管としたことによる。

　なお、基本指針の策定又は変更にあたり、国土交通大臣と総務大臣が協議すべき「関係行政機関の長」（法第6条第3項）は、例えば空家等の活用による農山漁村の振興の観点から農林水産大臣、空家等の所有者等を探索する際に市町村が情報提供を求めることがある電気・ガスの供給事業者を所管する観点から経済産業大臣、ゴミ等の放置や不法投棄が原因で空家等が衛生上有害となるおそれのある状態を防止する観点から環境大臣、空家等の放置による病原菌などの発生を予防する観点から厚生労働大臣などである。

Q1　基本指針には、どのような事項が定められているか。

A

　法第6条第2項に基づき、基本指針では、第一に、空家等に関する施策の実施に関する基本的な事項、第二に、空家等対策計画に関する事項、第三に、所有者等による空家等の適切な管理について指針となるべき事項（管理指針）、第四に、その他空家等に関する施策を総合的かつ計画的に実施するために必要な事項が定められている。

　空家等に関する施策の実施に関する基本的な事項としては、❶本基本指針の背景、❷実施体制の整備、❸空家等の実態把握、❹空家等に関するデータベースの整備等、❺空家等対策計画の作成、❻空家等及びその跡地の活用の促進、❼空家等の適切な管理に係る措置、❽特定空家等に対する措置、❾空家等に関する対策の実施に必要な財政上・税制上の措置が定められている。

　空家等対策計画に関する事項としては、❶効果的な空家等対策計画の作成の推進、❷空家等対策計画に定める事項、❸空家等対策計画の公表等が定められている。

　所有者等による空家等の適切な管理について指針となるべき事項（管理指針）としては、❶所有者等による空家等の適切な管理の必要性、❷空家等の適切な管理のために所有者等が留意すべき事項が定め

られている。

　その他空家等に関する施策を総合的かつ計画的に実施するために必要な事項としては、❶空家等の所有者等の意識の涵養と理解増進、❷空家等に対する他法令による諸規制等、❸空家等の増加抑制策、活用施策、除却等に対する支援施策等が定められている。

Q2 「所有者等による空家等の適切な管理について指針となるべき事項」（管理指針）とは何か。

A

　法第6条第2項第3号の所有者等による空家等の適切な管理について指針となるべき事項（管理指針）とは、空家等が管理不全空家等や特定空家等にならないようにするための所有者等による空家等の管理に係る指針となる内容を定めるものである。具体的には、基本指針において、「管理の指針」として、❶保安上危険の防止のための管理、❷衛生上有害の防止のための管理、❸景観悪化の防止のための管理、❹周辺の生活環境の保全への悪影響の防止のための管理の類型ごとに、あるべき管理の内容を定めている。

　管理指針に定めるような適切な管理が行われておらず、空家等がそのまま放置すれば特定空家等に該当することとなるおそれのある状態にあると認めるとき、市町村長は、法第13条第1項に基づき、当該状態にあると認められる空家等（管理不全空家等）の所有者等に対し、管理指針に即して、当該管理不全空家等が特定空家等に該当することとなることを防止するために必要な措置をとるよう指導をすることができる。

基本指針での関連部分の記載は以下の箇所

- 三　所有者等による空家等の適切な管理について指針となるべき事項

■ 管理指針や管理不全空家等、特定空家等の考え方

管理指針、管理不全空家等の参考基準

○4つの観点（保安上危険、衛生上有害、景観悪化、周辺の生活環境への影響）の「放置した場合の悪影響」ごとに、「特定空家等の状態」「管理不全空家等の状態」を提示。また、これらの状態にならないようにするための管理の行為を「管理指針」として提示。

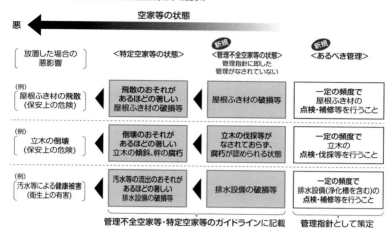

〔出典〕 国土交通省 HP 資料より作成

第7条関係（空家等対策計画）

●空家等対策計画●

第7条 市町村は、その区域内で空家等に関する対策を総合的かつ計画的に実施するため、基本指針に即して、空家等に関する対策についての計画（以下「空家等対策計画」という。）を定めることができる。

2 空家等対策計画においては、次に掲げる事項を定めるものとする。

一 空家等に関する対策の対象とする地区及び対象とする空家等の種類その他の空家等に関する対策に関する基本的な方針

二 計画期間

三 空家等の調査に関する事項

四 所有者等による空家等の適切な管理の促進に関する事項

五 空家等及び除却した空家等に係る跡地（以下「空家等の跡地」という。）の活用の促進に関する事項

六 特定空家等に対する措置（第22条第1項の規定による助言若しくは指導、同条第2項の規定による勧告、同条第3項の規定による命令又は同条第9項から第11項までの規定による代執行をいう。以下同じ。）その他の特定空家等への対処に関する事項

七 住民等からの空家等に関する相談への対応に関する事項

八 空家等に関する対策の実施体制に関する事項

九 その他空家等に関する対策の実施に関し必要な事項

3 前項第五号に掲げる事項には、次に掲げる区域内の区域であって、当該区域内の空家等の数及びその分布の状況、その活用の状況その他の状況からみて当該区域における経済的社会的活動の促進のために当該区域内の空家等及び空家等の跡地の活用が必要となると認められる区域（以下「空家等活用促進区域」という。）並びに当該空家等活用促進区域における空家等及び空家等の跡地の活用の促進を図るための指針（以下「空家等活用促進指針」という。）に関する事項を定めることができる。

一 中心市街地の活性化に関する法律（平成10年法律第92号）第2条に規定する中心市街地

二 地域再生法（平成17年法律第24号）第5条第4項第八号に規定する地域再生拠点

三 地域再生法第5条第4項第十一号に規定する地域住宅団地再生区域

　　四　地域における歴史的風致の維持及び向上に関する法律（平成20年法律第40号）第2条第2項に規定する重点区域

　　五　前各号に掲げるもののほか、市町村における経済的社会的活動の拠点としての機能を有する区域として国土交通省令・総務省令で定める区域

4　空家等活用促進指針には、おおむね次に掲げる事項を定めるものとする。

　　一　空家等活用促進区域における空家等及び空家等の跡地の活用に関する基本的な事項

　　二　空家等活用促進区域における経済的社会的活動の促進のために活用することが必要な空家等の種類及び当該空家等について誘導すべき用途（第16条第1項及び第18条において「誘導用途」という。）に関する事項

　　三　前二号に掲げるもののほか、空家等活用促進区域における空家等及び空家等の跡地の活用を通じた経済的社会的活動の促進に関し必要な事項

5　空家等活用促進指針には、前項各号に掲げる事項のほか、特例適用建築物（空家等活用促進区域内の空家等に該当する建築物（建築基準法（昭和25年法律第201号）第2条第一号に規定する建築物をいう。以下この項及び第9項において同じ。）又は空家等の跡地に新築する建築物をいう。次項及び第10項において同じ。）について第17条第1項の規定により読み替えて適用する同法第43条第2項（第一号に係る部分に限る。次項において同じ。）の規定又は第17条第2項の規定により読み替えて適用する同法第48条第1項から第13項まで（これらの規定を同法第87条第2項又は第3項において準用する場合を含む。第9項において同じ。）の規定のただし書の規定の適用を受けるための要件に関する事項を定めることができる。

6　前項の第17条第1項の規定により読み替えて適用する建築基準法第43条第2項の規定の適用を受けるための要件（第9項及び第17条第1項において「敷地特例適用要件」という。）は、特例適用建築物（その敷地が幅員1.8m以上4m未満の道（同法第43条第1項に規定する道路に該当するものを除く。）に2m以上接するものに限る。）について、避難及び通行の安全上支障がなく、かつ、空家等活用促進区域内における経済的社会的活動の促進及び市街地の環境の整備改善に資するものとして国土交通省令で定める基準を参酌して定めるものとする。

7　市町村は、第３項に規定する事項を定めるときは、あらかじめ、当該空家等活用促進区域内の住民の意見を反映させるために必要な措置を講ずるものとする。

8　市町村（地方自治法（昭和22年法律第67号）第252条の19第１項の指定都市及び同法第252条の22第１項の中核市を除く。）は、第３項に規定する事項を定める場合において、市街化調整区域（都市計画法（昭和43年法律第100号）第７条第１項に規定する市街化調整区域をいう。第18条第１項において同じ。）の区域を含む空家等活用促進区域を定めるときは、あらかじめ、当該空家等活用促進区域の区域及び空家等活用促進指針に定める事項について、都道府県知事と協議をしなければならない。

9　市町村は、空家等活用促進指針に敷地特例適用要件に関する事項又は第５項の第17条第２項の規定により読み替えて適用する建築基準法第48条第１項から第13項までの規定のただし書の規定の適用を受けるための要件（以下「用途特例適用要件」という。）に関する事項を記載するときは、あらかじめ、当該事項について、当該空家等活用促進区域内の建築物について建築基準法第43条第２項第一号の規定による認定又は同法第48条第１項から第13項まで（これらの規定を同法第87条第２項又は第３項において準用する場合を含む。第17条第２項において同じ。）の規定のただし書の規定による許可の権限を有する特定行政庁（同法第２条第三十五号に規定する特定行政庁をいう。以下この項及び次項において同じ。）と協議をしなければならない。この場合において、用途特例適用要件に関する事項については、当該特定行政庁の同意を得なければならない。

10　前項の規定により用途特例適用要件に関する事項について協議を受けた特定行政庁は、特例適用建築物を用途特例適用要件に適合する用途に供することが空家等活用促進区域における経済的社会的活動の促進のためにやむを得ないものであると認めるときは、同項の同意をすることができる。

11　空家等対策計画（第３項に規定する事項が定められたものに限る。第16条第１項及び第18条第１項において同じ。）は、都市計画法第６条の２の都市計画区域の整備、開発及び保全の方針及び同法第18条の２の市町村の都市計画に関する基本的な方針との調和が保たれたものでなければならない。

12　市町村は、空家等対策計画を定めたときは、遅滞なく、これを公表しなければならない。

13　市町村は、都道府県知事に対し、空家等対策計画の作成及び実施に関し、情報の提供、技術的な助言その他必要な援助を求めることができる。

14　第7項から前項までの規定は、空家等対策計画の変更について準用する。

【解説】

　本条では、市町村は、その区域内で空家等に関する対策を総合的かつ計画的に実施するため、法第6条の基本指針に即して、空家等対策計画を定めることができる旨を定めている。市町村による空家等対策計画の策定は義務ではないが、空家等対策を効果的かつ効率的に推進するためには、各市町村において、空家等対策を総合的かつ計画的に実施するため、空家等対策計画を作成することが適切である。

　空家等対策計画では、法第7条第2項各号に従い、その市町村において重点的に空家等対策の対象とする地区、空家等の種類、計画期間、空家等の調査に関する事項等が明記されることとなる。

　また、改正法により、市町村は、空家等対策計画に、新たに空家等活用促進区域を定めることができることとなった（本条第3項）。空家等活用促進区域では、市町村のニーズに応じて、建築基準法をはじめとした法律上の特例を措置すること等ができるため、空家等の活用拡大を図る観点から、市町村はこれまで以上に強力に空家等対策を進めることが可能である。

Q1　空家等対策計画を定めなければ、市町村は本法に基づく権限を行使できないのか。また、市町村が、空家等対策計画を定めたとして、計画に定める対象地区や対象種類に該当しない空家等については、本法に基づく権限を行使できるのか。

A

　本法は、市町村による空家等対策計画の策定については義務とはしておらず、報告徴収・立入調査（法第9条）、空家等の所有者等に関する情報の利用（法第10条）、適切な管理が行われていない空家等の所有者等に対する措置（法第13条）、空家等の管理に関する民法の特例（法第14条）、特定空家等に対する措置（法第22条）、空家等管理活用支援法人の指定（法第23条〜第28条）などといった本法に定める市

町村ないし市町村長の法令上の権限も、条文上、空家等対策計画があることを要件としていない。ただし、空家等活用促進区域に係る措置を講じる際には、空家等対策計画を定め、同計画において当該措置等を記載する必要がある（法第16条、第17条等）。

したがって、空家等活用促進区域に係る措置を除くこれらの権限は、空家等対策計画に直接由来するものではなく、当該市町村は、市町村の全区域内に存在する全ての空家等について本法の定めるところにより権限を有しているから、空家等対策計画を定めているか否か、定めているとして対象地区や対象とする空家等の種類に含まれているか否かにかかわらず、本法の定めに従って権限を行使できる。

しかしながら、数多くの空家等が問題を生じさせている一方、これに対処する市町村の体制に限界がある現状を踏まえると、例えば「この計画期間内はこの地区の空家等問題に集中して取り組む」、「この計画期間内は空き住居に集中して取り組み、空き店舗などは次の計画期間以降にまわす」といった形で取り組むことが考えられ、各市町村における空家等対策を住民に周知するという観点から、こうした方針を記載した空家等対策計画を作成することが適切である。

なお、令和5年3月末現在、全国1,741市町村のうち、空家等対策計画は1,450市町村（83％）で策定されている。

Q2 空家等対策計画を定める主体を市町村とした理由は何か。

A

空家等対策計画の作成主体を市町村としているのは、国、都道府県、市町村のうち、いずれが空家等対策に主たる役割を果たすべきかを考えた場合、住民に最も身近で個別の空家等の状況を把握する立場にあるのは市町村であると考えられるからである。

他方、本法においては、市町村は都道府県知事に対し、空家等対策計画の作成・変更・実施に関し必要な援助を求めることができることとされている（法第7条第13項及び第14項）ほか、都道府県は、空家等に関し法に基づき市町村が講ずる措置について当該市町村に必要な援助を行うよう努めなければならないこととされており（法第4条第2項）、国も、市町村が定める空家等対策計画の前提となる基本指針を示している（法第6条）。

また、国及び都道府県は、市町村が行う空家等対策計画に基づく空

家等対策の適切かつ円滑な実施に資するため、必要な財政上の措置及び税制上の措置等を講ずることとされている（法第29条）。

このように、市町村の空家等対策計画の作成・実施に関しては、国も都道府県も重要な役割を担っているところであり、国、都道府県、市町村の緊密な連携が重要であることはいうまでもない。

Q3　空家等対策計画を定めるにあたり、留意すべきことは何か。

A

空家等対策計画を作成するためには、法第6条に基づき定められる基本指針に即して、各市町村内における防災、衛生、景観等の空家等がもたらす問題に関係する内部部局が連携し、空家等に関する対策を分野横断的に記載した総合的な計画を作成することが重要である。特に、同計画に空家等活用促進区域を位置付ける場合には、まちづくりに関係する部局等との連携を図ることも重要となる。

また、市町村が法第8条に基づく協議会を設置した場合には、当該協議会の構成員等から意見を聴取するとともに、必要に応じて都道府県からの情報提供や技術的な助言を受けつつ同計画の作成を行うことも有用であろう。

同計画を作成するにあたっては、各市町村内における空家等の実態を的確に把握した上で、空家等対策計画における目標を設定することが望ましい。

また、各市町村における空家等対策の全体像を住民が容易に把握することができるようにするとともに、周辺の生活環境に深刻な影響を及ぼす空家等のそもそもの増加を抑制する観点から、管理不全の空家等がもたらす諸問題、空家等の早期の除却や活用及び適切な管理の重要性について広く住民の意識を涵養する施策等も含めた形で定めることが望ましい。

なお、同計画については、定期的に目標の達成状況を評価するなどして、その内容の見直しを行い、適宜必要な改定を行うよう努めることが必要であろう。

空家等対策計画では、どのような事項が定められるのか。

A

市町村が空家等対策計画を定める場合、同計画には、

❶ 空家等に関する対策の対象とする地区及び対象とする空家等の種類その他の空家等に関する対策に関する基本的な方針
❷ 計画期間
❸ 空家等の調査に関する事項
❹ 所有者等による空家等の適切な管理の促進に関する事項
❺ 空家等及び除却した空家等に係る跡地の活用の促進に関する事項
❻ 特定空家等に対する措置その他の特定空家等への対処に関する事項
❼ 住民等からの空家等に関する相談への対応に関する事項
❽ 空家等に関する対策の実施体制に関する事項
❾ その他空家等に関する対策の実施に関し必要な事項

を定めることとしている（法第7条第2項）。

　また、❺に掲げる事項には、空家等活用促進区域及び当該区域における空家等及び空家等の跡地に関する事項を定めることができる（法第7条第3項）。

Q 5 「空家等に関する対策の対象とする地区及び対象とする空家等の種類その他の空家等に関する対策に関する基本的な方針」（第2項第1号）とは何か。

A

　空家等対策計画においては、計画の対象地区や対象とする空家等の種類（例えば空き住居、空き店舗など）その他の空家等対策に関する基本的な方針を定める。これは、例えば空家等対策の対象地区や対象建築物の優先順位を明示し、空家等対策の基本的な取組方針を明示するものである。

　同計画を作成するにあたり、市町村は、本法に定める調査等（法第9条・第10条）により、空家等の数、実態、分布状況、周辺への悪影響の度合いの状況を把握し、これまでに講じてきた空家等対策なども踏まえ、空家等に関する政策課題をまず明らかにすべきである。

　その上で、同計画には、必要に応じて、空家等対策を優先すべき重点対象地区や空家等の種類を定めた上で、今後の空家等に関する対策の取組方針について記載することが考えられる。市町村は、これらの記載により、空家等対策の今後の基本的な方針を、住民にとって分かりやすいものとして示すことが求められる。

　なお、同計画の作成にあたっては、必ずしも市町村の区域全体の空家等の調査を行うことが求められるわけではない。例えば、各市町村における中心市街地や郊外部の住宅団地等の中で、既に空家等の存在が周辺の生活環境に深刻な影響を及ぼしている地域について先行的に計画を作成し、その後必要に応じて順次計画の対象地区を拡大していく方法も考えられる。

Q6　「計画期間」（第2項第2号）を定めるにあたって留意すべきことは何か。

A

　空家等対策計画においては、空家等対策の計画期間を定めることとしている。

　空家等対策の計画期間は、各市町村における空家等の実態に応じて異なることが想定されているが、住生活基本計画等の既存の計画で定めている期間や住宅・土地に関する調査の実施年と整合性を取りつつ設定することが考えられる。

　なお、計画期限を迎える毎に、各市町村内における空家等の状況の変化を踏まえ、計画内容の改定等を検討することが重要である。

Q7 「空家等の調査に関する事項」（第2項第3号）ではどのようなことを定めるのか。

A

　空家等の調査に関する事項としては、各市町村長が法第9条第1項に基づき当該市町村の区域内にある空家等の所在及び当該空家等の所有者等を把握するための調査その他空家等に関しこの法律の施行のために必要な調査を行うにあたって必要となる事項等を記載する。

　具体的には、空家等の調査を実際に実施する主体名、対象地区、調査期間、調査対象となる空家等の種類、空家等が周辺に及ぼしている悪影響の内容及び程度その他の調査内容及び方法を記載することが考えられる。

Q8 「所有者等による空家等の適切な管理の促進に関する事項」（第2項第4号）とは何か。

A

　空家等の適切な管理は第一義的には当該空家等の所有者等の責任において行われるべきである。そこで、空家等対策計画には、空家等の所有者等にその適切な管理を促すための市町村の取組みについて明記することとしている。

　具体的には、各市町村における相談体制の整備方針や、空家等の管理を行う専門事業者等の所有者等への紹介方法などの取組みについて記載することが考えられるほか、空家等の所有者等の意識の涵養や理解増進に資する事項を記載することが考えられる。

　また、「特定空家等に対する措置その他の特定空家等への対処に関する事項」（本項第6号）との関連性も踏まえながら、法第13条に基づく適切な管理が行われていない空家等の所有者等に対する措置として、管理不全空家等への対策の方針等を定めることが考えられる。

Q9 「空家等及び除却した空家等に係る跡地の活用の促進に関する事項」（第2項第5号）とは何か。

A

　空家等の中には、修繕等を行えば地域交流や地域活性化の拠点として活用できるものも存在する。また、空家等の朽廃が著しいなどもはや活用が考えられず、後述する法第22条に基づく措置（特定空家等に対する措置）により除却するほかない空家等であっても、その跡地は活用できることがあろう。そこで、市町村が空家等やその跡地の地域資源としての活用を図るため、空家等対策計画に空家等及び除却した空家等に係る跡地の活用の促進に関する事項を定めることとしている。

　例えば、当該空家等を地域の集会所、井戸端交流サロン、農村宿泊体験施設、住民と訪問客との交流スペース、移住希望者の住居、住宅確保要配慮者向けの住宅やサードプレイス等として活用したり、当該空家等の跡地を密集市街地や漁業集落等の狭隘な地区における駐車場や防災にも資する広場として活用したりすることも地域のために有用であるところ、その際の具体的な方針や手段について記載することが考えられる。

　市町村としては、例えば各市町村が把握している空家等に関する情報を、その所有者の同意を得た上でインターネットや宅地建物取引業者の流通ネットワークを通じて広く外部に提供することについて記載することが考えられる。その際、空き家バンク等の空き家に関する情報を提供するサービスにおける宅地建物取引業者等の関係事業者団体との連携に関する協定が締結されている場合には、その内容を記載してもよいであろう。

　また、現在、空家等の所有者等だけでなく、各市町村の住民や外部からの移住希望者等が空家等又は除却後の跡地を活用する取組みを促す観点から、例えば空家等のリフォームの普及・促進、空家等の他用途の施設（地域活性化施設、地域間交流拠点施設、社会福祉施設、店舗等）への転用、空家等への住み替え、空家等そのものの除却等を促すための各種財政支援策が用意されている。各市町村においては、このような空家等の活用、除却等に対する支援策を活用しながら、空家等の活用策の選択肢を少しでも広げて住民等に提示することも重要である。

なお、以上の観点も踏まえつつ、本号に掲げる事項として、空家等活用促進区域及び空家等活用促進指針に関する事項を定めることができる。

Q10 「特定空家等に対する措置その他の特定空家等への対処に関する事項」（第2項第6号）とは何か。

A

特定空家等に該当する建築物等は、地域住民の生活環境に深刻な影響を及ぼすものであることから、各市町村長が特定空家等に対してどのような措置を講ずるのかについて方針を示すことが重要である。

具体的には、必要に応じて国土交通大臣及び総務大臣が別途定めるガイドラインの記載事項を参照しつつ、例えば各市町村長が特定空家等であることを判断する際の基本的な考え方や、特定空家等に対して必要な措置を講ずる際の具体的な手続等について記載することが望ましい。

Q11 「住民等からの空家等に関する相談への対応に関する事項」（第2項第7号）とは何か。

A

第7号では、住民からの相談への対応の重要性に鑑み、「住民等からの空家等に関する相談への対応に関する事項」を定めている。例えば、空家等に関する相談の専用窓口など相談体制の整備に関する事項等を定めることが考えられる。

本号は、広く「住民等からの空家等に関する相談」一般を対象としており、各市町村に寄せられる空家等に関する相談の内容としては、例えば空家等の所有者等自らによる空家等の今後の活用方針に関するものから、空家等が周辺に及ぼしている悪影響に関する周辺住民による苦情まで幅広く考えられる。そのような各種相談に対して、各市町村はできる限り迅速に回答するよう努めることとし、例えば各市町村における相談体制の内容や住民に対する相談窓口の連絡先について具体的に記載することが望ましい。

この際、空家等管理活用支援法人と連携して相談体制の構築等を行うこととしている場合には、そうした方針等についても記載することが望ましい。

Q12 「空家等に関する対策の実施体制に関する事項」（第2項第8号）とは何か。

A

　空家等対策を市町村が効果的かつ効率的に実施するためには、空家等の調査・確認、特定空家等に対する立入調査又は措置などに不断に取り組むための体制を整備することが重要である。

　そこで、市町村は、空家等対策に関係する内部部局の連携体制や空家等の所有者等や住民からの相談を受ける体制の整備を図るとともに、必要に応じて協議会の組織を推進することになる。

　空家等がもたらす問題は、防災、衛生、景観、交通など分野横断的で多岐にわたる。また、空家等の活用に向けては、移住・定住、二地域居住、観光振興、福祉増進、コミュニティ維持、まちづくりなどの政策課題において様々な需要が考えられるが、その的確な把握を進めるためには、市町村内の関係部局間の連携が不可欠である。そこで、市町村においては、それら政策課題に対応する建築・住宅・景観・観光・まちづくり部局、都市計画部局（又は土地利用規制部局）、農林水産部局、所有者不明土地等対策部局、福祉部局、税務部局、法務部局、消防部局、防災・危機管理部局、環境部局、水道部局、商工部局、市民部局、財政部局等の関係内部部局が連携して空家等対策に対応できる体制の構築を推進することが望ましい。

　このような内部部局の体制に加え、空家等の所有者や管理がなされていない空家等による深刻な影響を受けている地域住民など外部からの相談に迅速かつ的確に応ずる相談体制の整備も求められるであろう。

　そのような観点から、空家等対策計画においては、例えばどのような内部部局が関係しているのかが住民から一覧できるよう、各内部部局の役割分担、部署名及び各部署の組織体制、各部署の窓口連絡先等を記載することが考えられる。

　また、協議会を組織する場合や外部の関係団体等と連携する場合については、併せてその内容も記載することが望ましい。Q11と同様に、空家等管理活用支援法人と連携して相談体制の構築等を行うこととしている場合には、そうした方針等についても記載することが望ましいだろう。

Q13 「その他空家等に関する対策の実施に関し必要な事項」（第2項第9号）とは何か。

A

　第9号では、空家等対策に定める事項の1つとして、「その他空家等に関する対策の実施に関し必要な事項」を定めることとしている。これは、空家等対策計画においては、市町村の実情に応じ、法第7条第2項第1号から第8号までに含まれなかった事項であっても、空家等対策を総合的かつ計画的に推進するために必要な事項について、これを明記し、住民に周知することが有益であるからである。

　このような事項としては、各市町村における空家等の実情に応じて、❶空家等の増加抑制・活用・除却等に対する支援施策、❷空家等対策の効果検証及びその結果を踏まえた計画の見直し方針などが考えられる。

Q14 「空家等活用促進区域」及び「空家等活用促進指針」（第3項）とは何か。

A

　中心市街地や地域再生の拠点など、地域の拠点となるエリアで空家等が集積すると、当該地域の本来的機能を低下させるおそれがある。

　また、古い空家等を活用する上で、建築基準法（昭和25年法律第201号）等の規制が支障になっているケースもある。

　こうした課題に対応するため、市町村が地域の拠点となるエリアを「空家等活用促進区域」として定め、当該区域内で規制の合理化を含めた空家等の活用促進策を重点的に講じることができることとしたものである。

　また、「空家等活用促進指針」は、空家等活用促進区域を定める場合に、当該区域内における空家等活用促進に係る具体的な指針を記載したものである。本指針において、建築基準法の規制の合理化を措置する際の具体的な要件等が定められることとなる。

空家等活用促進区域の概要

● 空家等活用促進区域（その１）

背景・必要性

○ 中心市街地や地域再生拠点など、地域の拠点となるエリアに空家が集積すると、当該地域の本来的機能を低下させるおそれ。

○ また、古い空家を活用する上で、建築基準法等の規制がネックになっているケースもある。

➡ 市区町村が重点的に空家の活用を図るエリアを定め、規制の合理化等により空家の用途変更や建替え等を促進する必要。

空家の一定の地域への集中状況
（N=969）

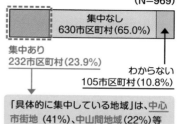

集中なし
630市区町村（65.0%）

集中あり
232市区町村（23.9%）

わからない
105市区町村（10.8%）

「具体的に集中している地域」は、中心市街地（41%）、中山間地域（22%）等

出典：R3年度「今後の空家等対策に関する取組の検討調査」結果

改正概要①（空家等活用促進区域の指定）　【改正法第7条第3項、第4項】

○ 市区町村は、中心市街地や地域再生拠点等の区域のうち、空家の分布や活用の状況等からみて、空家の活用が必要と認める区域を、「空家等活用促進区域」として区域内の空家の活用指針とともに「空家等対策計画」に定め、規制の合理化等の措置を講じることができる。

○ 区域内では、活用指針に合った空家活用を市区町村長から所有者に要請することが可能（要請時には、市区町村長は、必要に応じて当該空家の権利の処分に係るあっせん等を行うよう努める）。　【改正法第16条第1項、第2項】

〔空家等活用促進区域として指定されることが想定される区域〕
【改正法第7条第3項第1号～第5号】

● 中心市街地（中心市街地の活性化に関する法律第2条）
　例：空家等を商店街の店舗として活用することにより、中心市街地がエリアとして有する商業機能・都市機能の向上を図る。

● 地域再生拠点（地域再生法第5条第4項第8号）
　例：空家等を移住者用交流施設として活用することにより、移住ニーズに対応し、生活サービスの維持・確保等を図る。

● 地域住宅団地再生区域（地域再生法第5条第4項第11号）
　例：空家等をスタートアップ企業によるオフィス使用や、ネット通販の配送拠点として活用することにより、地域コミュニティの維持を図る。

● 歴史的風致の維持・向上を図るための重点区域（地域における歴史的風致の維持及び向上に関する法律第2条第2項）
　例：空家等を周囲の景観と調和する形で観光施設として活用することにより、観光振興や、歴史的風致の維持を向上を図る。

● 上記のほか、市区町村における経済的社会的活動の拠点としての機能を有する区域として省令で定める区域

● 空家等活用促進区域（その２）

改正概要②（空家等活用促進区域内で市区町村が講じることのできる規制の合理化等）

○空家等活用促進区域内では、次のような規制の合理化等の措置を講じることができる。

接道規制の合理化 ＜建築基準法関係＞

【改正法第7条第5項、第6項、第9項、第17条第1項】

＜現行＞
建築物の敷地は、幅員4m以上の道路に2m以上接していないと建替え、改築等が困難※1。
※1 個別に特定行政庁（都道府県又は人口25万人以上の市等）の許可等を受ければ建替え等が可能
　だが、許可等を受けられるかどうかの予見可能性が低いこと等が課題。

> 接道義務を満たさない
> 敷地のイメージ
> （幅員4m未満の道に接している）

＜改正後＞
市区町村が活用指針に定めた「敷地特例適用要件」※2
に適合する空家は、前面道が幅員4m未満でも、建替え、改築等が容易に。

※2 市区町村が特定行政庁と協議し、
　安全性を確保する観点から、省令で定める
　基準を参酌して、活用指針に規定。

「燃えにくい構造の建築物とすること」、「一定規
模以下の住宅など多数の避難者が発生するおそ
れが少ない建築物であること」等。

用途規制の合理化 ＜建築基準法関係＞

【改正法第7条第5項、第9項、第10項、第17条第2項】

＜現行＞
用途地域に応じて建築できる建築物の種類に制限※3。
※3 個別に特定行政庁の許可を受ければ、制限された用途以外の用途への変更が可能だが、許
　可を受けられるかどうかの予見可能性が低いことが課題。

第一種低層住居専用地域	第二種低層住居専用地域	第一種中高層住居専用地域

低層住宅のための地域。小規模な店や事務所を
かねた住宅、小中学校などが建てられる。	主に低層住宅のための地域。小中学校などのほか、
150㎡までの一定の店などが建てられる。	中高層住宅のための地域。病院、大学、500㎡
までの一定の店などが建てられる。

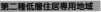

＜改正後＞
市区町村が活用指針に定めた「用途特例適用
要件」※4 に適合する用途への変更が容易に。
※4 市区町村が特定行政庁と協議し、特定行政庁
　の同意を得て設定。

（例）
第一種低層住居専用
地域で空家をカフェ
として活用すること
が容易に。

市街化調整区域内の用途変更 ＜都市計画法関係＞

【改正法第7条第8項、第18条第1項】

＜現行＞
市街化調整区域内では、用途変更に際して都道府県知事の許可が必要。

＜改正後＞
空家活用のための用途変更の許可に際して都道府県知事が配慮※5。
※5 空家等活用促進区域に市街化調整区域を含める場合には、都道府県知事と協議。

〔出典〕 いずれも国土交通省 HP 資料より作成

Q15 空家等活用促進区域及び空家等活用促進指針について、法ではどのような規定が定められているのか。

A

　空家等活用促進区域及び空家等活用促進指針に係る法の規定の全体像は下記のとおりである。市町村がこれらの事項を定め、手続を経ることにより、各種法律上の特例を措置すること等ができることとなる。

＜「空家等活用促進区域」に関する法の規定について＞

❶　空家等活用促進区域及び空家等活用促進指針の設定（第７条第３項）
❷　空家等活用促進指針に定める事項（第７条第４項）
❸　特例適用建築物が建築基準法の特例を受けるための要件に関する事項（第７条第５項）
❹　敷地特例適用要件（接道規制の合理化に係る要件）についての規定（第７条第６項）
❺　住民の意見を反映させるために必要な措置（第７条第７項）
❻　市街化調整区域に係る都道府県知事との協議（第７条第８項）
❼　敷地特例適用要件及び用途特例適用要件（用途規制の合理化に係る要件）を定める際の特定行政庁との協議及び同意（第７条第９項）
❽　特定行政庁による用途特例適用要件の同意についての規定（第７条第10項）
❾　都市計画等との調和規定（第７条第11項）

空家等活用促進区域内で講じることができる法律上の措置等

		根拠規定等	空家等活用促進区域内で講じることができる措置等の内容
働きかけ	所有者等への要請	●法第16条第１項	市町村は、空家等活用促進区域内の空家等について、その所有者等に対し、空家等活用促進指針に定められた誘導用途に供するために必要な措置を講ずることを要請することができる。
規制の合理化等	建築物の敷地の接道関係	●法第７条第５項（特例適用建築物が建築基準法の特例を受けるための要件に関する事項） ●法第７条第６項（敷地特例適用要件（接道規制の合理化に係る要件）） ●法第７条第９項（敷地特例適用要件を定める際の特定行政庁との協議） ●法第17条第１項（接道規制の合理化に関する特例） ＜関連規定＞ ●建築基準法第43条	＜建築基準法の接道規制＞ 建築基準法上、建築物の敷地は、幅員４ｍ以上の道路に２ｍ以上接していないと建替え、改築等が困難。 ※個別に特定行政庁（都道府県又は人口25万人以上の市等）の許可を受ければ建替え等が可能だが、許可等を受けられるかどうかの予見可能性が低いこと等が課題。 ↓ ＜空家等活用促進区域内で措置できること＞ 市町村が空家等活用促進指針に定めた敷地特例適用要件に適合する空家等は、前面の道が幅員４ｍ未満でも、建替え、改築等が容易に。
	建築物の用途関係	●法第７条第５項（特例適用建築物が建築基準法の特例を受けるための要件に関する事項） ●法第７条第９項（用途特例適用要件（用途規制の合理化）を定める際の特定行政庁との協議及び同意） ●法第17条第２項（用途規制の合理化に関する特例） ＜関連規定＞ ●建築基準法第48条	＜建築基準法の用途規制＞ 建築基準法上、用途地域に応じて建築できる建築物の種類に制限。 ※個別に特定行政庁の許可を受ければ、制限された用途以外の用途への変更が可能だが、許可を受けられるかどうかの予見可能性が低いことが課題。 ↓ ＜空家等活用促進区域内で措置できること＞ 市町村が空家等活用促進指針に定めた用途特例適用要件に適合する用途への変更が容易に。
	市街化調整区域内の用途変更関係	●法第７条第８項（市街化調整区域に係る都道府県知事との協議） ●法第７条第11項（都市計画等との調和） ●法第18条第１項 ＜関連規定＞ ●都市計画法第42条第１項 ●都市計画法第43条第１項	＜都市計画法上の開発許可＞ 市街化調整区域内では、用途変更に際して都道府県知事の許可が必要。 ↓ ＜空家等活用促進区域内で措置できること＞ 空家活用のための用途変更の許可に際して都道府県知事が配慮。
地方住宅供給公社や都市再生機構による支援	地方住宅供給公社	●法第19条 ＜関連規定＞ ●地方住宅供給公社法第21条	空家等活用促進区域内では、地方住宅供給公社本来の業務として、市町村からの委託に基づき、空家等の活用のために行う改修、当該改修後の空家等の賃貸その他の空家等の活用に関する業務（※）を行うことができる。 ※地方住宅供給公社では、住宅の管理等に関する豊富な経験・ノウハウを駆使し、空家の活用に向けた買取分譲や、所有者と活用希望者のマッチング、空家のサブリース等を実施することが可能。
	都市再生機構（UR）	●法第20条 ＜関連規定＞ ●独立行政法人都市再生機構法第11条第２項第９号	空家等活用促進区域内では、都市再生機構本来の業務として、市町村からの委託に基づき、空家等活用促進区域における空家等及び空家等の跡地の活用により地域における経済的社会的活動の促進を図るために必要な調査、調整及び技術の提供の業務（※）を行うことができる。 ※都市再生機構では、まちづくりに関する構想・計画策定や事業化に向けた合意形成に係る総合的な調整を行うコーディネート業務を実施することが可能。

Q16 空家等活用促進区域は、どのような地域が対象となるのか。市町村全域を対象とすることもできるのか。

A

　空家等活用促進区域は、市町村が経済的社会的活動の促進のために空家等の活用を重点的に行おうとするエリアがある場合に、当該区域を定め、区域内で規制の合理化等を措置するための仕組みである。

　具体的には、中心市街地や観光振興を図ろうとする地域等を想定しており、法第７条第３項では、

❶　中心市街地の活性化に関する法律（平成10年法律第92号）第２条に規定する中心市街地【第７条第３項第１号】
❷　地域再生法（平成17年法律第24号）第５条第４項第８号に規定する地域再生拠点【第２号】
❸　地域再生法第５条第４項第11号に規定する地域住宅団地再生区域【第３号】
❹　地域における歴史的風致の維持及び向上に関する法律（平成20年法律第40号）第２条第２項に規定する重点区域【第４号】
❺　前各号に掲げるもののほか、市町村における経済的社会的活動の拠点としての機能を有する区域として国土交通省令・総務省令で定める区域【第５号】

が規定されている。

　❺については、空家等対策の推進に関する特別措置法施行規則（平成27年総務省・国土交通省令第１号）において、下記のとおり規定されている。

A　地域再生法（平成17年法律第24号）第５条第４項第７号に規定する商店街活性化促進区域【第１条第１号】
B　地域再生法第５条第４項第12号に規定する農村地域等移住促進区域【第１条第２号】
C　観光圏の整備による観光旅客の来訪及び滞在の促進に関する法律（平成20年法律第39号）第２条第２項に規定する滞在促進地区【第１条第３号】

61

D　前各号に掲げるもののほか、地域における住民の生活、産業の振興又は文化の向上の拠点であって、生活環境の整備、経済基盤の強化又は就業の機会の創出を図ることが必要であると市町村が認める区域【第1条第4号】

　区域を設定する際、市町村は、必要に応じて誘導しようとする空家等の用途や、建築基準法等の規制を合理化する場合の要件を空家等活用促進指針に定めることとなるため、これらの内容等も考慮して、各市町村で設定する範囲を適切に判断することになる。法律上、市町村全域を対象とすることも排除されているものではないが、経済的社会的活動を促進することが必要な地域の拠点等と言えるかどうか判断することが必要である。

Q17　空家等活用促進指針には何を定めるのか。

A

　空家等活用促進指針は、空家等活用促進区域における空家等及び跡地の活用の促進を図るための指針として、市町村が、

---

❶　空家等活用促進区域における空家等及び空家等の跡地の活用に関する基本的な事項（第7条第4項第1号）
❷　空家等活用促進区域における経済的社会的活動の促進のために活用することが必要な空家等の種類及び当該空家等について誘導すべき用途に関する事項（第7条第4項第2号）
❸　❶及び❷のほか、空家等活用促進区域における空家等及び空家等の跡地の活用を通じた経済的社会的活動の促進に関し必要な事項（第7条第4項第3号）

を定めるものである。
　このうち❶は、定めた空家等活用促進区域において、どのように空家等や空家等の跡地を活用するかの基本的な方向性を定めるものであるため、定める空家等活用促進区域の性質に応じて異なってくるものとなる。
　また、❷は、法第16条に基づく要請、第18条に基づく空家等の活用の促進についての配慮にも関わってくることとなるため、これらの規定において想定されるケースや事例を前提として誘導すべき用途を定

めることが望ましい。

❸は、❶及び❷で規定するもののほか、空家等活用促進区域における活用のための事項を記載することが想定される。

また、空家等活用促進区域内で建築基準法に基づく規制の合理化に係る特例を措置するためには、このほかに、当該合理化に係る特例の適用要件を定めることが必要である。具体的には、同法第43条に基づく接道規制の合理化を図るためには、敷地特例適用要件（特定行政庁と事前協議し、安全性を確保する観点から設定されるもの）を、同法第48条に基づく用途規制の合理化を図るためには、用途特例適用要件（特定行政庁と事前協議し同意を得て設定されるもの）を定めることが必要である。

Q18　接道規制の特例の適用のための「敷地特例適用要件」（第6項）とは何か。

A

空家等活用促進区域においては、市町村のニーズに応じて、建築基準法の特例として、接道規制及び用途規制の合理化の二つを措置することができるところ、前者の接道規制の合理化を行うための要件が、「敷地特例適用要件」である（特例の効果等については第17条関係も参照）。

敷地特例適用要件に関する条文は以下のとおりである。

---

❶　建築基準法の特例を受けるための要件（敷地特例適用要件及び用途特例適用要件）に関する事項を、空家等活用促進指針に定めることができる旨の規定（第7条第5項）
❷　敷地特例適用要件は、国が定める参酌基準に基づいて、市町村が定めるものとする旨の規定（第7条第6項）
❸　市町村は、敷地特例適用要件及び用途特例適用要件を定める際には、特定行政庁と協議をしなければならない旨の規定（第7条第9項）

まず、❶において、敷地特例適用要件は空家等活用促進指針に定めることができる旨が規定されている。法第7条第4項各号に掲げる事項のほかに空家等活用促進指針に定めることになるため、これらの各号の基本的な事項とは別に定めることとなる。

次に、❷において、敷地特例適用要件は、国土交通省令で定める基準を参酌して定めることが規定されている（参酌基準）。このように参酌基準をもとに定めることとしているのは、接道規制の合理化については、ある程度基準を類型化することが可能であり、安全性を担保する観点から、国として一定の方向性を示すことが適当だからである。

　また、❸において、敷地特例適用要件を定める際には、特定行政庁と協議することが必要である旨を規定している。これは、建築基準法の接道規制を所管しているのが各特定行政庁だからであり、安全性の観点から問題ないかを確認するためである。そのため、特に敷地特例適用要件を定める地方公共団体が特定行政庁でない場合には、特定行政庁である都道府県と協議することが必要となる。敷地特例適用要件を定める地方公共団体が特定行政庁である場合であっても、空家等施策担当部局と特定行政庁である建築部局が協議することが求められる。

> **Q19** 接道・用途規制の特例の対象となる「特例適用建築物」（第6項）とは何か。具体的にどのような建築物が対象なのか。

A

　本条第5項では、空家等活用促進区域内において建築基準法の特例の対象となる建築物を「特例適用建築物」としているが、これは、

---

❶　空家等活用促進区域内の空家等に該当する建築物
❷　空家等の跡地に新築する建築物

の両方が対象となる。❷の新築する建築物が対象となっているのは、空家等を建て替えた後の建築物も特例の適用対象とすることにより、空家等の活用を効果的に進めるためである。

　また、建築基準法の特例のうち、同法第43条に基づく接道規制の合理化の対象となる特例適用建築物は、「その敷地が幅員1.8m以上4m未満の道（同法第43条第1項に規定する道路に該当するものを除く。）に2m以上接するもの」に限定されている（法第7条第6項）。

　「幅員1.8m以上」としているのは、それを下回る場合は安全性の観点から支障となる蓋然性が高いと考えられるからである。「1.8m」

という基準は、二項道路指定又は水平距離指定の際に建築審査会の同意を必要とする基準にもなっている（建築基準法第42条第6項）。

「4m未満」としているのは、そもそも4m以上であれば接道規制を満たすことになるためである。同じように、「同法第43条第1項に規定する道路に該当するものを除く。」としているのは、「道路」であれば幅員4m以上であり、接道規制を満たすことになるためである（建築基準法第42条第1項柱書、同法第43条第1項）。

なお、接道規制の合理化を措置する場合であっても、安全性等の観点から接道している敷地は本来の接道規制と同様に2m以上必要であるため「2m以上接するもの」としている。

Q20 国で定める参酌基準（第6項）とは何か。具体的にどのような基準なのか。

A

法第7条第6項において、敷地特例適用要件は、「避難及び通行の安全上支障がなく、かつ、空家等活用促進区域内における経済的社会的活動の促進及び市街地の環境の整備改善に資するものとして国土交通省令で定める基準」（参酌基準）を参酌して定めることが規定されている。このように参酌基準をもとに定めることとしているのは、接道規制の合理化については、ある程度基準を類型化することが可能であり、安全性を担保する観点から、国として一定の方向性を示すことが適当だからである。

具体的な基準は国土交通省令（空家等対策の推進に関する特別措置法第7条第6項に規定する敷地特例適用要件に関する基準を定める省令（令和5年国土交通省令第94号））で定められているところ、その内容は下記のとおりである。

区域の類型	参酌基準（※下記の条項は、国土交通省令のもの）			
	建築構造	規模	用途	拡幅合意等
防火地域又は準防火地域等	・耐火建築物又は準耐火建築物等（第4条） ・耐震基準への適合（第3条）		・一戸建ての住宅（第6条第1項）	・当該道について、将来拡幅すること及び将来にわたって通行することについて同意等が近隣でなされていること（第2条第2号） ・当該建築物について、拡幅後の道の境

		地階を除く階数が 2 以下（第 7 条）	・一戸建ての住宅 ・兼用住宅（第 6 条第 2 項）	界線までセットバックすること（第 2 条第 1 号） ・拡幅後の道を建築基準法上の道路とみなして、同法第 3 章（前面道路幅員容積率規制、道路斜線制限等）の規定に適合させること（第 5 条）
上記の区域以外	・耐震基準への適合（第 3 条）			

Q21 用途規制の特例の適用のための「用途特例適用要件」（第 9 項）とは何か。

A

　空家等活用促進区域においては、市町村のニーズに応じて、建築基準法の特例として、接道規制及び用途規制の合理化の二つを措置することができるところ、後者の用途規制の合理化を行うための要件が、「用途特例適用要件」である。

　用途特例適用要件に関する条文は以下のとおりである（特例の効果等については第17条関係も参照）。

---

❶　建築基準法の特例を受けるための要件（敷地特例適用要件及び用途特例適用要件）に関する事項を、空家等活用促進指針に定めることができる旨の規定（第 7 条第 5 項）

❷　市町村は、敷地特例適用要件及び用途特例適用要件を定める際には、特定行政庁と協議をしなければならず、用途特例適用要件については同意が必要である旨の規定（第 7 条第 9 項）

❸　特定行政庁は、特例適用建築物を用途特例適用要件に適合する用途に供することが空家等活用促進区域における経済的社会的活動の促進のためにやむを得ないものであると認めるときは、同意をすることができる旨の規定（第 7 条第10項）

　まず、❶において、用途特例適用要件は空家等活用促進指針に定めることができる旨が規定されている。法第 7 条第 4 項各号に掲げる事項のほかに空家等活用促進指針に定めることになるため、これらの各号の基本的な事項とは別に定めることとなる。

　接道規制の合理化に係る敷地特例適用要件と異なり、用途特例適用要件はそれぞれの空家等活用促進区域の実情や目指す地域のあり方に応じて定める必要があり、個別性が高いことから国が参酌基準を定めることとはしていない。そのため、一概に用途特例適用要件の具体的内容を示すことは困難であるが、例えば、

　　・第一種低層住居専用地域における一定規模以下の店舗で、騒音・夜間営業時の明るさ等への対策が講じられているもの
　　・第一種中高層住居専用地域におけるシェアオフィスで、騒音・局所的な交通量の増加等の対策が講じられているもの

など、用途地域、建築物の用途（規模）、市街地環境の悪化を防止するために必要な措置を要件として定めることが想定される。

　次に、❷において、用途特例適用要件を定める際には、特定行政庁と協議することが必要な旨を規定している。これは、建築基準法の用途規制を所管しているのが各特定行政庁だからであり、その観点から問題ないかを確認するためである。そのため、特に用途特例適用要件を定める地方公共団体が特定行政庁でない場合には、特定行政庁である都道府県と協議することが必要となる。用途特例適用要件を定める地方公共団体が特定行政庁である場合であっても、空家等施策担当部局と特定行政庁である建築部局が協議することが求められる。

　また、❸において、特定行政庁が同意する場合について規定しているところ、特例適用建築物を用途特例適用要件に適合する用途に供することが空家等活用促進区域における経済的社会的活動の促進のためにやむを得ないものであるという観点から判断されることとなる。

Q22 なぜ、用途特例適用要件を定める際には、特定行政庁との協議だけでなく同意まで必要なのか。

A

　建築基準法第48条に基づく用途規制の合理化については、市町村が定める空家等活用促進区域において、用途特例適用要件を定めることにより、用途規制を適用除外するための許可の観点を追加することが可能となる。

　この点、用途特例適用要件はそれぞれの空家等活用促進区域の実情や目指す地域のあり方に応じて定める必要があり、個別性が高いことから国が一律の参酌基準を定めることは難しいため、特定行政庁への同意を求め、特定行政庁が同法第48条各項に基づく特例許可を行う際

には建築審査会の同意を求めることとしている。

　なお、同法第43条に基づく接道規制の合理化（敷地特例適用要件）については、現行の特定行政庁の許可の実態をもとに国が市町村の参酌する基準を定めることとしており、用途特例適用要件より個別性が低いため、協議のみ求めることとし、特定行政庁が特例認定を行う際には建築審査会の同意を不要としている。

Q23 第7項に定める空家等活用促進区域内の住民の意見を反映させるために必要な措置とは何か。

A

　空家等活用促進区域においては、市町村が空家等の所有者等に対して、空家等活用促進指針に定められた誘導用途に供するために必要な措置を講ずることを要請することができることとなる（法第16条第1項）。当該要請は強制力を伴うものではなく、要請のとおりに必要な措置を講ずるか否かを含めて、どのように対応するかはあくまでも各空家等の所有者等に委ねられることにはなるものの、このような規定がない場合と比較して、所有者等による活用を促す効果があるものとなる。

　また、区域内で建築基準法の規制の合理化等を措置する際には、空家等活用促進区域内の安全性や良好な住居環境の確保といった視点での検討も必要となる。

　そのため、市町村が空家等活用促進区域を定める際には、あらかじめ、当該空家等活用促進区域内の住民の意見を反映させるために必要な措置を講ずることとしている。

　ここで、「当該空家等活用促進区域内の住民の意見」としているのは、要請を受け、また規制の合理化等に伴う影響を受けるのは区域内の住民であるからであるが、こうした観点以外でも、区域内の住民や区域外の者の意見を反映させるために必要な措置を講ずることを妨げるものではない。

　また、「住民の意見を反映させるために必要な措置」の具体的な内容については、各市町村における事情や空家等活用促進区域の性質に応じて個別に判断されるものとなるが、例えば、ウェブサイトにおいて意見公募を行うこと等が考えられる。

Q24　第8項に定める市街化調整区域を含む空家等活用促進区域を定める場合における都道府県知事との協議とは何か。

A

　都市計画法（昭和43年法律第100号）上の市街化調整区域において、市町村（同法において開発許可の権限を有する指定都市・中核市）が同法第42条又は第43条の用途変更に係る許可を行う場合、空家等の活用内容も踏まえた適切な対応を行うことが可能である。一方、都道府県が許可を行う場合には、空家等対策計画を定める市町村にとっては、自らが実施する空家等対策の効果を予見できず、例えば空家等の活用を所有者等へ促すことが困難となることも想定される。

　しかしながら、空家等の活用は、生活環境の保全や地域の振興等の観点から重要な取組であり、また、都市計画法に基づくマスタープランとの調和（法第7条第11項）がなされている限りにおいては、無秩序な開発の防止という市街化調整区域の制度趣旨を損なわない範囲で空家等の用途変更が円滑になされることは望ましいものである。

　このため、市街化調整区域の区域を含む空家等活用促進区域を定めるときは、都市計画法に基づく許可を行う都道府県知事があらかじめ確認し、市街化調整区域における空家等の用途変更が適切に行われるよう空家等活用促進区域の範囲等を調整することとし、その調整結果を踏まえて空家等の活用に対する都市計画法の許可が円滑に行われることを期待するものである。

Q 25 第11項に定める都市計画との調和規定の趣旨は何か。

A

　法第 7 条第11項において、空家等対策計画（空家等活用促進区域及び空家等活用促進指針が定められたものに限る。）は、

- ❶ 都市計画法第 6 条の 2 の都市計画区域の整備、開発及び保全の方針（いわゆる都市計画区域マスタープラン）
- ❷ 都市計画法第18条の 2 の市町村の都市計画に関する基本的な方針（いわゆる市町村マスタープラン）

との調和が保たれたものでなければならない、としている。

　これは、法第18条第 1 項の都市計画法第42条第 1 項ただし書又は第43条第 1 項の許可に対する配慮規定が設けられたことに伴って設けられた規定であり、法第 7 条第 8 項の都道府県知事との協議と併せて、無秩序な開発の防止という市街化調整区域の制度趣旨を損なわない範囲で、地域環境の保持や地域経済の活性化に資する空家等の活用がされることを担保するための規定である。

　なお、同様の都市計画との調和規定自体は、都市再生特別措置法第46条第27項、地域再生法第17条の17第 8 項等複数の法律に規定されているところである。

Q 26 空家等対策計画の公表（第12項）はどのように行うのか。

A

　法第 7 条第12項により、「市町村は、空家等対策計画を定めたときは、遅滞なく、これを公表しなければならない。」ものとされている。この規定は、空家等対策計画の変更についても準用されている（同条第14項）。公表手段は各市町村の裁量に委ねられているが、単に各市町村の公報に掲載するだけでなく、例えば広報誌及びウェブサイトで公表するなど、住民が計画の内容について容易に知ることのできる環境を整備することが重要である。

Q27 「情報の提供、技術的な助言その他必要な援助」（第13項）とはどのようなことを想定しているのか。

A

　市町村は、空家等対策計画の作成・変更及び実施に関し、都道府県知事に対し、情報の提供や技術的な助言その他必要な援助を求めることができる（法第7条第13項・第14項）。

　空家等対策の主たる実施主体は、住民に最も身近な行政主体であって個別の空家等の状況を把握することが可能な立場にある市町村であるが、市町村によっては建築部局が存在しないところもあり、また建築部局が存在するとしても、規模・人員等の観点から、空家等対策計画の作成及び実施に際し知見が不足している市町村も多いと考えられる。

　そこで、市町村が都道府県に対し、空家等対策計画の作成・変更及び実施に関し、必要な援助を求めることができることとしたものである。

　具体的な支援の内容は、空家等対策計画の作成及び実施に必要な専門的・技術的な支援全般にわたるが、例えば、県内の市町村間での空家等対策の情報共有への支援、特定空家等に該当するか否かの判断に困難を来たしている場合における技術的な助言の提供、協議会への参画、協議会の構成員の仲介又はあっせん、住民からの空家等に関する相談体制の整備への支援なども考えられる。

　なお、都道府県は、市町村による本項の援助の要請に対応するとともに、空家等に関しこの法律に基づき市町村が講ずる措置について、当該市町村に対して必要な援助を行うよう努めなければならない（法第4条第2項）。

第8条関係（協議会）

●協議会●

第8条 市町村は、空家等対策計画の作成及び変更並びに実施に関する協議を行うための協議会（以下この条において「協議会」という。）を組織することができる。

2 協議会は、市町村長（特別区の区長を含む。以下同じ。）のほか、地域住民、市町村の議会の議員、法務、不動産、建築、福祉、文化等に関する学識経験者その他の市町村長が必要と認める者をもって構成する。

3 前二項に定めるもののほか、協議会の運営に関し必要な事項は、協議会が定める。

【解説】

　市町村は、本条に基づき、空家等対策計画の作成及び変更並びに実施に関する協議を行うための「協議会」を組織することができる。これは、空家等対策計画の作成、実施等にあたり、協議会を設けることで、地域のニーズをより丁寧にくみ取ることや、専門性、公平性を高めることが期待できるとともに、協議会に人材を糾合し、地域を挙げて空家等対策に取り組むことができるからである。

　この協議会は、本条第1項に規定されているとおり、空家等対策計画の作成及び変更に関する協議に加え、「実施に関する協議」についても行うことができる。

　したがって、協議会が計画の実施についても一定の役割を担うことができ、例えば、市町村長が管理不全空家等又は特定空家等に対する措置を講じようとする際に、❶空家等が管理不全空家等又は特定空家等に該当するか否かの判断、❷空家等の調査及び特定空家等と認められるものに対する報告徴収や立入調査の方針、❸管理不全空家等又は特定空家等に対する措置の方針などに関する協議を行うための場として活用することも考えられる。

　なお、「協議会の運営に関し必要な事項は、協議会が定める。」（本条第3項）とされているが、市町村が空家等対策計画等において、協議会の運営に一般的に必要な事項についてあらかじめ定めておくことも考えられる。

　また、協議会を設置するにあたっては、1市町村に1つの協議会を設置するほか、例えば1つの市町村が複数の協議会を設置したり、複

数の市町村が共同して1つの協議会を設置したりすることも可能である。

Q1　協議会の構成員としては、どのような者が想定されているか。

A

　協議会の構成員としては、「市町村長（特別区の区長を含む。以下同じ。）のほか、地域住民、市町村の議会の議員、法務、不動産、建築、福祉、文化等に関する学識経験者その他の市町村長が必要と認める者」（本条第2項）が定められている。

　市町村長以外の構成員として、具体的には、弁護士、司法書士、行政書士、宅地建物取引士、不動産鑑定士、土地家屋調査士、建築士、社会福祉士等の資格を有して地域の福祉に携わる者、郷土史研究家、大学教授・教員等、自治会役員、民生委員、警察職員、消防職員、法務局職員、道路管理者等公物管理者、空家等管理活用支援法人をはじめとする地域の空家等対策に取り組む特定非営利活動法人等の団体が考えられる。

　これらに加え、都道府県や他市町村の空家等施策担当部局の職員なども「その他の市町村長が必要と認める者」として、協議会の構成員となることが可能である。

第9条関係（立入調査等）

━●立入調査等●━

第9条 市町村長は、当該市町村の区域内にある空家等の所在及び当該空家等の所有者等を把握するための調査その他空家等に関しこの法律の施行のために必要な調査を行うことができる。

2 市町村長は、第22条第1項から第3項までの規定の施行に必要な限度において、空家等の所有者等に対し、当該空家等に関する事項に関し報告させ、又はその職員若しくはその委任した者に、空家等と認められる場所に立ち入って調査をさせることができる。

3 市町村長は、前項の規定により当該職員又はその委任した者を空家等と認められる場所に立ち入らせようとするときは、その5日前までに、当該空家等の所有者等にその旨を通知しなければならない。ただし、当該所有者等に対し通知することが困難であるときは、この限りでない。

4 第2項の規定により空家等と認められる場所に立ち入ろうとする者は、その身分を示す証明書を携帯し、関係者の請求があったときは、これを提示しなければならない。

5 第2項の規定による立入調査の権限は、犯罪捜査のために認められたものと解釈してはならない。

【解説】

　市町村が空家等対策計画の作成及びその実施をするにあたっては、既存の統計資料等も活用しつつ、まず各市町村の区域内の空家等の所在やその状態等を把握するため、調査を行うことが必要不可欠である。

　また、特定空家等に対しては、特定空家等に対する措置を行う必要があるかどうか、あるとすればどのような内容の措置を行うか等を判断するために、必要に応じて、空家等の所有者等に報告を求めたり、空家等に立ち入って調査を行う必要がある。

　そこで本条は、市町村長が空家等に関しこの法律の施行のために必要な調査を行うことができることとするとともに、法第22条第1項から第3項までに基づき特定空家等に対する措置を行うために必要な限度において、市町村長が所有者等に対し、空家等に関する事項に関し報告させることや、当該職員又はその委任した者に空家等と認められる場所に立ち入って調査をさせることができること等の規定を置いている。

Q1　第1項の調査の趣旨は何か。

A

　本項は、市町村長は、当該市町村の区域内にある空家等の所在及び当該空家等の所有者等を把握するための調査その他空家等に関しこの法律の施行のために必要な調査を行うことができる旨を定めている。

　本項は、市町村が不動産登記簿情報や住民票情報を取り寄せる（いわゆる「公用請求」）ための根拠規定となる一方で、市町村長の任意の調査を行う権限を規定したものである。したがって、本条第2項で定める「報告徴収」や「立入調査」とは異なり、強制的な調査の根拠規定となるものではなく、空家等の敷地内等への立入りは想定していない。ただ、敷地内にある玄関で呼び鈴をならす行為など、本項の調査に伴う社会通念上相当と認められる行為は許されると考えられる。

　この調査には、空家等の所在又は当該空家等の所有者等の特定に関する調査のみならず、空家等対策計画の作成、変更及び実施のために必要な情報を収集するための調査も含まれている。したがって、空家等の活用についての所有者等や近隣住民の意向を把握するための調査や空家等に関するデータベースを市町村が整備するための調査も含む。

　具体的には、空家等の所有者等や近隣住民に対する任意の聞き取り調査、敷地外からの外観調査、空家等やその所有者等についての不動産登記簿情報や住民票情報の調査等の任意の調査を市町村長が行うことが想定される。

Q2　報告徴収・立入調査を定めた第2項の趣旨は何か。

A

　特定空家等の可能性がある建築物等に対しては、そもそも特定空家等に該当するか否か、該当するとすれば法第22条に基づきどのような内容の措置を行うか等を判断するために、空家等の所有者等に対して報告を求めたり、空家等と認められる場所に立ち入って調査を行う必要がある。

　そこで本項は、法第22条第1項から第3項までに基づき特定空家等に対する措置を行うために必要な限度において、市町村長が所有者等

に対し、空家等に関する事項に関し報告させることや、当該職員又はその委任した者に空家等と認められる場所に立ち入って調査をさせることができる旨を定めたものである。

本項の報告徴収は、第1項に基づき行うことができる任意の聞き取り調査とは異なり、罰則規定（法第30条第2項）を伴うものである。また、本項の立入調査は、市町村の職員又は市町村長が委任した者が行う。「委任した者」とは、例えば土地家屋調査士、不動産鑑定士等を想定しており、市町村の職員の立会いがなくても、市町村長は「その委任した者」に空家等と認められる場所に立ち入って調査をさせることができる。

Q3 第2項に基づき、管理不全空家等の所有者等に対する報告徴収や、管理不全空家等への立入調査を行うことは可能か。

A

本項に基づく報告徴収及び立入調査は、それを拒否した場合等に過料に処される（法第30条第2項）など、強い公権力の行使を伴うものであることから、公益上必要がある場合に限り、必要な範囲で認められるものである。

そのため、報告徴収や立入調査は、法第22条第1項から第3項までの規定に基づき特定空家等に対する措置を行うために必要な限度においてのみ行うことができるものであり、管理不全空家等に対して措置を行うことを目的として行うことはできない。

ただし、報告徴収や立入調査の結果が、必ずしも法第22条第1項から第3項までの規定に基づく特定空家等に対する措置に結びつかなくとも、特定空家等に該当する可能性があると認められるか否か、当該空家等に対する措置を講ずる必要があるか否か、あるとすればどのような内容の措置を講ずべきか等を確かめようとすることは、目的が正当なものであるとして許容されるものと解される。

なお、特定空家等以外の空家等については、本条第1項に基づき、所有者等に対して、任意の調査を行うことが考えられる。

Q 4　所有者等に対してどのような内容の報告を求めることができるか。

A

　報告を求める内容は、法第22条第1項から第3項までの規定の施行に必要な限度において、必要かつ合理的な範囲内のものとしなければならない。したがって、いたずらに過度な内容の報告を求めることや、所有者等の負担を考慮せず報告の期限を著しく短期間に設定することは不適切である。

　具体的な内容としては、いつまでに当該空家等の状態を改善する意向があるか、当該特定空家等の状態の改善を図ったかなどが考えられる。

　なお、その内容は、同条第1項から第3項の規定に基づき、とることを求めようとしている措置の内容等に照らし、できる限り具体的かつ明確なものである必要がある。例えば、特定空家等の除却にかかる所有者等の意向について報告を求める場合には、除却を行う事業者の見積書など、その意向に関して確認できる客観的な事実の報告も合わせて求めることが適切である。

Q 5　第2項が、空家等、それも建築物の内部にまで立ち入って調査することができるとするのは、憲法上問題はないか。

A

　行政法規における立入りの権限は、行政上の目的のための範囲内でのみ認められるものであるが、このような行政機関の職員の立入りを受忍しなければならないことは、公益上必要がある場合に限り、かつ、その程度は、公益上必要な最小限度においてのみ認められるものである（『例解立法技術（第2次全訂新版）』（林修三）372－373頁）。

　本項が認める立入調査は、立入調査以外の任意の調査により、外観上は、周辺の生活環境に悪影響を及ぼす特定空家等と認められる「空家等」について、法第22条第1項から第3項までの規定に基づき特定空家等に対する措置を行う必要があるかどうか、あるとすればどのような内容の措置を行うか等を判断するために行われるものであり、公益上の必要性から行われるものである。

　また、特定空家等に該当するか否かや当該特定空家等に対する適正

な是正措置を判断するにあたっては、建築物等の外観のみならず、内部構造や朽廃の状況等、空家等やその敷地内の状況を前もって詳しく調査することが不可欠であり、立入調査以外の手段では、その目的は達成することが一般的に困難である。

　他方、立入調査の対象となるのは、「居住その他の使用がなされていないことが常態である」空家等のうち、立入調査以外の調査によって周辺の生活環境の保全を図るために放置することが不適切である状態にある空家等と認められるものであるから、市町村職員等が立ち入ってもプライバシーの侵害の程度は相対的に軽微と言える。さらに、本項の立入調査は、「第22条第1項から第3項までの規定の施行に必要な限度において」のみ認められるとされており、その程度・範囲も必要最小限度のものである。

　以上述べたとおり、本項による立入調査には、公益上の必要性があり、手段としての程度も必要最小限度であると言える。このような立法例は、建築基準法（昭和25年法律第201号）第12条第7項にも見られるところである。

▶ **参考条文**

○建築基準法（昭和25年法律第201号）
　　（報告、検査等）
第12条　　（略）
　2〜6　　（略）
　7　建築主事（中略）にあつては（中略）規定の施行に必要な限度において、（中略）当該建築物、建築物の敷地、建築材料等を製造した者の工場、営業所、事務所、倉庫その他の事業場、建築工事場又は建築物に関する調査をした者の営業所、事務所その他の事業場に立ち入り、建築物、建築物の敷地、建築設備、建築材料、建築材料等の製造に関係がある物件、設計図書その他建築物に関する工事に関係がある物件若しくは建築物に関する調査に関係がある物件を検査し、若しくは試験し、又は建築物若しくは建築物の敷地の所有者、管理者若しくは占有者、建築主、設計者、建築材料等を製造した者、工事監理者、工事施工者若しくは建築物に関する調査をした者に対し必要な事項について質問することができる。ただし、住居に立ち入る場合においては、あらかじめ、その居住者の承諾を得なければならない。
　8・9　　（略）

Q6 第２項に基づく立入調査は、所有者等の承諾がなくても行うことが可能か。仮に所有者等に立入調査を拒否された場合にどのような対応が可能か。

A

　法第９条第２項の立入調査は、所有者等の承諾を要件とするものではないので（建築基準法第12条第７項ただし書、消防法第４条第１項ただし書参照。Ｑ５・Ｑ７参照）、所有者等への通知手続等の第３項以下の手続に従う限り、あらかじめ所有者等の承諾を得ずに行ったとしても、法第22条第１項から第３項までに基づき特定空家等に対する措置を行うために必要な限度において適法な職務執行となる。

　もっとも、本項の立入調査は、いわゆる間接強制調査（調査拒否に対して罰則を設けて間接的に調査受諾を強制するもの）であり、相手方が明示的な拒否をしている場合にこれを直接的物理的に排除するなどして立入調査を行う権限まで認めるものではない。ただし、立入調査を拒否した相手方には過料（立入調査を拒み、妨げ、又は忌避した者は、20万円以下の過料）が科せられる（法第30条第２項）。

　この点に関し、本法は、適正手続の保障の観点から、市町村長は事前に立入調査をする旨の通知をしなくてはいけないこととしており（第３項）、これにより市町村長は個別具体的な立入調査に対する所有者等の意思を確認することになる。ただし、第３項の通知を行ったが応答がない場合や、所有者等の所在が不明で第３項の通知をすることが困難な場合には、所有者等の明示の拒否がないと考えても差し支えはなかろう（Ｑ10参照）。

　なお、当該通知を行う以前から「関係者以外立入禁止」のような張り紙等が玄関・門等に貼ってあった場合には、それだけをもって、「真の」所有者等による「個別具体的」な立入調査に対する明示の拒否がなされたものということはできないものと解される。

　所有者等に立入調査を明示的に拒否された場合の実務の対応としては、まず、そのような場合においても、直接的強制力を用いずに口頭で説得を行うことは許されるから、仮に、立入調査の現場で所有者等が明示的な拒否を示したとしても、翻意を促すため、社会通念上相当と認められる範囲で敷地内にとどまることは許されると解する。

　また、その場合に、立入調査を拒否した場合の罰則を告げるなどして説得に努めるとともに、罰則の執行に備えて拒否状況等を撮影・録

音するなどして証拠保全するのが相当であろう。

　なお、立入調査が仮に所有者等の明示的な拒否により実施できなかったとしても、当該空家等の外観や法第9条第1項の調査等により特定空家等と認められる場合には、法第22条の定める要件に従い、助言・指導、勧告、命令、代執行などの手続をとることができることには留意されたい。

Q7 建築基準法第12条第7項ただし書では、住居に立ち入る場合においては、あらかじめ、その居住者の承諾を得なければならないとされているところ、第2項の立入調査においては、所有者等の承諾は不要なのか。

A

　建築基準法第12条第7項ただし書は、「ただし、住居に立ち入る場合においては、あらかじめ、その居住者の承諾を得なければならない。」と規定し、住居以外の建築物等と異なり、住居への立入検査の場合にその「居住者」の承諾を必要としている（Q5・Q6参照）。これは、「住居」については、他の建築物等よりも居住者の私生活の平穏を保護する必要性が高いことから、「居住者の承諾」を要件としたからである。

　他方、本項に定める立入調査は、対象が「居住その他の使用がなされていないことが常態である」空家等であるため、「住居」への立入りに該当せず「居住者」も想定されない。

　したがって、本法においては、建築基準法における住居以外の建築物等の扱いと同様に、立入調査を行うにあたり空家等の居住者の承諾を要件としなかった。

　もっとも、Q6で述べたように、本条第3項において通知手続が定められており、立入調査の現場において空家等の所有者等の承諾がなくても立入調査を実施できる。

　しかしながら、本項の立入調査は罰則による間接強制が認められているにすぎないから、所有者等が明示的な拒否をしている場合に物理的強制力を直接用いてまで立入調査を執行することはできないことは、Q6で述べたとおりである。

Q 8　特定空家等に該当すると認められる朽ち果てた家屋の立入調査をする際、その敷地の周りが壊れた塀で囲まれ、しかも門戸が閉まっているとき、塀を乗り越えて無人の敷地に立ち入ることができるか。

A

　法第9条第2項の立入調査は、罰則による間接強制が認められているにすぎないから、物理的強制力を直接用いてまで立入調査を執行することはできない。他方、空家等の所有者等の承諾を要件としていないから（Q6・Q7参照）、市町村長が、本条に定める手続を経た上で立入調査を行うまでに所有者等の承諾が得られない場合でも、立入調査を実施することができる。

　したがって、本問のように特定空家等に該当すると認められる朽ち果てた家屋がある敷地が塀で囲まれ、門戸が閉まっているとしても、そのような塀を乗り越えて敷地に立ち入ることは、門戸（施錠も含む。）や塀を破壊するなどの物理的強制力を用いない限りにおいて、許されると考える。

　この点、所有者等のプライバシー侵害が問題となりうる。

　しかし、本項の立入調査は、「居住その他の使用がなされていないことが常態である」空家等のうち、所有者等が適切な管理を行わないことによって、例えば、朽ち果てた家屋が倒壊する危険が高い、あるいは今にも堆雪による家屋崩落の危険があるなど、周辺の生活環境の保全を図るために放置することが不適切である状態にあると認められたものについて必要な限度で行われるものであって、プライバシーへの侵害も比較的軽微といえることに鑑みれば、所有者等も受忍すべきと考える。

Q9 空家等と思って立ち入ったところ、室内に人が寝ていた場合はどうなるのか。

A

　特定空家等の可能性がある建築物等に対しては、そもそも特定空家等として認める必要があるかどうか、あるとすれば法第22条に基づき措置を行うのが適当か等を判断するために、空家等と認められる場所に立ち入って調査を行う必要がある。

　そこで法第9条第2項は、法第22条第1項から第3項までの規定に基づき特定空家等に対する措置を行うために必要な限度において、市町村長が当該職員又はその委任した者に空家等と認められる場所に立ち入って調査をさせることができる旨を定めている。

　この場合、法第9条第1項の調査による合理的判断に基づき空家等だと思って建築物に立ち入ったところ、実際には所有者等が住んでいたと分かり、空家等ではなかったと判明した場合、当該建築物等が「空家等と認められる場所」であった以上、それまでの立入調査が適法な行為であるという評価は変わらない。なお、適法な調査を行っている職員に対し暴行脅迫を行った場合は公務執行妨害（刑法第95条）等が成立しうる。

　また、寝ていた人に対し、その者の同意の下で、社会通念上相当と認められる範囲で当該建築物等の所有の確認等をする行為については、法第9条第1項の調査を行っているものと解され、許容されるものと解する。

　なお、立入調査の過程で、「居住その他の使用」が現になされていることが判明するなど、そもそも「空家等」でないことが明らかになった場合は、本項の適用の前提を欠くこととなり、それ以降は、立入調査を続行することはできない。

Q10 第3項において立入調査前の通知を必要とする趣旨は何か。

A

　本項は、市町村長は、当該職員等を空家等と認められる場所に立ち入らせようとするときは、適正手続の保障の観点から、その5日前までに当該空家等の所有者等にその旨を通知しなければならないとするものである。

　また、本項は、特定空家等については、早期に是正措置をとらなければ地域住民の生活環境に深刻な影響を及ぼすおそれがある一方で、所有者等のプライバシーへの侵害の程度も軽微であることから、所有者等の所在が不明である場合等通知することが困難であるときには、やむを得ないものとして、所有者等への通知を要しないこととしている（本項ただし書）。

　本項ただし書にいう「通知することが困難であるとき」とは、具体的には、所有者等又はその所在が、市町村がその職務を行う際に通常用いる手段、具体的には住民票情報、戸籍情報等、不動産登記簿情報、固定資産課税情報などで調査してもなお不明な場合が考えられる。したがって、業務多忙、担当者不在等の市町村側の都合により通知することが困難である場合は含まない。

　なお、同様の規定は、港湾法（昭和25年法律第218号）第55条の2の2第2項ただし書にも見られるところである。

▶ 参考条文

○港湾法（昭和25年法律第218号）
　（他人の土地への立入り）
第55条の2の2　国土交通大臣又は港湾管理者は、港湾工事のための調査又は測量を行うためやむを得ない必要があるときは、その業務に従事する職員又はその委任した者を他人の土地に立ち入らせることができる。
2　国土交通大臣又は港湾管理者は、前項の規定によりその職員又はその委任した者を他人の土地に立ち入らせようとするときは、その5日前までに、その土地の所有者又は占有者にその旨を通知しなければならない。ただし、これらの者に対し通知することが困難であるときは、この限りでない。
3・4　（略）

Q11 第4項において立入調査時に身分を示す証明書の携帯等を必要とする趣旨は何か。

A

　本項は、第2項の規定により空家等と認められる場所に立入調査を行う市町村職員等が、その正当な権限を有することを関係者に示すために設けられた規定である。

　本項の「関係者」の範囲については、個別の場合に応じて身分証明書の提示制度の趣旨に鑑みて決定することになるが、「関係者」は、所有者等だけでなく、その代理人や使用人その他従業員等、相当広範囲にわたるものと解する。

　また、特定空家等の可能性のある建築物等に立入調査を行う場合には、その場に実際に人がいないことも多いと考えられることから、一律に身分証明書の提示を義務付けることとはせず、「関係者の請求があった」場合に提示するものとした。

　なお、関係者から身分証明書の提示請求があった場合において、これを提示しないで立入調査を行った場合には、正当な権限行使とはみなされず、関係者が立入調査を拒んだとしても、それには正当な理由があったものとして、罰則が科せられないと解される。

```
                                           ○○第○○号
              立入調査員証
  所    属
  職    名                              刻
                                        印
  氏    名
  生 年 月 日       年    月    日        （写　真）


     上記の者は、空家等対策の推進に関する特別措置法第９条第２項
  の規定に基づく立入調査の権限を有する者であることを証明する。

      年    月    日  発行（    年    月    日まで有効）
                             ○○市長  ○○  ○○  印
```

空家等対策の推進に関する特別措置法（平成26年法律第127号）（抜粋）
第９条　（略）
2　市町村長は、第22条第１項から第３項までの規定の施行に必要
　な限度において、当該職員又はその委任した者に、空家等と認め
　られる場所に立ち入って調査をさせることができる。
3　市町村長は、前項の規定により当該職員又はその委任した者を
　空家等と認められる場所に立ち入らせようとするときは、その５
　日前までに、当該空家等の所有者等にその旨を通知しなければな
　らない。ただし、当該所有者等に対し通知することが困難である
　ときは、この限りでない。
4　第２項の規定により空家等と認められる場所に立ち入ろうとす
　る者は、その身分を示す証明書を携帯し、関係者の請求があった
　ときは、これを提示しなければならない。
5　第２項の規定による立入調査の権限は、犯罪捜査のために認め
　られたものと解釈してはならない。

注意
　この証票は、他人に貸与し、又は譲渡してはならない。

Q12 第5項において立入調査の権限が犯罪捜査のために認められたものと解釈してはならないことを定めている趣旨は何か。

A

本項は、第2項に基づく市町村長の立入調査権限について、犯罪捜査のために認められたものと解釈してはならない旨を規定するものである。

第2項の規定による立入調査の権限は、法第22条第1項から第3項までの規定に基づき特定空家等に対する措置を行うという行政目的から必要な限度において認められたものであり、犯罪捜査のための刑事手続として行使することを認められたものではない。

そもそも、刑事手続においては裁判官の発する令状がなければ住居への侵入や捜索が認められない（憲法第35条）。そのため、第2項に規定するような行政目的の立入調査が仮に犯罪捜査のために用いられることとなれば、刑事手続に慎重な手続的制約を設けた憲法第35条の保障を潜脱するおそれがある。

そこで、第5項では、第2項の規定による立入調査が憲法の趣旨に反してはならないことを明らかにするため、犯罪捜査のために認められたものではないことを確認的に定めたものである。

第10条関係（空家等の所有者等に関する情報の利用等）

―●空家等の所有者等に関する情報の利用等 ●―

第10条 市町村長は、固定資産税の課税その他の事務のために利用する目的で保有する情報であって氏名その他の空家等の所有者等に関するものについては、この法律の施行のために必要な限度において、その保有に当たって特定された利用の目的以外の目的のために内部で利用することができる。

2 都知事は、固定資産税の課税その他の事務で市町村が処理するものとされているもののうち特別区の存する区域においては都が処理するものとされているもののために利用する目的で都が保有する情報であって、特別区の区域内にある空家等の所有者等に関するものについて、当該特別区の区長から提供を求められたときは、この法律の施行のために必要な限度において、速やかに当該情報の提供を行うものとする。

3 前項に定めるもののほか、市町村長は、この法律の施行のために必要があるときは、関係する地方公共団体の長、空家等に工作物を設置している者その他の者に対して、空家等の所有者等の把握に関し必要な情報の提供を求めることができる。

【解説】

　本条は、空家等の所有者等を把握するため、空家等の所有者等の特定に必要な情報として、❶固定資産課税台帳に記載された情報など目的外利用が制限されている一定の情報について、空家等の所有者等に関するものであればこの法律の施行に必要な限度で、市町村で内部利用ができるようにするとともに、❷市町村長が関係する国、地方公共団体、ガス・電気などの供給事業者、郵便事業者といった民間事業者等に情報提供を求めることができるようにした規定である。

　各市町村が空家等対策を効果的に行うためには、空家等の所有者等の情報を把握することが不可欠であり、そのためには、法第9条第1項に基づき、当該空家等の不動産登記簿情報、住民票情報、戸籍情報等の行政が保有している情報を可能な限り利用することに加え、必要に応じて近隣住民や関係者への聞き取り調査等を行うなどして、空家等の所有者等を把握することとなる。

　しかし、これらの調査方法では所有者等の把握に不十分な場合がある。例えば、空家等の所有権が移転したにもかかわらず移転登記が長

期間なされず、権利関係の実体が反映されていない場合もあり、そのような場合には、不動産登記簿情報では現在の空家等の所有者等の把握が最終的にできないことも多い。

　この点、固定資産税の課税のために利用する目的で保有する空家等の所有者に関する情報には、不動産登記簿情報に加え、税務部局独自の調査等により不動産登記簿上の情報には記載されていない所有者等の氏名、住所等の情報が存在することもある。しかし、このような個人情報は、本法の制定以前は地方税法（昭和25年法律第226号）第22条により目的外利用が禁止されており、空家等対策に利用することができなかった。

　また、空家等の所有者等に関する情報は個人情報の保護に関する法律（平成15年法律第57号。個人情報保護法）上の個人情報に当たることから、民間の事業者等が市町村長に対してかかる情報を円滑に提供するためには、明確な根拠が必要である。

　そこで、本条では、第1項及び第2項において、固定資産税の課税等の事務のために利用する目的で保有する空家等の所有者等の氏名等の情報を、この法律の施行のために必要な限度において内部利用ができる（特別区の区域内にある空家等の所有者等に関するものについては、都知事は特別区の区長に情報提供する。）と定めるとともに、第3項では、市町村長は、この法律の施行のために必要があるときは、関係する地方公共団体や国の行政機関の長、さらには電気・ガス等の供給事業者等に対して、空家等の所有者等の把握に関し必要な情報の提供を求めることができることとしたのである。

　本条により、市町村がより空家等の所有者等の情報を把握しやすくなり、効果的に空家等対策を行うことができると考えられる。

Q1　固定資産課税情報等の利用に関する第1項の趣旨は何か。

A

　固定資産税の課税のために利用する目的で保有する空家等の所有者に関する情報には、不動産登記簿情報に加え、税務部局独自の調査等により不動産登記簿上の情報には記載されていない所有者等の氏名、住所等の情報が存在することもある。

　しかし、そのような個人情報の空家等対策への利用は、地方税法第22条の秘密漏えい罪にあたるおそれがあることに加え、個人情報保護

法上も、目的外の利用及びその提供が制限されている。そのため、例えば、税務部局が把握した空家等の所有者等の情報は、たとえ同じ市町村の他部局（例えば空家等施策担当部局等）に対してであっても、税務部局がその情報提供を行うことは、法令に別段の定めがある場合を除き、原則としてできないとされている。

本項は、市町村長がそのような固定資産税の納付義務のある当該空家等の所有者等の氏名のような個人情報であっても、この法律の施行のために必要な限度において、その保有目的以外の目的のために市町村内部で利用することができる法的根拠となるものである。

したがって、本項に基づく固定資産課税情報等の情報の内部利用は、❶地方税法第22条に定める秘密漏えい罪にあたらず、❷個人情報保護法との関係においては、目的外利用の例外事由に相当する法令事務の遂行のための行為であると位置付けられることになる。

なお、本項及び法第10条第2項に基づく固定資産税の課税のために利用する目的で保有する空家等の所有者に関する情報の内部利用等の具体的な取扱いについては、「固定資産税の課税のために利用する目的で保有する空家等の所有者に関する情報の内部利用等について」（平成27年2月26日付国土交通省住宅局住宅総合整備課長・総務省自治行政局地域振興室長通知）を参照していただきたい。

▶ 参考条文

○地方税法（昭和25年法律第226号）（抄）
（秘密漏えいに関する罪）

第22条 地方税に関する調査（不服申立てに係る事件の審理のための調査及び地方税の犯則事件の調査を含む。）若しくは租税条約等の実施に伴う所得税法、法人税法及び地方税法の特例等に関する法律（昭和44年法律第46号）の規定に基づいて行う情報の提供のための調査に関する事務又は地方税の徴収に関する事務に従事している者又は従事していた者は、これらの事務に関して知り得た秘密を漏らし、又は窃用した場合においては、2年以下の懲役又は100万円以下の罰金に処する。

○個人情報の保護に関する法律（平成15年法律第57号）（抄）
（利用及び提供の制限）

第69条 行政機関の長等は、法令に基づく場合を除き、利用目的以外の目的のために保有個人情報を自ら利用し、又は提供してはな

らない。

2　前項の規定にかかわらず、行政機関の長等は、次の各号のいずれかに該当すると認めるときは、利用目的以外の目的のために保有個人情報を自ら利用し、又は提供することができる。ただし、保有個人情報を利用目的以外の目的のために自ら利用し、又は提供することによって、本人又は第三者の権利利益を不当に侵害するおそれがあると認められるときは、この限りでない。

一　（略）

二　行政機関等が法令の定める所掌事務又は業務の遂行に必要な限度で保有個人情報を内部で利用する場合であって、当該保有個人情報を利用することについて相当の理由があるとき。

三・四　（略）

3・4　（略）

Q2 第１項の「内部で利用」とはどういう意味か。例えば、空家等の所有者等に関する情報の提供を受けた空家等施策担当部局が当該空家等の所有者等と連絡をとることは許されるのか。

A

　「内部で利用」とは、固定資産課税情報等を保有する市町村の内部機関における当該情報の利用をいう。具体的には、市町村の空家等施策担当部局が同じ市町村の税務部局から固定資産税の課税事務のために利用する目的で保有する情報であって氏名その他の空家等の所有者等に関するものの提供を受けることを想定している。

　このような情報の内部利用はあくまで「この法律の施行のために必要な限度」において許容されるものであり、当該情報を所有者等以外の他人に漏らす行為は、法の施行のために必要な限度においての利用と解されない。仮に当該情報を正当な理由なく空家等の所有者等以外の他人に漏らした場合は、地方公務員法（昭和25年法律第261号）第34条の守秘義務違反が問題になる。

　もっとも、本項に基づき税務部局から正当に受け取った情報をもとに、空家等施策担当部局職員が空家等の所有者等と連絡をとることは可能である。

　なぜなら、秘密を「漏らす」とは、まだ知らない他人に告知するこ

とをいう（『条解刑法（第3版）』395頁「秘密漏示罪」参照）とされているところ、税務情報上、当該空家等の所有者等として取り扱われている者は、自らが所有者等であることを知っているはずであり、情報の提供を受けた空家等施策担当部局職員が、このような所有者等に連絡をとって確認することは「秘密を漏らし」たことには該当しないからである。

Q3 特別区の存する区域に関する第2項の趣旨は何か。

A

　都は、特別区の存する区域において、固定資産税を課するものとされており（地方税法第734条第1項）、通常であれば市町村税である固定資産税の事務を行っている。

　そのため、特別区において、空家等施策担当部局が、固定資産税の課税事務のために利用する目的で保有する情報であって、問題となっている空家等の所有者等に関する情報を同じ区の税務部局から入手することはできないことから、当該情報を法第10条第1項に基づき「内部で利用」することはそもそもできない。

　そこで、特別区の空家等施策担当部局であっても、法第10条第1項と同様の趣旨から、都の税務担当部局が保有する固定資産税の課税等の事務のために利用する目的で保有する情報であって、「特別区の区域内にある空家等の所有者等」に関する情報を都から提供を受けることができるよう、本項においてその法律上の根拠を明記した。

▶ 参考条文

○地方税法（昭和25年法律第226号）（抄）
　（市町村が課することができる税目）
第5条　（略）
2　市町村は、普通税として、次に掲げるものを課するものとする。ただし、徴収に要すべき経費が徴収すべき税額に比して多額であると認められるものその他特別の事情があるものについては、この限りでない。
　一　（略）
　二　固定資産税
　三～六　（略）

3〜7　（略）

（都における普通税の特例）

第734条　都は、その特別区の存する区域において、普通税として、第4条第2項に掲げるものを課するほか、第1条第2項の規定にかかわらず、第5条第2項第二号及び第六号に掲げるものを課するものとする。この場合においては、都を市とみなして第3章第2節及び第8節の規定を準用する。

2〜6　（略）

Q4　市町村長による情報提供請求に関する第3項の趣旨は何か。

A

　空家等の所在等を把握するため、他の市町村長等から情報を収集するケースとしては、通常、住民基本台帳法（昭和42年法律第81号）に基づく住民票情報、戸籍法（昭和22年法律第224号）に基づく戸籍謄本等、不動産登記法（平成16年法律第123号）に基づく不動産登記簿情報の収集などが行われる。

　これらの情報収集は、既存の法律で可能なものもあるが、空家等施策担当部局が、他の市町村長等に照会して、それらの情報を含めた空家等の所有者等の情報提供を求めるための法的根拠を明確化すべきであるとの立場から、本項では、本法に基づき空家等対策を実施するため必要があるとき、市町村長は、他の「関係する地方公共団体の長、空家等に工作物を設置している者その他の者」に対して、空家等の所有者等の把握に関し必要な情報の提供を求めることができることとした。

　このように法的根拠が明確になったことから、例えば空家等の不動産登記情報については関係する法務局長に対して、いわゆる公用請求として、電子媒体による必要な不動産登記情報の提供を求めることもできる。このように市町村長が法務局長に電子媒体による不動産登記簿情報を求めることとすれば、法第11条に基づき空家等に関するデータベースを市町村が整備しようとする際に有効と考えられる。

　また、「空家等に工作物を設置している者」には、例えば電気メーターを設置している電気供給事業者、ガスメーターを設置しているガス供給事業者が考えられ、空家等の電気・ガス等の使用状況やそれら

が使用可能な状態にあるか否か等についても照会することができる。これらの事業者等への情報提供の求めに関する具体的な方法等については、「空家等の所有者等の把握を目的とした「空家等対策の推進に関する特別措置法」第10条第3項に基づく電気・ガス供給事業者への情報提供の求めについて」（令和5年12月13日付け国土交通省住宅局住宅総合整備課事務連絡）を参照されたい。

　最後に「その他の者」としては、空家等の所有者等の把握に関し必要な情報を有する者が幅広く想定されるが、例えば郵便の転送先情報を有する郵便事業者も含まれる。郵便事業者への情報提供の求めに関する具体的な方法等については、「郵便事業分野における個人情報保護に関するガイドライン（令和4年個人情報保護委員会・総務省告示第2号）の解説」（令和4年3月個人情報保護委員会・総務省）を参照されたい。

　なお、本項に基づく情報の提供の請求は法的権限に基づくものであるが、応じない場合の罰則はない。

　また、固定資産税の納税義務者等の課税事務のために利用する目的で保有する情報については、法第10条第1項及び第2項に定めるところによることから、本項の「必要な情報」には、この税務情報は含まれていない。

▶ 参考条文

○個人情報の保護に関する法律（平成15年法律第57号）（抄）
　（第三者提供の制限）
第27条　個人情報取扱事業者は、次に掲げる場合を除くほか、あらかじめ本人の同意を得ないで、個人データを第三者に提供してはならない。
　一　法令に基づく場合
　二～七　（略）
2～6　（略）

第11条関係（空家等に関するデータベースの整備等）

──●空家等に関するデータベースの整備等●──

第11条 市町村は、空家等（建築物を販売し、又は賃貸する事業を行う者が販売し、又は賃貸するために所有し、又は管理するもの（周辺の生活環境に悪影響を及ぼさないよう適切に管理されているものに限る。）を除く。以下この条、次条及び第15条において同じ。）に関するデータベースの整備その他空家等に関する正確な情報を把握するために必要な措置を講ずるよう努めるものとする。

【解説】

　市町村が空家等に関する対策を実施するにあたっては、当該市町村が既存の統計資料等も活用しつつ、法第9条及び第10条に基づき行った調査等を通じて、空家等の所在、所有者等の権利関係、空家等の管理状況や朽廃の程度等を把握した上で、その行政区域に存在する空家等の現況等に関する情報を整理し、行政情報として蓄積していくことが有益である。

　そこで、本条により、市町村に対し、空家等に関するデータベースの整備その他空家等に関する正確な情報を把握するために必要な措置を講ずる努力義務を規定したのである。

　このような調査の結果、判明した空家等については、例えば空家等の所在やその状態等を一覧にしたものを市町村の内部部局間で常時確認できるような状態にしておくなど、空家等の所在等について市町村内の関係部局が情報共有できる環境を整備することが重要である。

　なお、本条の対象から「建築物を販売し、又は賃貸する事業を行う者が販売し、又は賃貸するために所有し、又は管理するもの（周辺の生活環境に悪影響を及ぼさないよう適切に管理されているものに限る。）」が除かれている。これは、「空家等」には、持ち主が元々販売用又は賃貸用物件として市場に提供しているものも含まれるが、通常、これらの「空き物件」は、民間の不動産販売・賃貸業者あるいは所有者等によって適切に管理されていると考えられる上、活用もこれらの業者等による市場取引によって図られるものであるから、市町村による空家等に関する対策の対象にする必要性が少なく、データベースの整備等の対象とする実益に乏しいと考えられることによる。

　以上のような理由から、本条の対象から原則として「建築物を販売し、又は賃貸する事業を行う者が販売し、又は賃貸するために所有

し、又は管理するもの」を除外した。もっとも、たとえ分譲用又は賃貸用不動産であっても、この法律の趣旨・目的に照らし、周辺の生活環境に悪影響を及ぼしている空家等については、市町村がその実態を把握しておくのが適当であることから、本条の対象に含めることとしている。

Q1 「データベースの整備」「その他空家等に関する正確な情報を把握するために必要な措置」とは、それぞれどのようなものか。

A

　調査の結果「空家等」に該当する建築物等については、法第11条に基づき、例えば空家等の所在やその状態等を一覧表にしたものを市町村の内部部局間で常時確認できるような状態にしておくなど、空家等の所在等について市町村内の関係部局が情報共有できる環境を整備することが重要である。

　「データベースの整備」について、その具体的な内容・方法については各市町村の判断に委ねられているが、「データベース」には、空家等の所在地、現況、所有者等の氏名などについて記載することが考えられる。また、これらに加えて、空家等のうち、空家等活用促進区域内にある空家等のほか、「管理不全空家等」や「特定空家等」に該当するものについては、「データベース」内にこれらの空家等に該当する旨並びに市町村長による当該空家等に対する措置等の内容及びその履歴についても併せて記載する等により、継続的に把握していくことが必要である。なお、上記情報はいずれも個人情報であり、個人情報保護法に基づき適正に取り扱う必要がある。

　市町村によっては、その区域内の空家等の数が多い、又は市町村内の体制が十分ではない等の事情から、把握した空家等に関するすべての情報について「データベース」化することが困難な場合も考えられる。そのような場合であっても、「管理不全空家等」及び「特定空家等」に係る土地については、地方税法（昭和25年法律第226号）に基づき固定資産税等の住宅用地特例の対象から除外される場合があり、その点で税務部局と常に情報を共有する必要があることから、上記で述べたとおり、少なくとも「管理不全空家等」及び「特定空家等」に該当する建築物等については「データベース」化することが必要である。

「その他空家等に関する正確な情報を把握するために必要な措置」とは、例えば、住民等からの情報提供を効果的に活用するための体制の整備などを想定している。

第12条関係（所有者等による空家等の適切な管理の促進）

●━ 所有者等による空家等の適切な管理の促進 ━●

第12条 市町村は、所有者等による空家等の適切な管理を促進するため、これらの者に対し、情報の提供、助言その他必要な援助を行うよう努めるものとする。

【解説】

　空家等の所有者等は、自ら「周辺の生活環境に悪影響を及ぼさないよう、空家等の適切な管理に努める」義務がある（法第5条）が、そのような最低限の空家等の適切な管理は無論のこと、空家等の資産価値を維持する観点からも、適切な管理を所有者等が行うのであれば、周辺の生活環境に悪影響を及ぼすことがないことはもとより、所有者等は空家等の資産価値の劣化を防ぐことができ、将来の当該空家等の活用にも資することができる。

　そのため、所有者等が空家等を適切に管理することを促進すべく、本条は、市町村が、市政だよりや広報等を通じて、あるいは転出届や死亡届の際のチラシの配布や相談等を通して、あるいは空家等の所有者等への個別の接触をもって、例えば時々の通水、換気、清掃等の適切な管理によって空家等の劣化を防ぐことができる旨あるいは適宜の除草、立木竹の伐採、枝打ち等により近隣の迷惑を防ぐべき旨をアドバイスしたり、空家等を自ら常日頃管理することが難しい所有者等に当該空家等を適切に管理する役務を提供する専門業者等の情報を提供したりするなど、所有者等による空家等の適切な管理の促進に資する情報の提供や助言をする努力義務を定めたものである。

　本規定を踏まえ、例えば自ら所有する空家等をどのように活用し、又は除却等すればよいかについてのノウハウの提供や、引っ越し等により今後長期にわたって自宅を不在にせざるを得ない場合における今後の対応方針の相談を当該建築物等の所有者等が市町村に求めることが必要である場合が想定されるため、市町村はその要請に迅速に対応することが可能な体制を整備することが適切である。なお、体制整備にあたっては、管理不全空家等や特定空家等に対する措置に係る近隣住民等からの相談は市町村を中心に対応しつつ、空家等の管理や活用の方法等を巡る空家等の所有者等からの専門的な相談については、空家等管理活用支援法人のほか、宅地建物取引業者等の関係事業者団体や建築士等の関係資格者団体、地域の空家等対策に取り組む特定非営

利活動法人等の団体と連携して対応することも考えられる。

　また、空家等の所有者等に限らず、例えば空家等の所在地の周辺住民からの当該空家等に対する様々な苦情や、移住・定住、二地域居住又は住み替えを希望する者からの空家等の活用の申入れに対しても、上記のような体制を整備することが適切である。

Q 1　第12条の対象から「建築物を販売し、又は賃貸する事業を行う者が販売し、又は賃貸するために所有し、又は管理するもの（周辺の生活環境に悪影響を及ぼさないよう適切に管理されているものに限る。）」が除かれている趣旨は何か。

A

　民間の不動産販売・賃貸業者又は所有者等が所有・管理する不動産物件については、次の買い手又は借り手が見つかるまで、当該業者等がその一時的な「空家等」の資産価値を保つため適切に管理することが通常である。そのような適切な管理を現に行っている者に対してまで、市町村が空家等管理代行業者等に関する情報提供などをする必要性は低いと考えられることから、原則として「建築物を販売し、又は賃貸する事業を行う者が販売し、又は賃貸するために所有し、又は管理するもの」を除外することとしたものである（法第11条参照）。

　もっとも、たとえ民間の分譲用又は賃貸用不動産であっても、周辺の生活環境に悪影響を及ぼしている空家等については、この法律の趣旨・目的から、当該空家等の管理を行う民間の不動産販売・賃貸業者に対し、市町村は、空家等の適切な管理を促進するための情報の提供等を行うよう努めるのが適当であることから、本条の対象としている。

第13条関係（適切な管理が行われていない空家等の所有者等に対する措置）

────● 適切な管理が行われていない空家等の所有者等に対する措置 ●────

第13条 市町村長は、空家等が適切な管理が行われていないことによりそのまま放置すれば特定空家等に該当することとなるおそれのある状態にあると認めるときは、当該状態にあると認められる空家等（以下「管理不全空家等」という。）の所有者等に対し、基本指針（第6条第2項第三号に掲げる事項に係る部分に限る。）に即し、当該管理不全空家等が特定空家等に該当することとなることを防止するために必要な措置をとるよう指導をすることができる。

2 市町村長は、前項の規定による指導をした場合において、なお当該管理不全空家等の状態が改善されず、そのまま放置すれば特定空家等に該当することとなるおそれが大きいと認めるときは、当該指導をした者に対し、修繕、立木竹の伐採その他の当該管理不全空家等が特定空家等に該当することとなることを防止するために必要な具体的な措置について勧告することができる。

【解説】

　空家等は私有財産であるが、その適切な管理が行われていないことにより、防災、衛生、景観等の地域住民の生活環境に深刻な影響を及ぼすおそれがある。そのため、地域住民の生命、身体又は財産を保護するとともに、その生活環境の保全を図り、公共の福祉の増進に寄与する観点から、所有者等が空家等の適切な管理を行うことが社会的にも要請されているところである。

　こうした観点から、本条では、市町村長が、管理不全空家等の所有者等に対し、指導及び勧告を行うことができることを定めたものである。

　市町村長は、空家等が管理不全空家等に該当すると認める場合、まずは本条第1項に基づき、第6条第2項第3号の「所有者等による空家等の適切な管理について指針となるべき事項」（管理指針・第6条関係Q2参照）に即し、特定空家等に該当することとなることを防止するために必要な措置をとるよう指導をすることができる。また、本条第2項に基づき、指導をした場合において、なお当該管理不全空家等の状態が改善されず、そのまま放置すれば特定空家等に該当することとなるおそれが大きいと認めるときは、特定空家等に該当することとなることを防止するために必要な具体的な措置について勧告する

ことができる。

　勧告を受けた管理不全空家等については、地方税法（昭和25年法律
第226号）第349条の３の２等の規定により、固定資産税等の住宅用地
特例の適用対象から除外されることとなる。

　なお、どのような空家等が管理不全空家等に当たるか等については、「管理不全空家等及び特定空家等に対する措置に関する適切な実施を図るために必要な指針（ガイドライン）」に参考となる考え方が示されている。

■ 管理不全空家等に対する措置の概要

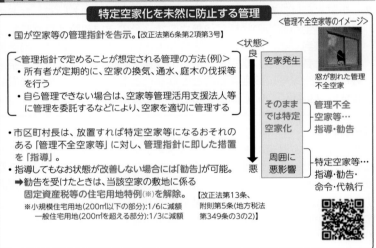

〔出典〕　国土交通省 HP 資料より作成

Q1 勧告を行うことができるのは、「そのまま放置すれば特定空家等に該当することとなるおそれが大きいと認めるとき」とあるが、具体的にどのように判断するのか。

A

　本条第２項に基づく勧告は、第１項に基づく指導をしてもなおその状態が改善されず、そのまま放置すれば特定空家等に該当することとなるおそれが大きいと認める場合に行うことができる。

勧告を行うに当たっては、指導だけではその所有者等による自発的な改善を促すことが難しいと考えられるか否かを判断することが適切である。例えば、当該所有者等に対して複数回の指導をしたが改善しない、十分な猶予期限を与え指導により措置をとることを求めたものの、その期限内に必要な措置がとられなかったなどが判断の参考になる。

　また、指導をした管理不全空家等の状態が、指導時からさらに悪化しているかや、特定空家等に該当することとなる予兆が確認できるかなどを確認することにより判断することが考えられる。

✓ ガイドラインでの関連部分の記載は以下の箇所

● 第3章4.（1）勧告の対象

Q2 本条第1項の指導により求める措置は「特定空家等に該当することとなることを防止するために必要な措置」である一方、第2項の勧告により求める措置は「修繕、立木竹の伐採その他の当該管理不全空家等が特定空家等に該当することとなることを防止するために必要な具体的な措置」であるが、それぞれ求める措置の規定内容が異なる趣旨は何か。

A

　法第13条第1項の指導において求める措置は、措置をとるべき空家等の具体的な部分等を特定したものから、具体的な部分等を特定せず日常定期的に行うべき一般的な管理に関するものまで、広く想定されるところである。

　他方、同条第2項に基づく勧告は、管理不全空家等の所有者等に対して指導より強く当該管理不全空家等の状態の改善を促すものであること、また、勧告を受けた場合には固定資産税等の住宅用地特例の適用にも関わるものであることから、勧告を受けた所有者等がどのような措置をとれば良いかが確実に判断できるよう、具体的な措置について行う必要がある。例えば、「点検を行い、問題があれば必要な補修を行うこと」といった勧告ではなく、「東側部分の破損している屋根ふき材が飛散しないよう補修を行うこと」など、改善措置の内容や、

その対象となる空家等の部分について、具体的に示すことが適切である。

ガイドラインでの関連部分の記載は以下の箇所

● 第3章4．(2)勧告の実施

Q3 法第13条第2項に基づく勧告を受けると固定資産税等の住宅用地特例の適用が除外される趣旨は何か。

A

　固定資産税等の住宅用地特例は、住宅政策上の見地から居住の用に供する住宅用地について税負担の軽減を図ることを目的としたものである。管理不全の状態にあり、かつ本条第1項に基づく指導を受けても状態が改善されない空家等については、居住の用に供する住宅用地とはもはや認められず、住宅用地特例の趣旨からも外れるため、同特例の適用対象が除外されるものである。

　なお、法第22条第2項に基づき勧告を受けた特定空家等の敷地が固定資産税等の住宅用地特例の適用対象から除外されるのも、これと同じ趣旨である。

第14条関係（空家等の管理に関する民法の特例）

●━ 空家等の管理に関する民法の特例 ━●

第14条 市町村長は、空家等につき、その適切な管理のため特に必要があると認めるときは、家庭裁判所に対し、民法（明治29年法律第89号）第25条第１項の規定による命令又は同法第952条第１項の規定による相続財産の清算人の選任の請求をすることができる。

2 市町村長は、空家等（敷地を除く。）につき、その適切な管理のため特に必要があると認めるときは、地方裁判所に対し、民法第264条の８第１項の規定による命令の請求をすることができる。

3 市町村長は、管理不全空家等又は特定空家等につき、その適切な管理のため特に必要があると認めるときは、地方裁判所に対し、民法第264条の９第１項又は第264条の14第１項の規定による命令の請求をすることができる。

【解説】

令和５年４月１日に施行された改正後の民法（明治29年法律第89号）では、財産や土地・建物の所有者が不明である場合等に、当該財産に利害関係を有する者が裁判所に「財産管理人」の選任を請求し、財産管理人がその財産の管理・処分を行う制度（財産管理制度）を拡充し、不在者財産管理制度（民法第25条第１項）、相続財産清算制度（同法第952条第１項）に加え、所有者不明土地・建物管理制度（同法第264条の２第１項、第264条の８第１項）、管理不全土地・建物管理制度（同法第264条の９第１項、第264条の14第１項）を定めた。

これらの財産管理制度は、所有者の財産について利害関係を有する第三者の利益を保護するためのものであるため、財産管理人の選任を裁判所に請求することができるのは、基本的には利害関係人に限られている。

一方、空家等対策を進める上で、空家等の所有者等が不明である場合や、所有者等が判明している場合であっても当該所有者等による空家等の状態の改善が期待できないときがある。このような場合に、空家等対策を推進する市町村が、裁判所に財産管理人の選任を請求することも想定される。

本条は、こうした観点から、市町村長であれば、裁判所に対し財産管理人の選任に係る請求ができる旨を民法の特例として定めたものであり、市町村長は、民法上の利害関係人であるか否かに関わらず、不

在者財産管理制度、相続財産清算制度、所有者不明建物管理制度、管理不全土地・建物管理制度に係る財産管理人の選任を請求することができる。

■ 財産管理制度の特例概要

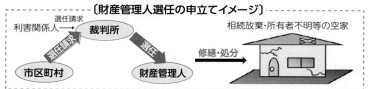

財産管理人による空家の管理・処分【管理不全空家、特定空家等】

<現行>　　　　　　　　　　　　　　　　　　　　　　　【改正法第14条】
• 民法では、土地・建物等の所有者が不在・不明である場合等に、利害関係人の請求により裁判所が選任した「財産管理人」が管理や処分を行うことができる制度が定められている（財産管理制度）。

<改正後>
• 「財産管理人」の選任請求権は、民法上は利害関係人に限定されているが、空家等の適切な管理のために特に必要があると認めるときには、市区町村長も選任請求可能。

〔財産管理人選任の申立てイメージ〕

- 利害関係人 → 選任請求 → 裁判所 → 選任 → 財産管理人
- 市区町村 → 選任請求 → 裁判所
- 相続放棄・所有者不明等の空家
- 財産管理人 → 修繕・処分 → 空家

- ●所有者が従来の住所又は居所を去り、容易に戻る見込みがない場合 → 不在者財産管理制度(民法第25条)【改正法第14条第1項】
- ●相続人のあることが明らかでない場合 → 相続財産清算制度(民法第952条)【改正法第14条第1項】
- ●所有者を知ることができず、又はその所在を知ることができない場合 → 所有者不明建物管理制度(民法第264条の8)【改正法第14条第2項】
- ●所有者による管理が適切でなく、他人の権利が侵害され、又はそのおそれがある場合 → 管理不全土地・建物管理制度(民法第264条の9、264条の14)【改正法第14条第3項】

※所有者不明土地管理制度は、所有者不明土地法に基づいて市区町村が活用する(所有者不明土地管理人の選任を裁判所に請求する)ことが可能(所有者不明土地法第42条第2項)

〔出典〕 国土交通省 HP 資料より作成

▶ 参考条文

○民法（明治29年法律第89号）（抄）

（不在者の財産の管理）

第25条　従来の住所又は居所を去った者（以下「不在者」という。）がその財産の管理人（以下この節において単に「管理人」という。）を置かなかったときは、家庭裁判所は、利害関係人又は検察官の請求により、その財産の管理について必要な処分を命ずることができる。本人の不在中に管理人の権限が消滅したときも、

同様とする。

2　　（略）

（所有者不明土地管理命令）

第264条の2　裁判所は、所有者を知ることができず、又はその所在を知ることができない土地（土地が数人の共有に属する場合にあっては、共有者を知ることができず、又はその所在を知ることができない土地の共有持分）について、必要があると認めるときは、利害関係人の請求により、その請求に係る土地又は共有持分を対象として、所有者不明土地管理人（第4項に規定する所有者不明土地管理人をいう。以下同じ。）による管理を命ずる処分（以下「所有者不明土地管理命令」という。）をすることができる。

2・3　　（略）

4　　裁判所は、所有者不明土地管理命令をする場合には、当該所有者不明土地管理命令において、所有者不明土地管理人を選任しなければならない。

（所有者不明建物管理命令）

第264条の8　裁判所は、所有者を知ることができず、又はその所在を知ることができない建物（建物が数人の共有に属する場合にあっては、共有者を知ることができず、又はその所在を知ることができない建物の共有持分）について、必要があると認めるときは、利害関係人の請求により、その請求に係る建物又は共有持分を対象として、所有者不明建物管理人（第4項に規定する所有者不明建物管理人をいう。以下この条において同じ。）による管理を命ずる処分（以下この条において「所有者不明建物管理命令」という。）をすることができる。

2・3　　（略）

4　　裁判所は、所有者不明建物管理命令をする場合には、当該所有者不明建物管理命令において、所有者不明建物管理人を選任しなければならない。

5　　（略）

（管理不全土地管理命令）

第264条の9　裁判所は、所有者による土地の管理が不適当であることによって他人の権利又は法律上保護される利益が侵害され、

又は侵害されるおそれがある場合において、必要があると認める
ときは、利害関係人の請求により、当該土地を対象として、管理
不全土地管理人（第3項に規定する管理不全土地管理人をいう。
以下同じ。）による管理を命ずる処分（以下「管理不全土地管理
命令」という。）をすることができる。

2　（略）

3　裁判所は、管理不全土地管理命令をする場合には、当該管理不
全土地管理命令において、管理不全土地管理人を選任しなければ
ならない。

（管理不全建物管理命令）

第264条の14　裁判所は、所有者による建物の管理が不適当である
ことによって他人の権利又は法律上保護される利益が侵害され、
又は侵害されるおそれがある場合において、必要があると認める
ときは、利害関係人の請求により、当該建物を対象として、管理
不全建物管理人（第3項に規定する管理不全建物管理人をいう。
第4項において同じ。）による管理を命ずる処分（以下この条に
おいて「管理不全建物管理命令」という。）をすることができる。

2　（略）

3　裁判所は、管理不全建物管理命令をする場合には、当該管理不
全建物管理命令において、管理不全建物管理人を選任しなければ
ならない。

4　（略）

（相続財産法人の成立）

第951条　相続人のあることが明らかでないときは、相続財産は、
法人とする。

（相続財産の清算人の選任）

第952条　前条の場合には、家庭裁判所は、利害関係人又は検察官
の請求によって、相続財産の清算人を選任しなければならない。

2　（略）

Q1 第1項に定める「不在者財産管理制度」及び「相続財産清算制度」とは何か。

A

＜不在者財産管理制度＞

　不在者財産管理制度とは、所有者が従来の住所又は居所を去り、容易に戻る見込みがない（所有者が不在である）場合、民法第25条第1項に基づき、利害関係人等の申立てにより家庭裁判所が不在者財産管理人を選任し、不在者財産管理人は不在者が所有する財産の管理や処分等を行うことができる制度である。

　「所有者が不在である」ことの確認は、最終的には個別の事案に応じて裁判所において判断されることとなるが、市町村が空家等対策を目的として法第14条第1項の規定に基づき本制度を活用する場合は、市町村が所有者把握のための必要な調査を尽くす必要がある。

　また、不在者の財産の内容から、不在者財産管理人が不在者の財産を管理するために必要な費用（不在者財産管理人に対する報酬を含む。）に不足が出る可能性がある場合には、不在者財産管理人が円滑に事務を行うことができるように、申立人が相当額の予納金を納付する。

＜相続財産清算制度＞

　相続財産清算制度とは、相続人のあることが明らかでない場合、民法第952条第1項に基づき、利害関係人等の申立てにより家庭裁判所が相続財産清算人を選任し、相続財産清算人が相続財産の管理・清算等を行うことができる制度である。

　「相続人のあることが明らかでない場合」とは、相続人全員が相続放棄をして、相続する者がいなくなった場合も含まれる。相続人全員が相続放棄をしている事実については、通常、申立人が調査を行いその旨を申立に添えることとなる。

　また、相続財産の内容から、相続財産清算人が相続財産を管理するために必要な費用（相続財産清算人に対する報酬を含む。）に不足が出る可能性がある場合には、相続財産清算人が円滑に事務を行うことができるように、申立人が相当額の予納金を納付する。

　不在者財産管理制度及び相続財産清算制度においては、それぞれの財産管理人の管理対象は、不在者の全財産又は相続財産の全てであ

る。市町村が空家等対策を目的として本制度を活用する場合も、その対象は空家等に限られない。

Q2 第2項に定める「所有者不明建物管理制度」とは何か。

A

　所有者不明建物管理制度とは、所有者を知ることができず、又はその所在を知ることができない場合、民法第264条の8第1項に基づき、利害関係人の申立てにより、地方裁判所が所有者不明建物管理人を選任し、所有者不明建物管理人はその建物に特化した管理や処分等を行うことができる制度である。本制度は民法等の一部を改正する法律（令和3年法律第24号）により新たに創設され、令和5年4月1日から施行された。

　「所有者を知ることができず、又はその所在を知ることができない場合」については、最終的には個別の事案に応じて裁判所において判断されることとなるが、市町村が空家等対策を目的として法第14条第2項の規定に基づき本制度を活用する場合は、市町村が所有者把握のための必要な調査を尽くす必要がある。

　また、所有者不明建物の内容、予定される管理事務の内容、管理に要する期間等を勘案した上で、管理費用（売買や賃貸などの事務手続に要する費用をはじめ、管理のために必要となる費用）や所有者不明建物管理人の報酬のための費用に不足が出る可能性がある場合には、申立人が相当額の予納金を納付する。

　所有者不明建物管理制度は、上述のとおり当該建物に特化した管理や処分等を行うことができる制度であるため、所有者不明建物管理人の管理対象は申立のあった建物のみとなる。

　なお、所有者不明建物管理制度と趣旨を同じくする「所有者不明土地管理制度」（民法第264条の2第1項）については、所有者不明土地の利用の円滑化等に関する特別措置法（平成30年法律第49号）第42条第2項に基づき市町村が申し立てることができるため、本法においては規定されていない。

Q3 第3項に定める「管理不全建物管理制度」「管理不全土地管理制度」とは何か。

A

　管理不全建物管理制度及び管理不全土地管理制度とは、所有者による管理が適切でなく、他人の権利が侵害されるおそれがある場合、民法第264条の9第1項又は第264条の14第1項の規定に基づき、利害関係人の申立てにより、地方裁判所は管理不全建物（土地）管理人を選任し、管理不全建物（土地）管理人がその建物（土地）に特化した管理や処分等を行うことができる制度である。本制度も、所有者不明建物管理制度と同様に、民法等の一部を改正する法律により新たに創設され、令和5年4月1日から施行された。

　「所有者による管理が適切でなく、他人の権利が侵害されるおそれがある場合」に該当するか否かは、最終的には個別の事案に応じて裁判所において判断されることとなるが、市町村が空家等対策を目的として本制度を活用する場合は、当該空家等が管理不全空家等又は特定空家等であることが必要である。

　また、管理不全建物（土地）の内容、予定される管理事務の内容、管理に要する期間等を勘案した上で、管理費用（売買や賃貸などの事務手続に要する費用をはじめ、管理のために必要となる費用）や管理不全建物・土地管理人の報酬のための費用に不足が出る可能性がある場合には、申立人が相当額の予納金を納付する。

　管理不全建物管理制度及び管理不全土地管理制度は、それぞれの管理人の管理対象は申立のあった建物又は土地のみとなる。また、土地及び土地上の建物のいずれもを管理対象とするためには、管理不全建物管理制度及び管理不全土地管理制度のいずれも活用する必要がある。

コラム

民法と空家法について

　民法（明治29年法律第89号）は、私法の一般法とも言われており、所有権等の内容をはじめとして、私人間の法律関係に適用される最も基本的なものであるが、人口減少や少子高齢化等に伴い、旧民法の規律が現代の社会経済情勢にそぐわないことが顕在化した。例えば、調査を尽くしても土地の所有者が特定できず、又は所在が不明な場合には、土地の円滑な利用や管理が困難となるなどの「所有者不明土地問題」等の発生である。

　こうした社会経済情勢の変化を踏まえ、近年、民法上の様々な制度の見直しが行われているところである。令和5年4月に施行された「民法等の一部を改正する法律」（令和3年法律第24号）では、相隣関係や共有、財産管理制度、相続制度の見直しが行われている。このうち財産管理制度については、土地・建物の所有者が不明であったり、その管理が不全である場合に、当該土地・建物の管理・処分を行うための「所有者不明土地・建物管理制度」や「管理不全土地・建物管理制度」が新たに創設された。これらの財産管理制度は、当該土地・建物に利害関係を有する者が、地方裁判所に対して、土地・建物を管理する者の選任を請求することができるものである。

　また、民法以外でも、不動産登記法（平成16年法律第123号）が改正され、相続登記の申請が義務化された（令和6年4月施行）ほか、相続等により取得した土地所有権の国庫への帰属に関する法律（令和3年法律第25号）が新たに公布され、一定の場合に相続等により取得した土地を国庫に帰属することができるようになる（令和5年4月施行）など、様々な制度の新設・改正が行われているところである。

　このような私人の法律関係等を巡る基本的な制度改正等が行われる一方、地方公共団体等の行政による措置の必要性も高まっている。空家等や所有者不明土地は、私有財産であるが、その適切な管理が行われていないことにより、防災、衛生、景観等の地域住民の生活環境に深刻な影響を及ぼすおそれがあるほか、その活用ができず放置されることにより、地域の振興等の観点からも支障を生じ得る。そのため、公益性の観点からも、周囲に悪影響を

110

及ぼし得る空家等や所有者不明土地に対して、行政が措置を講じる必要性が生じている。

空家等対策の推進に関する特別措置法の一部を改正する法律（令和5年法律第50号）や、所有者不明土地の利用の円滑化等に関する特別措置法の一部を改正する法律（令和4年法律第38号）は、まさしくそうした背景から制定されたものである。これらの改正法では、市町村長が、管理が適切になされていない一定の空家等や所有者不明土地の確知所有者等に対して勧告等を行うことができるようになったほか、民法の特例措置も創設されたところである。具体的には、民法上は、原則として利害関係人しか行うことができない財産管理人の選任に係る裁判所への申立てについて、空家等対策又は所有者不明土地対策のために必要な場合には、市町村長が行うことができるようになった。

私法の一般法とも言われる民法の特例が行政法において措置されるなど、空家等や所有者不明土地を巡る私法及び行政法の制度等は大きく変わりつつある。今後も、社会経済情勢の変化を踏まえた制度の見直し等の検討が不断に必要になると考えられる。

● 民法等一部改正法・相続土地国庫帰属法の概要　　法務省民事局令和５年８月

■ **民法等の一部を改正する法律**（令和3年法律第24号）

令和3年4月21日成立
同月28日公布

■ **相続等により取得した土地所有権の国庫への帰属に関する法律**（令和3年法律第25号）

【両法律の概要】

所有者不明土地等の発生予防と利用の円滑化の両面から総合的に民事基本法制を見直し

発生予防 登記がされるようにするための不動産登記制度の見直し	**利用の円滑化** 土地・建物等の利用に関する民法の見直し	**発生予防** 土地を手放すための制度の創設
①**相続登記の申請義務化** ・相続人申告登記の創設などの負担軽減策・環境整備策をパッケージで併せて導入　P.3 ②**住所等の変更登記の申請義務化** ・他の公的機関（住基ネット等）から取得した情報に基づき、登記官が職権的に変更登記をする方策を併せて導入　など P.4	①**財産管理制度の見直し** ・所有者不明・管理不全の土地・建物管理制度等の創設 ②**共有制度の見直し** ・共有者不明の共有物の利用の円滑化 ③**相隣関係規定の見直し** ・ライフラインの設備設置権等の規律の整備 ④**相続制度の見直し** ・長期間経過後の遺産分割の見直し　など P.6	○**相続土地国庫帰属制度の創設** 　相続等により土地の所有権を取得した者が、法務大臣の承認を受けて、その土地の所有権を国庫に帰属させることができる制度を創設 P.5
（①につき） **令和6年4月1日施行** （②につき） **令和8年4月1日施行** （※一部は令和8年2月2日施行）	**令和5年4月1日施行**	**令和5年4月27日施行**

各制度を分かりやすく説明したパンフレットは、こちらから

● 所有者不明土地の解消に向けた民事基本法制の見直し

課 題

相続登記がされないこと等により、所有者不明土地（※）が発生

※所有者不明土地とは・・・
①不動産登記簿等により所有者が直ちに判明しない土地
②所有者が判明しても、その所在が不明で連絡が付かない土地

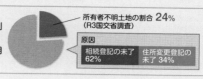

所有者不明土地の割合 **24%**
（R3国交省調査）

原因
相続登記の未了 **62%** ／ 住所変更登記の未了 **34%**

背景

○相続登記の申請は義務ではなく、申請しなくても不利益を被ることは少ない
○都市部への人口移動や人口減少・高齢化の進展等により、地方を中心に、土地の所有意識が希薄化・土地を利用したいというニーズも低下
○遺産分割をしないまま相続が繰り返されると、土地共有者がねずみ算式に増加

問題点

○所有者の探索に多大な時間と費用が必要
（戸籍・住民票の収集、現地訪問等の負担が大きい）
○所有者の所在等が不明な場合には、土地が管理されず放置されることが多い
○共有者が多数の場合や一部所在不明の場合、土地の管理・利用のために必要な合意形成が困難
⇒公共事業や復旧・復興事業が円滑に進まず、民間取引が阻害されるなど、土地の利活用を阻害
⇒土地が管理不全化し、隣接する土地への悪影響が発生 など

広場等としての利用が困難となっている例
（出典：国交省）

➡ 高齢化の進展による死亡者数の増加等により、今後ますます深刻化するおそれ

⇒ 所有者不明土地問題の解決は、喫緊の課題

政府方針

○所有者不明土地等対策の推進に関する基本方針（R5.6.6 関係閣僚会議決定）
▶「本年4月から施行された相続土地国庫帰属制度、改正された民法に基づく新たな財産管理制度や遺産分割の見直し等について、・・・国民への周知を徹底するとともに、法務局・・・の更なる体制整備を図る。」
▶「来年4月から施行される相続登記の申請義務化を始めとする不動産登記情報を最新化させる新制度について、・・・国民各層に行き渡る十分な周知を徹底する。また、これらによる所有者不明土地の積極的解消を図るために十分な法務局の体制整備や予算の確保に努める。」
○骨太の方針2023（R5.6.16 閣議決定）
▶「基本方針等に基づき、・・・法務局地図作成等※を含む所有者不明土地等対策を進める・・・」
注「令和3年改正民事基本法制による相続登記の申請義務化等に向けた国民への周知・広報、相談体制の強化を始めとする対応強化等。

● 所有者不明土地の発生を予防する方策①

相続に関する情報の更新を図る方策	【背景】相続登記がされないため、登記名義人の相続人（所有者）の探索に時間と費用が掛かり用地買収等が妨げられるなどの指摘がある。

①相続登記の申請を義務化　R6.4.1施行

○不動産を取得した相続人に対し、その取得を知った日から3年以内に相続登記の申請をすることを義務付ける。
○施行日前の相続でも、未登記であれば、義務化の対象（3年間の猶予期間あり）
○「正当な理由」がないのに申請を怠ったときは、10万円以下の過料の適用対象
○国民向けに新制度の運用方針を明らかにした「相続登記の申請義務の施行に向けたマスタープラン」を令和5年3月に公表

②登記名義人の死亡等の事実の公示　R8.4.1施行

○登記官が他の公的機関（住基ネットなど）から死亡等の情報を取得し、職権で登記に表示する（符号で表示）。
⇒登記で登記名義人の死亡の有無の確認が可能になる。

申請義務の簡易な履行手段　R6.4.1施行

相続人申告登記の新設
・ 相続人が、登記名義人の法定相続人である旨を申し出る。申請義務の履行手段の一つとする。
（単独で申告可・添付書面も簡略化・非課税）
⇒相続登記の申請義務を簡易に履行することが可能になる。
※登記官がその者の氏名及び住所等を職権で登記する
（持分は登記されない報告的登記）

相続登記の負担を軽減

登録免許税の免税措置
・ 価額が100万円以下の土地に係る相続登記等について、登録免許税の免税措置を実施中
（令和7年3月31日まで）
相談体制の充実
・ 全国の法務局で相続登記の手続案内を実施。専門資格者団体と連携して相談先情報を提供

登記漏れの防止　R8.2.2施行

所有不動産記録証明制度の新設
・ 特定の者が名義人となっている不動産の一覧を証明書として発行
⇒相続登記が必要な不動産の把握が容易になる。
※自己所有確認の一般的な確認方法としても利用可能

自治体との連携

国民に身近な自治体と連携した広報
・ 自治体の「おくやみリスト」等に相続登記に関する情報を追加
・ 固定資産納税通知書の送付と併せて新制度に関する資料を提供　など

- 所有者不明土地の発生を予防する方策②

住所変更未登記への対応

不動産登記法の改正

R8.4.1施行

【現状】
- ▶現在は、住所変更登記は義務ではない。
- ▶自然人・法人を問わず、転居・本店移転等のたびに登記するのには負担を感じ、放置されがちである。
※都市部では所有者不明土地の主な原因との調査結果もある。

○所有権の登記名義人に対し、住所等の変更日から2年以内にその変更登記の申請をすることを義務付ける（正当な理由のない申請漏れには過料の罰則あり）。
※施行前の住所等の変更でも、未登記であれば、義務化の対象（2年間の猶予期間あり）
○他の公的機関から取得した情報に基づき、登記官が職権で変更登記をする新たな方策も導入する。
⇒転居や本店移転等に伴う住所等の変更が簡便な手続で登記に反映される。

新たな方策の仕組み

自然人の場合

❶登記申請の際には、氏名・住所のほか、生年月日等の「検索用情報」の申出を行う。
❷登記官が、検索用情報等を用いて住民基本台帳ネットワークシステムに対して照会し、所有権の登記名義人の氏名・住所等の異動情報を取得する。
❸登記官が、取得した情報に基づき、登記名義人に住所等の変更の登記をすることについて確認をとった上で、変更の登記をする（非課税）。

法人の場合

❶法人が所有権の登記名義人となっている不動産について、会社法人等番号を登記事項に追加する。
❷商業・法人登記システムから不動産登記システムに対し、名称や住所を変更した法人の情報を通知する。
❸取得した情報に基づき、登記官が変更の登記をする（非課税）。

● 所有者不明土地の発生を予防する方策③

相続等により取得した土地所有権を国庫に帰属させる制度の創設　R5.4.27施行

| 背景 | ①土地利用ニーズの低下等により、土地を相続したものの、土地を手放したいと考える者が増加
②相続を契機として、土地を望まず取得した所有者の負担感が増しており、管理の不全化を招いている。 |

国庫帰属制度
（法務省HP）

○相続又は遺贈（相続人に対する遺贈に限る。）により取得した土地を手放して、国庫に帰属させることを可能とする制度を創設する。→ 将来的に土地が所有者不明化し、管理不全化することを予防することが可能になる。
○管理コストの国への転嫁や土地の管理をおろそかにするモラルハザードが発生するおそれを考慮して、一定の要件を設定し、法務大臣が要件について審査を実施。

(1) 土地の要件　法令で定められた通常の管理又は処分をするに当たり過分の費用又は労力を要する土地は不可

　　ア 建物や通常の管理又は処分を阻害する工作物等がある土地、イ 土壌汚染や埋設物がある土地、ウ 危険な崖がある土地、エ 権利関係に争いがある土地、オ 担保権等が設定されている土地、カ 通路など他人によって使用される土地 など

(2) 負担金等　土地の性質に応じた標準的な管理費用を考慮して算出した10年分の土地管理費相当額の負担金の納付が必要　※その他申請時に、審査に要する実費等を考慮して政令で定める審査手数料（一筆14,000円）の納付も必要。

右記以外の土地	一部の市街地(注1)の宅地	一部の市街地(注1)、農用地区域等の田、畑	森 林
面積にかかわらず、20万円	面積に応じ算定(注2) (例)100㎡: 約55万円 200㎡: 約80万円	面積に応じ算定(注2) (例) 500㎡: 約72万円 1,000㎡: 約110万円	面積に応じ算定(注2) (例) 1,500㎡: 約27万円 3,000㎡: 約30万円

注1: 都市計画法の市街化区域又は用途地域が指定されている地域。
注2: 面積の単純比例ではなく、面積が大きくなるにつれて1㎡当たりの負担金額は低くなる。

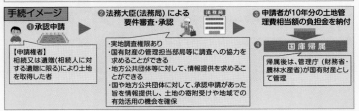

手続イメージ

❶承認申請
【申請権者】
相続又は遺贈(相続人に対する遺贈に限る)により土地を取得した者

❷法務大臣(法務局)による要件審査・承認
・実地調査権限あり
・国有財産の管理担当部局等に調査への協力を求めることができる
・地方公共団体等に対して、情報提供を求めることができる
・国や地方公共団体に対して、承認申請があった旨を情報提供し、土地の寄附受けや地域での有効活用の機会を確保

❸申請者が10年分の土地管理費相当額の負担金を納付

❹ 国庫帰属
帰属後は、管理庁（財務省・農林水産省）が国有財産として管理

● 所有者不明土地の利用の円滑化を図る方策

R5.4.1施行　　民法の改正

土地・建物の管理制度の創設	○所有者不明土地・建物の管理制度の創設　　財産管理制度の見直し
▶現行の不在者財産管理人・相続財産管理人は、人単位で財産全般を管理する必要があり、非効率になりがち ▶所有者が判明していても、管理されないことによって危険な状態になることもある	・個々の所有者不明土地・建物の管理に特化した新たな財産管理制度を創設する。※裁判所が管理命令を発令し、管理人を選任（裁判所の許可があれば売却も可） ⇒ 所有者不明土地・建物の管理を効率化・合理化する。 ○管理不全土地・建物の管理制度の創設 　所有者が土地・建物を管理せずこれを放置していることで他人の権利が侵害されるおそれがある場合に、管理人の選任を可能にする制度を創設する。 ⇒ 管理不全化した土地・建物の適切な管理が可能となる。

不明共有者がいる場合への対応	○共有物の利用の円滑化を図る仕組みの整備　　共有制度の見直し
▶不明共有者がいる場合には、利用に関する共有者間の意思決定や持分の集約が困難	・裁判所の関与の下で、不明共有者等に対して公告等をした上で、残りの共有者の同意で、共有物の変更行為や管理行為を可能にする制度を創設する。 ・裁判所の関与の下で、不明共有者の持分の価額に相当する額の金銭の供託により、不明共有者の共有持分を取得して不動産の共有関係を解消する仕組みを創設する。 ⇒ 不明共有者がいても、共有物の利用・処分を円滑に進めることが可能になる。

遺産分割長期未了状態への対応	○長期間経過後の遺産分割の見直し　　相続制度の見直し
▶長期間放置された後の遺産分割では具体的相続分に関する証拠等が散逸し、共有状態の解消が困難	相続開始から10年を経過したときは、個別案件ごとに異なる具体的相続分による分割の利益を消滅させて、画一的な法定相続分で簡明に遺産分割を行う仕組みを創設する。※施行前の相続にも適用されること、最低5年間の猶予期間があることに注意が必要 ⇒ 遺産分割長期未了状態の解消を促進する。

隣地等の利用・管理の円滑化	○ライフラインの設備設置権等の規律の整備　　相隣関係規定の見直し
▶ライフラインの導管等を隣地等に設置することについての根拠規定がなく、土地の利用を阻害	ライフラインを自己の土地に引き込むための導管等の設備を他人の土地に設置する権利を明確化し、隣地所有者不明状態にも対応できる仕組みも整備する。 ⇒ ライフラインの引込みを円滑化し、土地の利用を促進する。

〔出典〕　いずれも法務省 HP 資料より作成

117

第15条関係（空家等及び空家等の跡地の活用等）

── 空家等及び空家等の跡地の活用等 ──

第15条 市町村は、空家等及び空家等の跡地（土地を販売し、又は賃貸する事業を行う者が販売し、又は賃貸するために所有し、又は管理するものを除く。）に関する情報の提供その他これらの活用のために必要な対策を講ずるよう努めるものとする。

【解説】

空家等やその除却後に空き地となった跡地※の中には、そのまま放置するよりも地域資源として活用を図っていく方が適当なものがある。

すなわち、所有者等の経済的事情、遠隔地居住等により活用されずに放置されている空家等や、所有者等の高齢化や死亡により空家を撤去した後も活用用途がないままに放置されている跡地の中には、地域交流、地域活性化、福祉サービス等に資する場として活用することにより有効な価値を生み出せるものがある。

例えば、

---

❶ 地域の集会所、井戸端交流サロン、介護サービス・子育て支援施設としての空家等の活用
❷ 定住促進施設や農村宿泊体験施設としての古民家の活用
❸ 住民や訪問客の交流施設としての空き店舗や空き蔵の活用
❹ 住宅確保要配慮者向けの住宅やサードプレイスとしての活用
❺ 密集市街地や漁業集落等の狭隘な地区における駐車場や防災にも資する広場としての空家等の跡地の活用

など、極めて多種多様な有効活用策が考えられる。

そこで、そのような地域資源としての空家等やその跡地を、市町村が地域活性化策や過疎地域における定住促進策等の一環として活用を図る観点から、そのための情報提供等の必要な対策を講ずるよう努めることを本条で規定した。

市町村が講ずる対策の具体例としては、

※ なお、空家等ではない通常の居宅を除却した後の単なる「空き地」は、本条の「空家等の跡地」に入らない。

❶　「空き家バンク」等により、空家等やその跡地の情報を登録・集積し、空家等の所有者や、移住希望者・二地域居住希望者等の活用希望者に対して空家等を紹介すること

❷　地域交流・活性化のための地域住民の活動拠点等としての活用を行うため、市町村が自ら空家等の所有者等から当該空家等を取得すること

❸　空家等の活用のために行う改修費用や、改修後の古民家民宿等の新規開業費用に対して補助を行うこと

などを想定している。

Q1　第15条の対象となる空家等及びその跡地から建築物又は土地を「販売し、又は賃貸する事業を行う者が販売し、又は賃貸するために所有し、又は管理するもの」が除かれているのはなぜか。

A

　法第15条の対象となる空家等からは、「建築物を販売し、又は賃貸する事業を行う者が販売し、又は賃貸するために所有し、又は管理するもの（周辺の生活環境に悪影響を及ぼさないよう適切に管理されているものに限る。）」が除かれている（法第11条参照）。

　これは、販売用又は賃貸用の物件である空家等については、既に活用を図る計画があるものと一般的に考えられることから、そのような空家等にまで市町村にその活用のための努力義務を課す必要はないからである。

　もっとも、適切な管理がなされておらず周辺の生活環境に悪影響を及ぼしている空家等に関しては、たとえそれらが販売用又は賃貸用の物件であっても、もはや当該事業としての活用が図られているとはいえないことから、市町村は、その地域資源としての空家等の活用を図るため情報の提供その他必要な対策を講ずるよう努めることが適当であり、本条の対象とした。

　また、空家等の跡地についても、販売用又は賃貸用の物件であれば、空家等そのものと同様、既に適切に活用を図る計画があると一般的には考えられることから、そのような土地にまで市町村がその活用のための対策を講ずる必要はないため、本条の除外対象とした。

なお、空家等については、周辺の生活環境に悪影響を及ぼすものであれば販売用又は賃貸用であっても本条の対象としているが、空家等の跡地については、販売用又は賃貸用の物件であれば一律本条の対象外としている。これは、本法は空家等（建築物又はこれに附属する工作物であることを前提）について対策を講じようとするものであって、仮に管理の状態が悪くても空家等の跡地である空き地に焦点を置いた対策を講じるものではないためである。

第16条関係（空家等の活用に関する計画作成市町村の要請等）

●空家等の活用に関する計画作成市町村の要請等●

第16条　空家等対策計画を作成した市町村（以下「計画作成市町村」という。）の長は、空家等活用促進区域内の空家等（第７条第４項第二号に規定する空家等の種類に該当するものに限る。以下この条において同じ。）について、当該空家等活用促進区域内の経済的社会的活動の促進のために必要があると認めるときは、当該空家等の所有者等に対し、当該空家等について空家等活用促進指針に定められた誘導用途に供するために必要な措置を講ずることを要請することができる。

2　計画作成市町村の長は、前項の規定による要請をした場合において、必要があると認めるときは、その要請を受けた空家等の所有者等に対し、当該空家等に関する権利の処分についてのあっせんその他の必要な措置を講ずるよう努めるものとする。

【解説】

　「令和元年空家所有者実態調査（国土交通省）」では、「空家にしておく理由」として「特に困っていない」としている者が約４人に１人の割合でいるなど、空家等の所有者等の中には、特別な理由がなく空家等として放置している者も多い。このような者が所有等している空家等の活用を進めていくためには、行政等が働きかけを行い、活用に向けた意識を醸成していくことが必要である。

　本条は、空家等活用促進区域内に存する空家等の所有者等に対し、空家等活用促進指針として定めた誘導用途に供するために必要な措置を講じるよう、市町村長が当該所有者等へ要請することができる旨を規定したものである（空家等活用促進区域及び空家等活用促進指針については第７条も参照）。

　また、所有者等へ要請をした場合、市町村長は、当該所有者等へ空家等に関する権利の処分についてのあっせんその他の必要な措置を講ずるよう努めることを定めている。

Q1 第1項の「要請」とはどのような性質・内容のものか。

A

　本条第1項の要請は、空家等の所有者等に対し、当該空家等の活用について、所有者等の任意の協力を求めるものである。要請に従わなかったことをもって法令上のペナルティがあるものではない。

　要請の具体的な内容としては、所有者等自らが空家等を活用するよう求めることはもちろん、例えば、所有者等が活用意向のある事業者（飲食事業者や宿泊事業者等）に対し、当該空家等を貸すことや売ることを求めることも含まれる。

Q2 第2項の「必要な措置」とは具体的にどのようなものか。

A

　必要な措置とは、例えば市町村が設置している空き家バンクを通じて空家等の所有者等に対し、活用を希望する個人又は法人を紹介することのほか、所有者等の意向や当該空家等の立地・構造・状態等に応じて、当該空家等を売却又は賃貸するために仲介を担う宅地建物取引業者を紹介することなどが考えられる。また、市町村が指定した空家等管理活用支援法人を紹介し、当該法人から所有者等に対し、空家等の活用のための具体的な提案や相談対応等を行うことも考えられる。

第17条関係（建築基準法の特例）

●建築基準法の特例●

第17条 空家等対策計画（敷地特例適用要件に関する事項が定められ
たものに限る。）が第7条第12項（同条第14項において準用する場
合を含む。）の規定により公表されたときは、当該公表の日以後は、
同条第6項に規定する特例適用建築物に対する建築基準法第43条第
2項第一号の規定の適用については、同号中「、利用者」とあるの
は「利用者」と、「適合するもので」とあるのは「適合するもの又
は空家等対策の推進に関する特別措置法（平成26年法律第127号）
第7条第12項（同条第14項において準用する場合を含む。）の規定
により公表された同条第1項に規定する空家等対策計画に定められ
た同条第6項に規定する敷地特例適用要件に適合する同項に規定す
る特例適用建築物で」とする。

2 空家等対策計画（用途特例適用要件に関する事項が定められたも
のに限る。）が第7条第12項（同条第14項において準用する場合を
含む。）の規定により公表されたときは、当該公表の日以後は、同
条第5項に規定する特例適用建築物に対する建築基準法第48条第1
項から第13項までの規定の適用については、同条第1項から第11項
まで及び第13項の規定のただし書の規定中「特定行政庁が」とある
のは「特定行政庁が、」と、「認め、」とあるのは「認めて許可した
場合」と、同条第1項ただし書中「公益上やむを得ない」とある
のは「空家等対策の推進に関する特別措置法（平成26年法律第127号）
第7条第12項（同条第14項において準用する場合を含む。）の規定
により公表された同条第1項に規定する空家等対策計画に定められ
た同条第9項に規定する用途特例適用要件（以下この条において
「特例適用要件」という。）に適合すると認めて許可した場合その
他公益上やむを得ない」と、同条第2項から第11項まで及び第13項
の規定のただし書の規定中「公益上やむを得ない」とあるのは「特
例適用要件に適合すると認めて許可した場合その他公益上やむを得
ない」と、同条第12項ただし書中「特定行政庁が」とあるのは「特
定行政庁が、特例適用要件に適合すると認めて許可した場合その
他」とする。

123

【解説】

本条は、第7条第5項に基づき空家等対策計画に定められた空家等活用促進区域内における建築基準法（昭和25年法律第201号）の特例に関するものである（空家等活用促進区域については第7条関係も参照）。空家等対策計画に、敷地特例適用要件又は用途特例適用要件（いずれも第7条関係参照）を定め、当該計画を公表した場合、本条に基づき特例措置が効力を有することとなる。

本条第1項が建築基準法第43条（接道）の特例に、第2項が同法第48条（用途）の特例に該当する。本条では建築基準法の読替という形で同法の特例を設けている。

読替の概要（建築基準法第43条（接道規制）関係）

読替後	読替前
（敷地等と道路との関係） **第43条** 建築物の敷地は、道路（次に掲げるものを除く。第44条第1項を除き、以下同じ。）に2m以上接しなければならない。 　一・二　（略） 2　前項の規定は、次の各号のいずれかに該当する建築物については、適用しない。 　一　その敷地が幅員四m以上の道（道路に該当するものを除き、避難及び通行の安全上必要な国土交通省令で定める基準に適合するものに限る。）に二m以上接する建築物のうち利用者が少数であるものとしてその用途及び規模に関し国土交通省令で定める基準に適合するもの又は<u>空家等対策の推進に関する特別措置法（平成26年法律第127号）第7条第12項（同条第14項において準用する場合を含む。）の規定により公表された同条第1項に規定する空家等対策計画に定められた同条第6項に規定する敷地特例適用要件に適合する同項に規定する特例適用建築物で、特定</u>行政庁が交通上、安全上、防火上及び衛生上支障がないと認めるもの 　二　（略） 3　（略）	（敷地等と道路との関係） **第43条** 建築物の敷地は、道路（次に掲げるものを除く。第44条第1項を除き、以下同じ。）に2m以上接しなければならない。 　一・二　（略） 2　前項の規定は、次の各号のいずれかに該当する建築物については、適用しない。 　一　その敷地が幅員四m以上の道（道路に該当するものを除き、避難及び通行の安全上必要な国土交通省令で定める基準に適合するものに限る。）に二m以上接する建築物のうち、<u>利用者が少数であるものとしてその用途及び規模に関し国土交通省令で定める基準に適合するもので、特定行政庁が交通上、安全上、防火上及び衛生上支障がない</u>と認めるもの 　二　（略） 3　（略）

124

読替の概要（建築基準法第48条（用途規制）関係）

読替後	読替前
（用途地域等） **第48条** 第一種低層住居専用地域内においては、別表第二（い）項に掲げる建築物以外の建築物は、建築してはならない。ただし、特定行政庁が、第一種低層住居専用地域における良好な住居の環境を害するおそれがないと認めて許可した場合又は空家等対策の推進に関する特別措置法（平成26年法律第127号）第7条第12項（同条第14項において準用する場合を含む。）の規定により公表された同条第1項に規定する空家等対策計画に定められた同条第9項に規定する用途特例適用要件（以下この条において「特例適用要件」という。）に適合すると認めて許可した場合その他公益上やむを得ないと認めて許可した場合においては、この限りでない。 2～13 ※上記と同じ読替内容 14～17 （略）	（用途地域等） **第48条** 第一種低層住居専用地域内においては、別表第二（い）項に掲げる建築物以外の建築物は、建築してはならない。ただし、特定行政庁が第一種低層住居専用地域における良好な住居の環境を害するおそれがないと認め、又は公益上やむを得ないと認めて許可した場合においては、この限りでない。 2～13 ※上記と同じ読替内容 14～17 （略）

Q1 第1項（接道規制の合理化）の趣旨は何か。

A

　建築基準法第42条第1項では、建築物が幅員4m以上の道路に接することを義務付けている（いわゆる「接道義務」）。このため、接道義務を満たさない建築物は、建替えや増改築等が困難で空き家化しやすく、大きな課題となっている。

　こうした空家の建替えや増改築等を行うには、接道義務の適用除外のため、個別の特例許可（建築基準法第43条第2項第2号）が必要なものの、

- ❶　許可要件が明らかでないため、許可の予見可能性が低い
- ❷　建築審査会の同意が必要で、数ヶ月の期間を要する

などのネックがある。

　このため、市町村が定める空家等活用促進区域において、あらかじめ接道義務の適用除外に係る要件を明示し、当該要件に適合すれば建

築審査会の同意を不要とすることで、空き家の建替えや増改築等を促進することとしている。

Q2 第1項（接道規制の合理化）の効果は何か。

A

本特例により、

---

❶ 空家等対策計画において、あらかじめ適用要件が示されることにより、接道義務の適用除外を受けられるか否かの予見可能性が向上する
❷ 建築審査会の同意が不要になることにより、手続きが迅速化され、審査期間が約1〜2か月短縮される

こととなる。

これにより、

---

❶ 空家等の建替えや増改築等が促進される
❷ 空家等を活用する見通しが立てやすくなり、民間事業者等が取引を行うインセンティブとなる

といった効果が期待される。

Q3 本特例について、安全性等の問題は生じないのか。

A

本特例は接道義務により担保している安全性の水準そのものを引き下げるものではない。

本特例の適用に際しては、市町村が避難及び通行の安全を確保するために国が定める基準を参酌し、かつ、特定行政庁との協議を踏まえ、接道義務を適用除外とするための具体的な要件（敷地特例適用要件）を空家等対策計画に定めることとなっている。

その上で、空家等活用促進区域内の空家等について、

❶　敷地特例適用要件に適合し、

❷　特定行政庁が安全上等の観点で支障がないと個別に認めたもの

について接道義務を適用除外とするものであり、本特例によって接道規制の趣旨が損なわれることはない。

Q4　第2項（用途規制の合理化）の趣旨は何か。

A

　建築基準法第48条及び別表第2においては、都市計画で指定される用途地域に応じて建築できる用途の建築物等を制限しているが、同法第48条第1項から第13項までのただし書において、特定行政庁が用途地域における環境・利便等を害するおそれ等がないと認め、又は公益上やむを得ないと認めて許可（特例許可）した場合には、各用途地域で制限されている用途の建築物を建築し又は用途を変更する（同法第87条第2項等）ことができることとされている。

　空家等活用促進区域において、空家等を活用するに当たり、用途規制により、それぞれの用途地域において建築することができる建築物以外の建築物への転用は原則として認められておらず、例外的に転用する場合は、特定行政庁の許可が必要となり、手続上の重い負担となる。

　また、空家等の対策を講じる主体は市町村であるところ、特例許可を行う特定行政庁（建築基準法第2条第35号）が都道府県知事の場合には、空家等対策を講じる主体と特例許可を行う主体が異なることとなるため、許可申請者に加え、空家等の活用に取り組む市町村においても、自らの施策の効果について予見することが困難となることが課題となる。

　このため、本項は、市町村や空家等の活用希望者の予見可能性を高め、空家等の活用を制度面で支援する観点から、空家等活用促進区域においては、建築基準法第48条の用途規制の趣旨を損なわない範囲で、市町村の指針に適合する空家等の活用については、用途変更の許可の対象となることを明確にするものである。

　具体的には、建築基準法第48条第1項から第13項までの読替規定により、特定行政庁が、「用途特例適用要件に適合すると認めて許可した場合」についても、特例許可ができるようにし、各用途地域で制限

されている用途の建築物を建築し又は用途を変更することができることとしている。

Q5 用途規制の合理化の対象として、どのようなケースが想定されるのか。

A

　空家等については、それぞれの市町村における地域の事情に応じた活用を行うことが望ましいところ、例えば、

- ・低層住宅等以外の用途の建築物を制限する第一種低層住居専用地域に指定されている住宅団地において、空家等を店舗や飲食店として活用する
- ・中高層住宅や中規模店舗等以外の用途の建築物を制限する第一種中高層住居専用地域に指定されている中心市街地において、空家等を事務所として活用する

ことなどが想定される。

　なお、本規定が適用される場合にも、利害関係者による公開意見聴取を行うとともに、特例許可による用途変更等が市街地環境を損なわないこと等を確認する観点から建築審査会の同意（建築基準法第48条第15項）は引き続き要することとしている。

第18条関係（空家等の活用の促進についての配慮）

●● 空家等の活用の促進についての配慮 ●

第18条　都道府県知事は、第7条第12項（同条第14項において準用する場合を含む。）の規定により公表された空家等対策計画に記載された空家等活用促進区域（市街化調整区域に該当する区域に限る。）内の空家等に該当する建築物（都市計画法第4条第10項に規定する建築物をいう。以下この項において同じ。）について、当該建築物を誘導用途に供するため同法第42条第1項ただし書又は第43条第1項の許可（いずれも当該建築物の用途の変更に係るものに限る。）を求められたときは、第7条第8項の協議の結果を踏まえ、当該建築物の誘導用途としての活用の促進が図られるよう適切な配慮をするものとする。

2　前項に定めるもののほか、国の行政機関の長又は都道府県知事は、同項に規定する空家等対策計画に記載された空家等活用促進区域内の空家等について、当該空家等を誘導用途に供するため農地法（昭和27年法律第229号）その他の法律の規定による許可その他の処分を求められたときは、当該空家等の活用の促進が図られるよう適切な配慮をするものとする。

【解説】

　本条は、空家等対策計画に定められた空家等活用促進区域内の空家等の活用に関する国の行政機関の長や都道府県知事の配慮に係る規定である（空家等活用促進区域については第7条関係も参照）。

　第1項が都市計画法（昭和43年法律第100号）第42条第1項ただし書及び第43条第1項の許可、第2項が農地法（昭和27年法律第229号）その他の法律の規定による許可その他の処分についての配慮規定に該当する。

Q1　第1項（都市計画法第42条第1項ただし書及び第43条第1項の許可の配慮）の趣旨は何か。

A

　市街化を抑制すべき区域である市街化調整区域（都市計画法第7条第3項）については、開発行為を伴わない建築行為等が無秩序に許容される場合には市街化の抑制という目標の達成が困難となることから、同法第43条において、市街化調整区域における建築行為等について都道府県知事の許可を要することとし、開発行為に対する規制と同様の規制を課している。

　当該規定における用途変更の許可※は、自治体によっては厳格に運用されている場合もあり、都道府県知事が開発許可権者である市町村において、地域の経済的社会的活動の拠点として空家等の活用ニーズがあっても、許可が得られるかどうかの見通しが立ちづらく、地域の取組に支障が生じている等の課題が生じているところである。

　このため、開発許可権者である都道府県知事は、事前の協議を経て空家等活用促進区域が設定された空家等対策計画が公表された場合に、当該区域内における空家等を誘導用途に供するための用途変更許可を求められたときは、当該空家等の活用の促進が図られるよう適切な配慮をすることとした。これについて、国土交通省が開発許可制度等の運用について考え方を示した開発許可制度運用指針（平成26年8月1日国都計第67号）が改正され、市街化調整区域内に設定された空家等活用促進区域内において空家等を活用する必要性が認められる場合には、地域の実情に応じて、空家等を宿泊施設、飲食店等や賃貸住宅等に用途変更をする場合は許可をしても差し支えない等の考え方が示されている。

※ 都市計画法では、開発許可を受けた開発区域（開発行為をする土地の区域。第4条第13項）内において、予定建築物等以外の建築物の建築等を原則として禁止した上で（第42条第1項本文）、都道府県知事が許可した場合等に限り、当該行為を可能としている（同項ただし書）。

Q 2　第2項（農地法その他の法律の規定による許可その他の処分の配慮）の趣旨は何か。

A

　空家等の活用にあたっては、空家等を誘導用途に供しようとする際に、農地を宅地に転用するといったニーズが想定される。

　農地の転用に当たっては、都道府県知事の許可が必要であるところ、当該許可を得るためには一定の期間を要するため、その期間が長ければ、仮に当該空家等及び宅地化予定の農地の活用希望者がいたとしても、その取得等を断念してしまうことがある。

　空家等活用促進区域は、農地が存する中山間地域の中心部で定められることも想定しているところ、そのような支障を極力なくし、農村における定住の促進や農業・農村の活性化にも資するため、農地転用の許可権者たる都道府県知事に、手続きの迅速化に係る配慮を求めることとしている。

Q 3　「農地法その他の法律の規定による許可その他の処分」として、具体的にどのような処分が想定されるのか。

A

　具体的に想定されている処分は農地法第4条及び第5条の農地転用であるが、農地法以外についても、空家等の活用を図る上で何らかの制約となる許認可手続については、幅広く対象になり得るものと考えられる。

第19条関係（地方住宅供給公社の業務の特例）

●地方住宅供給公社の業務の特例●

第19条 地方住宅供給公社は、地方住宅供給公社法（昭和40年法律第124号）第21条に規定する業務のほか、空家等活用促進区域内において、計画作成市町村からの委託に基づき、空家等の活用のために行う改修、当該改修後の空家等の賃貸その他の空家等の活用に関する業務を行うことができる。

2 前項の規定により地方住宅供給公社が同項に規定する業務を行う場合における地方住宅供給公社法第49条の規定の適用については、同条第三号中「第21条に規定する業務」とあるのは、「第21条に規定する業務及び空家等対策の推進に関する特別措置法（平成26年法律第127号）第19条第1項に規定する業務」とする。

【解説】

　地方住宅供給公社（以下この解説において「公社」という。）は、地方住宅供給公社法（昭和40年法律第124号）上、分譲住宅の譲渡や住宅の賃貸その他の管理を本来業務としており、その豊富なノウハウ・知見は、空家等の活用においても活かすことができる。今後の空家等の増加に適切に対応する観点からは、公社の本来業務として空家等の活用を位置付け、公社における住宅の活用や管理等に係る業務のノウハウ等を最大限活用していくことが有効である。

　そこで本条では、公社が、空家等活用促進区域内において、空家等対策計画を策定した市町村からの委託に基づき、空家等の活用に関する業務を行うことができる旨を定めている。

　「市町村からの委託」の方法としては、例えば、空家等活用促進区域内で公社が空家等の活用を進めるという包括的な協定を結ぶ方法や、業務委託契約を締結する方法等が考えられる。

　また、「空家等の活用のために行う改修、当該改修後の空家等の活用に関する業務等」としては、例えば、空家等の買取分譲のほか、空家等の転貸（サブリース）等が考えられる。

第20条関係（独立行政法人都市再生機構の行う調査等業務）

●━━ 独立行政法人都市再生機構の行う調査等業務 ━━●

第20条 独立行政法人都市再生機構は、独立行政法人都市再生機構法
（平成15年法律第100号）第11条第1項に規定する業務のほか、計
画作成市町村からの委託に基づき、空家等活用促進区域内における
空家等及び空家等の跡地の活用により地域における経済的社会的活
動の促進を図るために必要な調査、調整及び技術の提供の業務を行
うことができる。

【解説】

　本条は、独立行政法人都市再生機構（以下この解説において「機
構」という。）が、空家等対策計画を作成した市町村からの委託に基
づき、空家等活用促進区域内における空家等及び空家等の跡地の活用
により地域における経済的社会的活動の促進を図るために必要な調
査、調整及び技術の提供の業務を行うことを可能とすることを定めた
規定である。

　例えば、空家等活用促進区域においては、移住促進や観光振興と
いった経済的社会的活動の促進のため、空家等の改修、用途変更、建
替え等を行うことにより、住居、レストラン、案内所等を整備するこ
とも想定される。

　他方、当該施設の整備に当たっては、区域内の課題や地域資源の抽
出を行った上で方針を策定することや、事業スキームの検討、関係者
との合意形成といったまちづくりに係る専門的な知見が求められるが、
市町村には十分なノウハウや人手が不足していることが課題となる。

　この点、機構は、調査、調整及び技術の提供（コーディネート業
務）に関する豊富なノウハウを都市開発業務を通じて蓄積しているこ
とから、空家等の活用の促進に際しては、このような機構の能力を活
用することが有効である。

　このため、空家等活用促進区域における空家等の活用を促進する観
点から、機構の能力を最大限活用することが可能となるよう、独立行
政法人都市再生機構法（平成15年法律第100号）第11条第1項に規定
する業務のほか、空家等対策計画を作成した市町村からの委託に基づ
き、地域における経済的社会的活動の促進を図るために必要な調査、
調整及び技術の提供の業務（コーディネート業務）を行うことを可能
としたものである。

第21条関係（独立行政法人住宅金融支援機構の行う援助）

●独立行政法人住宅金融支援機構の行う援助●

第21条 独立行政法人住宅金融支援機構は、独立行政法人住宅金融支援機構法（平成17年法律第82号）第13条第1項に規定する業務のほか、市町村又は第23条第1項に規定する空家等管理活用支援法人からの委託に基づき、空家等及び空家等の跡地の活用の促進に必要な資金の融通に関する情報の提供その他の援助を行うことができる。

【解説】

　本条は、独立行政法人住宅金融支援機構（以下この解説において「機構」という。）が、市町村又は空家管理活用支援法人からの委託に基づき、空家等の所有者等に対し、空家等及び空家等の跡地の活用の促進に必要な資金の融通に関する情報の提供その他の援助を行うことを可能とすることを定めた規定である。

　空家等対策としては、改修等によって新たな利用を可能とする「活用」と危険な状態にあるものを解体撤去する「除却」があるが、いずれも所有者等に費用負担が生じるものである。また、そもそも空家等の所有者等は、活用・除却に要する資金の調達方法等の情報を十分に把握する機会がなく、活用・除却が進まないという課題がある。

　この点、機構は、業務を全国で展開してきたことで構築された各金融機関や各地方公共団体とのネットワークを有していることから、複数の民間の金融商品を一元的に集約し公平性を保ちつつ情報提供を行うことや、特定の地方公共団体の先進的な取組の横展開を行うことといった業務を通じて、所有者等が空家等の活用や除却を進めるに当たって大きく貢献することができる。

　このため、機構の能力を最大限活用することにより、空家等の所有者等が空家等の活用・除却に要する資金の調達方法等の情報をより把握できるようにし、その活用・除却につながるようにする観点から、独立行政法人住宅金融支援機構法（平成17年法律第82号）第13条第1項に規定する業務のほか、空家等の所有者等に対し、空家等及び空家等の跡地の活用の促進に必要な資金の融通に関する情報の提供その他の援助を行うことを可能としたものである。

第22条関係（特定空家等に対する措置）

第22条 市町村長は、特定空家等の所有者等に対し、当該特定空家等に関し、除却、修繕、立木竹の伐採その他周辺の生活環境の保全を図るために必要な措置（そのまま放置すれば倒壊等著しく保安上危険となるおそれのある状態又は著しく衛生上有害となるおそれのある状態にない特定空家等については、建築物の除却を除く。次項において同じ。）をとるよう助言又は指導をすることができる。

2 市町村長は、前項の規定による助言又は指導をした場合において、なお当該特定空家等の状態が改善されないと認めるときは、当該助言又は指導を受けた者に対し、相当の猶予期限を付けて、除却、修繕、立木竹の伐採その他周辺の生活環境の保全を図るために必要な措置をとることを勧告することができる。

3 市町村長は、前項の規定による勧告を受けた者が正当な理由がなくてその勧告に係る措置をとらなかった場合において、特に必要があると認めるときは、その者に対し、相当の猶予期限を付けて、その勧告に係る措置をとることを命ずることができる。

4 市町村長は、前項の措置を命じようとする場合においては、あらかじめ、その措置を命じようとする者に対し、その命じようとする措置及びその事由並びに意見書の提出先及び提出期限を記載した通知書を交付して、その措置を命じようとする者又はその代理人に意見書及び自己に有利な証拠を提出する機会を与えなければならない。

5 前項の通知書の交付を受けた者は、その交付を受けた日から5日以内に、市町村長に対し、意見書の提出に代えて公開による意見の聴取を行うことを請求することができる。

6 市町村長は、前項の規定による意見の聴取の請求があった場合においては、第3項の措置を命じようとする者又はその代理人の出頭を求めて、公開による意見の聴取を行わなければならない。

7 市町村長は、前項の規定による意見の聴取を行う場合においては、第3項の規定によって命じようとする措置並びに意見の聴取の期日及び場所を、期日の3日前までに、前項に規定する者に通知するとともに、これを公告しなければならない。

8 第6項に規定する者は、意見の聴取に際して、証人を出席させ、かつ、自己に有利な証拠を提出することができる。

9　市町村長は、第3項の規定により必要な措置を命じた場合において、その措置を命ぜられた者がその措置を履行しないとき、履行しても十分でないとき又は履行しても同項の期限までに完了する見込みがないときは、行政代執行法（昭和23年法律第43号）の定めるところに従い、自ら義務者のなすべき行為をし、又は第三者をしてこれをさせることができる。

10　第3項の規定により必要な措置を命じようとする場合において、過失がなくてその措置を命ぜられるべき者（以下この項及び次項において「命令対象者」という。）を確知することができないとき（過失がなくて第1項の助言若しくは指導又は第2項の勧告が行われるべき者を確知することができないため第3項に定める手続により命令を行うことができないときを含む。）は、市町村長は、当該命令対象者の負担において、その措置を自ら行い、又はその命じた者若しくは委任した者（以下この項及び次項において「措置実施者」という。）にその措置を行わせることができる。この場合においては、市町村長は、その定めた期限内に命令対象者においてその措置を行うべき旨及びその期限までにその措置を行わないときは市町村長又は措置実施者がその措置を行い、当該措置に要した費用を徴収する旨を、あらかじめ公告しなければならない。

11　市町村長は、災害その他非常の場合において、特定空家等が保安上著しく危険な状態にある等当該特定空家等に関し緊急に除却、修繕、立木竹の伐採その他周辺の生活環境の保全を図るために必要な措置をとる必要があると認めるときで、第3項から第8項までの規定により当該措置をとることを命ずるいとまがないときは、これらの規定にかかわらず、当該特定空家等に係る命令対象者の負担において、その措置を自ら行い、又は措置実施者に行わせることができる。

12　前二項の規定により負担させる費用の徴収については、行政代執行法第5条及び第6条の規定を準用する。

13　市町村長は、第3項の規定による命令をした場合においては、標識の設置その他国土交通省令・総務省令で定める方法により、その旨を公示しなければならない。

14　前項の標識は、第3項の規定による命令に係る特定空家等に設置することができる。この場合においては、当該特定空家等の所有者等は、当該標識の設置を拒み、又は妨げてはならない。

15　第3項の規定による命令については、行政手続法（平成5年法律

第88号）第三章（第12条及び第14条を除く。）の規定は、適用しない。

16　国土交通大臣及び総務大臣は、特定空家等に対する措置に関し、その適切な実施を図るために必要な指針を定めることができる。

17　前各項に定めるもののほか、特定空家等に対する措置に関し必要な事項は、国土交通省令・総務省令で定める。

【解説】

　法第 2 条第 2 項に規定する特定空家等に該当する建築物等は、適切な管理が行われていない結果として、地域住民の生活環境に深刻な影響を及ぼしているものであり、市町村長は、地域住民の生命、身体又は財産を保護するとともに、その生活環境の保全を図るために必要な措置を早急に講ずることが適切である。

　そこで、本条では、行政が周辺の生活環境の保全を図るために何らかの措置を講ずる必要のある特定空家等に対し直接かつ包括的に対処することが可能となるよう、市町村長が特定空家等の所有者等に対して除却、修繕、立木竹の伐採等の措置に係る助言・指導、勧告又は命令ができることとし、加えて、当該所有者等が当該命令を履行しない場合や所有者等を確知できない場合等であっても、要件が明確化された行政代執行の方法により強制執行が可能となることを定めた。

　特定空家等に該当する建築物等については、市町村長は、建築物等の詳細な現状を把握し、周辺の生活環境の保全を図るためにどのような措置が必要となるかについて迅速に検討するため、法第 9 条及び第10条に基づく調査をすることができる。そして、この調査結果等に基づき、市町村長は特定空家等の所有者等に対し、必要な措置を助言・指導、勧告又は命令することができる（法第22条第 1 項～第 3 項）。

　特定空家等の所有者等が、助言・指導又は勧告に従わず、さらに必要な措置について命令まで出されたにもかかわらず、その措置を履行しないとき、履行しても十分でないとき又は履行しても期限までに完了する見込みがないときは、行政代執行法（昭和23年法律第43号）の定めるところに従い、市町村長は本来特定空家等の所有者等が履行すべき措置を代執行することができる（法第22条第 9 項）。

　このほか、本条は、特定空家等の所有者等に対して市町村長が必要な措置を命ずる際に講ずるべき手続（法第22条第 4 項から第 8 項まで及び第13項から第15項まで）、過失がなくて特定空家等の所有者等を市町村長が確知することができない場合における代執行に関する規定

（第10項）や緊急時における代執行に関する規定（第11項）等を定めている。

　なお、本条に基づく措置は、いずれも特定空家等の所有者等にとっては強い公権力の行使を伴う行為を含むものである。このため、国土交通大臣及び総務大臣は、どのような空家等が特定空家等に該当するか否かを判断する際に参考となる基準や市町村長が特定空家等の所有者等に対して必要な措置を助言・指導する段階から最終的には代執行を行うに至る段階までの具体的な手続等について記載した指針（ガイドライン）を、法第22条第16項に基づき定めることとしている。

　各市町村長は、必要に応じてこのガイドラインを参考にしつつ、各地域の実情に応じた特定空家等に関する対策に取り組むことになる。

Q1 特定空家等に関する必要な措置について定めた第1項及び第2項の趣旨は何か。

A

　特定空家等に該当すると認められる建築物等については、市町村長は、報告徴収や立入調査を含む必要な調査（法第9条・第10条）を通じて建築物等の詳細な現状を把握し、周辺の生活環境の保全を図るためにどのような措置が必要となるかについて迅速に検討することが期待される。

　本条において、特定空家等に係る必要な措置について、市町村長が❶助言・指導、❷勧告、❸命令という3ステップの手続を踏むこととしたのは、措置内容が所有者等の財産権を制約する側面もあるため、所有者等による任意の履行を期待して、よりソフトな手段による働きかけである助言・指導からはじめ、勧告を経て命令を行うという慎重な手続をとることとしたためである。

　市町村長は、特定空家等の所有者等に対し、法第9条等による調査の結果得られた情報に基づき、ガイドライン等を参考にしつつ検討を行った上で、当該特定空家等の所有者等に対し、除却、修繕、立木竹の伐採その他周辺の生活環境の保全を図るために必要な措置について、まず助言・指導をすることができる（本条第1項）。

　このように行政指導としての助言又は指導を法律上明確に位置づけることにより、行政が所有者等及び地域住民の理解を得やすくし、かつ、法第22条の特定空家等に対する措置全体のスタートとなることを明確にすることにより、当該手続がスムーズに行われることも期待で

きる。

　次に、第１項に定める助言又は指導を行ったにもかかわらず、なお
当該特定空家等の状態が改善されないと認めるときは、市町村長は、
当該助言又は指導を受けた者（すなわち特定空家等の所有者等）に対
し、相当の猶予期限を付けて、除却、修繕、立木竹の伐採その他周辺
の生活環境の保全を図るために必要な措置をとることを勧告すること
ができる（本条第２項）。

　なお、勧告は、特定空家等の所有者等に対して、必要な措置を講ず
べきことを助言・指導よりも強く促す行政指導であり、本条が予定す
る「助言・指導、勧告、命令」の３ステップの２段階目の措置として
行われ、強制力を有する命令の前段階の手続として規定したものであ
る。

✓ ガイドラインでの関連部分の記載は以下の箇所

- 第１章３．所有者等の特定
- 第４章２．(1)報告徴収及び立入調査（法第９条第２項～第５項）
- 第４章３．特定空家等の所有者等への助言又は指導（法第22条第１
  項）
- 第４章４．特定空家等の所有者等への勧告（法第22条第２項）

Q2 どのような状態の特定空家等について市町村長は全部除却に係る助言若しくは指導、勧告又は命令を行うことができるのか。

A

　法第２条が定義する特定空家等のうち、

---

❶　そのまま放置すれば倒壊等著しく保安上危険となるおそれのあ
　る状態
❷　そのまま放置すれば著しく衛生上有害となるおそれのある状態

に該当するものに対し、市町村長は全部又は一部の除却に係る助言若
しくは指導、勧告又は命令を行うことができる（法第22条第１項カッ
コ書き）。

　例えば、斜面地に立地する当該特定空家等の敷地が大きく崩壊し、

引き続き不安定な状態であり、かつ、その敷地に存する建築物が基礎とともに著しく傾斜した状態であって、倒壊の危険が高い場合でその全体を除却するほかない場合など、建築物を全て解体し、建築物を構成していた建材を現地に残存させることなく撤去するべき合理的な理由がある場合には、当該特定空家等について建築物の全部除却に係る助言若しくは指導、勧告又は命令を行うことができると考えられる。

一方、法第2条が定義する特定空家等のうち、

----

❶　適切な管理が行われていないことにより著しく景観を損なっている状態

❷　その他周辺の生活環境の保全を図るために放置することが不適切である状態

に該当するものについては、市町村長は全部除却に係る助言若しくは指導、勧告又は命令を行うことはできない（法第22条第1項カッコ書き）。この場合、市町村長は、例えば敷地に繁茂している樹木の伐採や朽ちた看板等の除却に係る助言若しくは指導、勧告又は命令を行うことはできる。

なお、市町村長が除却に係る助言若しくは指導、勧告又は命令を行う場合、それが必要かつ合理的な範囲内のものでなければならないことは言うまでもない。

ガイドラインでの関連部分の記載は以下の箇所

● 第2章管理不全空家等及び特定空家等に対する措置を講ずるに際して参考となる事項

Q 3 第1項において、「そのまま放置すれば倒壊等著しく保安上危険となるおそれのある状態又は著しく衛生上有害となるおそれのある状態にない特定空家等」については、建築物の全部除却ができないとされているのはなぜか。

A

　「そのまま放置すれば倒壊等著しく保安上危険となるおそれのある状態又は著しく衛生上有害となるおそれのある状態にない特定空家

140

等」とは、法第 2 条が定義する特定空家等のうち、それらの状態を除いた状態、すなわち

---

❶ 適切な管理が行われていないことにより著しく景観を損なっている状態
❷ その他周辺の生活環境の保全を図るために放置することが不適切である状態

のいずれかにある特定空家等を指している。

　上記❶❷の特定空家等については、その状態が著しく保安上危険な、又は著しく衛生上有害な場合に比べて、建築物の全部除却によらなければ周辺の生活環境への悪影響を除却するという目的を達成することができない場合が想定し難いことから、憲法第29条に基づく財産権の保障という観点から、「除却」という最も強力な措置は必要性又は合理性を欠くと考えられるため、「除却」することはできないこととした。

　なお、ここでいう「除却」とは、建築物等の「全部除却」を意味しており、当該建築物等の機能を損なわない「一部分の除却」（例：著しく朽廃・汚損した木塀等の除却）は、ここでの「除却」に該当せず、1 の❶❷の状態を解消するために当該市町村長の判断で当該特定空家等の「一部分の除却」に係る助言若しくは指導、勧告又は命令を行うことは可能である。

ガイドラインでの関連部分の記載は以下の箇所

● 第 4 章 3．(1)ロ　助言又は指導の趣旨及び内容

Q 4　第 1 項及び第 2 項の「その他周辺の生活環境の保全を図るために必要な措置」とは具体的にはどのようなものか。

A

　ここでいう「必要な措置」とは、例えば特定空家等の敷地内に棲みついた動物の駆除等や、そのふん尿、ゴミ等の除去などを想定しているが、特定空家等がその周辺の生活環境に与える悪影響のすべてに対応する措置を法文上明記することは困難であるため、このような書き振りとしている。

141

Q 5 第2項及び第3項の「相当の猶予期限」とはどの
程度の期間を想定しているか。

A

　「相当の猶予期限」とは、社会通念上又は客観的にみて合理的な期間をいう。具体的な期間の長さは、対象となる特定空家等の規模や市町村長による措置の内容によって異なるが、勧告又は命令の相手方がその個別具体の状況に応じ、当該措置内容を自ら行い、又は第三者に行わしめることにより、その周辺の生活環境等への悪影響の除去を行うのに通常要すると思われる期間が想定される。なお、おおよそのところは、物件を整理するための期間や工事の施行に要する期間を合計したものが標準となると考えられる。

　例えば、建築基準法（昭和25年法律第201号）に基づく是正措置命令の猶予期限について、木造住宅の全部除却命令について31日としたものや、木造住宅の一部除却等命令について138日としたものがある。また、都市計画法に基づく除却命令の相当の期限について、鉄骨1階建ての倉庫（いわゆるコンテナ）3棟の全部除却命令について43日としたものや、鉄骨2階建ての事務所・工場の全部除却命令について112日としたものがある。

ガイドラインでの関連部分の記載は以下の箇所

● 第4章4．(1)イ　相当の猶予期限
● 第4章5．ハ　相当の猶予期限

142

Q6 第3項の趣旨は何か。

A

　法第22条第3項が定める命令は、同条第2項に基づく勧告を受けたにもかかわらず、正当な理由がなくてその勧告に係る措置をとらなかった特定空家等の所有者等に対し、相当の猶予期限を付して、その勧告に係る措置をとることを命じることにより、当該特定空家等の周辺の生活環境等への悪影響を除去又は軽減しようとするものである。

　この命令は行政処分であり、命令の相手方である特定空家等の所有者等に対して法的拘束力を持ち、当該所有者等がその命令に違反した場合には、50万円以下の過料に処せられることとなる（法第30条第1項）。

　それでもなお、当該命令を受けた者（すなわち特定空家等の所有者等）がその措置を履行しないとき、履行しても十分でないとき又は履行しても命令の際に付された相当の猶予期限までに完了する見込みがないときは、法第22条第9項に基づき、市町村長は当該措置の行政代執行手続をとることができる。

✓ ガイドラインでの関連部分の記載は以下の箇所

● 第4章5．特定空家等の所有者等への命令（法第22条第3項〜第8項）

Q7 除却される特定空家等に抵当権や賃借権などが付いている場合、その権利者の利益はどのように配慮されるか。

A

　法第22条第3項に基づく命令は、当該特定空家等が、そのまま放置すれば倒壊等著しく保安上危険となるおそれがあるかどうか、周辺の生活環境に悪影響を生じさせているかどうかなど、その特定空家等の建築物としての客観的危険性等に着目してなされる行政処分である。

　したがって、命令の対象となる特定空家等に抵当権や賃借権が設定されていた場合であっても、市町村長が命令を行うにあたって当該抵当権者や賃借権設定者等関係する権利者と必ずしも調整を行わなければならないわけではないと考える。

なお、特定空家等と認められた当該建築物が、現に著しく保安上危険なものであることなどを理由に除却が命令された場合は、当該建築物の財産的価値については、公共の福祉との関係では、除却を必要とする限度で法律上の保護が与えられないこととなるが（Q10参照）、特定空家等の所有者等と当該特定空家等に抵当権や賃借権を設定している権利者との間の法律関係は、両者の民事上の処理に委ねることとなる。

ガイドラインでの関連部分の記載は以下の箇所

● 第4章2．(3)特定空家等に関係する権利者との調整

Q8 第3項の「正当な理由」とはどのようなものか。所有者等の経済的事情から、命令の内容を履行するために必要な金銭がないことは「正当な理由」となるか。

A

　ここでいう「正当な理由」とは、例えば

❶　建築物が法第2条第2項の要件に該当した結果として特定空家等であると認められた場合で、かつ、当該建築物の所有者とその土地の所有者とが異なる場合に、特定空家等に対する必要な措置を当該建築物所有者と当該土地所有者との両者に勧告したものの、当該土地所有者より、自らには当該建築物に対して必要な措置を講ずる権原がない旨の抗弁があった場合

❷　特定空家等に対して必要な措置を講ずべき旨の勧告を講じた後、自然災害等が発生したため、当該特定空家等が滅失し、そもそも必要な措置を講ずる必要がなくなってしまった場合

等を想定している。

　したがって、単に措置内容を行うために必要な金銭がないこと等の経済的理由は「正当な理由」とはならないと考える。

ガイドラインでの関連部分の記載は以下の箇所

● 第4章5．イ　正当な理由

Q9 第3項に基づき除却のような強い措置を命ずることは憲法上問題ではないか。

A

除却命令は、本来、所有者等が自らの財産として建築物等を自由に処分・管理してよいところを、市町村長が公益上の必要性を理由にその所有者等の権利を制限するものであり、憲法第29条に基づく財産権の保障との関係が問題となる。

除却命令のような強い措置が憲法上許容されるためには、特定空家等に対する除却命令が憲法第29条第2項の「公共の福祉」に適合する財産権に対する規制として是認される必要がある。そのためには、規制目的が正当であり、また規制手段が当該規制目的を達成するための手段として必要性及び合理性を有している必要がある。

この点、特定空家等に対する除却命令により、地域住民の生命、身体又は財産を保護するとともに、周辺の生活環境の保全を図るという規制目的は、正当性を有すると言える。

また、除却命令は、地域住民に対する危険の除去を担保する手段として、規制目的を達成するために不可欠である。

さらに、

❶ 全部除却の命令は、そのまま放置すれば倒壊等著しく保安上危険となるおそれのある状態又は著しく衛生上有害となるおそれのある状態にある特定空家等に限られること

❷ 命ぜられる除却の範囲は、当該危険、周辺に対する悪影響等を排除できる範囲で相手方の負担がなるべく小さくなるよう、比例原則に従い、特定空家等の具体的な現状を考慮して判断されること

等から、除却命令は規制目的を達成するために必要な限度において行われることとなる。

以上のとおり、除却命令は、それによる規制目的は正当であり、また当該規制目的を達成するための手段として必要性及び合理性を有するといえることから、憲法第29条第2項の「公共の福祉」に適合する財産権に対する規制として是認されるものと考えられる。

Q 10 第３項に基づく命令を行うにあたって必要となる、第４項から第８項までの手続の内容は何か。

A

　法第22条第３項に基づく命令は、不利益処分の性質を持つ行政処分であり、法第22条第４項から第８項までの規定は、命令をすることについて相手方に反論・防御の機会等の手続的保障を与えるために設けられたものである。

　命令を行うにあたっては、市町村長は、あらかじめ、その措置を命じようとする者（すなわち特定空家等の所有者等）に対し、その命じようとする措置及びその事由並びに意見書の提出先及び提出期限を記載した通知書を交付しなければならない（第４項）。また、この通知書の交付を受けた者は、その交付を受けた日から５日以内に、市町村長に対し、意見書の提出に代えて公開による意見の聴取を行うことを請求することができることとなる（第５項）。

　これにより、特定空家等の所有者等は、市町村長とのやりとりを通じて、また関係者にもそれを公開することにより、法第22条第３項の命令の背景や経緯を明らかにし、自らの防御の機会を十全に確保することができる。なお、第５項の期間内に意見聴取の請求がない場合は、同項の期間経過後、ただちに本条第３項の命令をすることができる。一方、第５項の期間内に意見聴取の請求があった場合においては、市町村長は、第３項に基づく命令の相手方又はその代理人の出頭を求めて、公開による意見の聴取を行わなければならず（第６項）、またそれらの者は、意見の聴取に際して、証人を出席させ、かつ、自己に有利な証拠を提出することができる（第８項）。

　このような手続的保障は、法第22条第３項に基づく命令が作為義務命令であるため、行政手続法（平成５年法律第88号）によれば、聴聞又は弁明の機会を付与すべき処分とされているところ（同法第13条第１項第１号ニ及び第２号）、特定空家等に対する措置の場合、その除却命令など所有者等の財産権に重大な不利益をもたらすものであるため、より手厚い手続的保障を付与する一方、その処分の性質上早期に処分を行う必要性もあることから、それらを総合考慮して、行政手続法の特例手続を定めることとしたものである（法第22条第15項参照）。なお、同様の手続的保障規定は、例えば建築基準法（昭和25年法律第201号）第９条第２項から第６項までに規定されている。

ただし、特定空家等の所有者等は、当該特定空家等の所在地から遠く離れたところに居住している場合が多いことも想定されるため、公開による意見聴取手続の請求期間（第５項）については、建築基準法の同種規定（「３日以内」。同法第９条第３項。）より２日間多い「５日以内」とし、同様に意見聴取期日等の通知期限（第７項）についても、建築基準法の同種規定（「２日前まで」。同法第９条第５項。）より１日多い「３日前まで」としている。

ガイドラインでの関連部分の記載は以下の箇所

● 第４章５．特定空家等の所有者等への命令（法第22条第３項〜第８項）

Q11 第９項において、要件の明確化された行政代執行を規定している趣旨は何か。

A

法第22条第９項は、行政代執行の要件を定めた行政代執行法第２条の特則を定めたものであり、市町村長は、法第22条第３項の規定により必要な措置を命じた場合において、その措置を命ぜられた者がその措置を履行しないとき、履行しても十分でないとき又は履行しても同項の期限までに完了する見込みがないときは、行政代執行法の定めるところに従い、自ら義務者のなすべき行為をし、又は第三者をしてこれをさせる（すなわち行政代執行をする）ことができることを定めたものである。

すなわち、行政代執行法第２条においては、「他の手段によつてその履行を確保することが困難であり」（補充性の要件）、かつ、「その不履行を放置することが著しく公益に反すると認められるとき」（公益性の要件）に該当するか否かを判断して代執行をすべきところ、特定空家等で市町村長が法第22条第３項に基づき除却等の措置を命じた場合においては、同条第９項に定める要件さえ満たせば、代執行ができることとした。

これは、特定空家等が、そのまま放置すれば倒壊等著しく保安上危険となるおそれのある場合等に、周辺の生活環境の保全を図るため助言又は指導及び勧告を経て命令を行うまでの過程で、行政代執行法第２条に定める補充性・公益性の要件については、市町村長が十分検討

147

した上で判断しており、また命ぜられた措置が履行されないときは、それ自体著しく公益に反する状況といえることから、改めて行政代執行法第2条の要件に該当するか否かを判断するまでもなく、市町村長が迅速機宜に行政代執行ができるよう明文で規定したものである。

　なお、実際の代執行手続など、上記の行政代執行の要件以外の部分については、すべて行政代執行法の定めるところによるが、その具体的な手続についてはガイドラインに示されている（ガイドライン第4章「6．特定空家等に係る代執行」）。

Q12 第10項において、特定空家等の所有者等が確知できない場合の代執行を規定している趣旨は何か。

A

　法第22条第10項は、同条第3項に基づき特定空家等の除却等の命令を行おうとする場合において、過失がなくてその措置を命ぜられるべき者を確知することができないとき、また過失がなくて同条第1項の助言若しくは指導又は同条第2項の勧告が行われるべき者を確知することができないため、同条第3項に定める手続により命令を行うことができない場合に適用可能となる代執行（略式代執行）を定めた規定である。

　法第22条第3項の命令の相手方（すなわち特定空家等の所有者等）の氏名や所在が不明である場合、当該命令を出すことができず、その結果として所有者等の迅速な対応を期待できないばかりか、市町村長による行政代執行までできないこととなると、特定空家等がその周辺

の生活環境にもたらす悪影響を放置することとなってしまう。

　これは、法第22条第１項の助言又は指導や同条第２項の勧告が同様の理由で行うことができないため、同条第３項の命令を行うことができない場合も同様である。

　そこで、市町村長が法第22条第３項の命令を行おうとする場合において、過失がなくて特定空家等の所有者等を確知することができないときにおいても、相当の期限を定めて、命じた措置を行うべき旨及びその期限までにその措置を行わないときは、市町村長又はその命じた者若しくは委任した者がその措置を行うべき旨を公告した上で、当該命令に係る措置を代執行することができるようにしたものである。

✓ ガイドラインでの関連部分の記載は以下の箇所

● 第４章７．過失なく措置を命ぜられるべき者を確知することができない場合（法第22条第10項）

> **Q13** 第10項において、第３項の規定により必要な措置を命じようとする場合において、「過失がなくて」その措置を命ぜられるべき者を「確知することができない」とはどういう場合か。

A

　「過失がなくて」とは、市町村長がその職務において通常要求される注意義務を履行していることを意味している。具体的には特定空家等の所有者等及びその所在につき、市町村が法第10条に基づき例えば住民票情報、戸籍謄本等、不動産登記簿情報、固定資産課税情報などを利用し、法第９条に基づく調査を尽くした場合を想定している。

　また、第３項に基づく措置を命ぜられるべき者を「確知することができない」とは、当該措置を命ぜられるべき者の氏名及び所在をともに知り得ない場合や、氏名のみ知ることができてもその所在（や連絡先）を知り得ないような場合を想定している。

✓ ガイドラインでの関連部分の記載は以下の箇所

● 第１章３．所有者等の特定
● 第４章７．⑴「過失がなくて」「確知することができない」場合

Q14　第10項の「公告」はどのような形で行われるのか。

A

　第10項の「公告」の方法としては、市町村の掲示板に掲示し、かつ、その掲示があったことを官報に少なくとも1回掲載することを原則とするが、相当と認められるときは、官報への掲載に代えて、当該市町村の「広報」・「公報」等に掲載することをもって足りるものと解される。

✓ ガイドラインでの関連部分の記載は以下の箇所

● 第4章7．⑵事前の公告（法第22条第10項）

Q15　第11項において、災害その他非常の場合における代執行を規定している趣旨は何か。

A

　法第22条第11項は、災害その他非常の場合において、特定空家等が保安上著しく危険な状態にある等当該特定空家等に関し緊急に除却等の必要な措置をとる必要がある場合において、当該措置を命ずるいとまがないときは、命令（同条第3項）や意見書の提出（同条第4項）等の手続を経ずに、代執行（緊急代執行）をすることができることを定めた規定である。

　特定空家等に対する代執行については、法第22条第3項から第8項までの規定に基づき、命令やそれに付随する手続を経て行うことが原則であるが、これは平時の場合を前提としている。

　一方で、災害の発生時をはじめとして、特定空家等がすぐにでも地域住民の生命、身体又は財産に危害を与えるおそれがあり、それを保護することが緊急に必要な場合においては、迅速に対応することが必要である。

　そこで、このような緊急時には、市町村長が、命令等の一定の手続きを経ることなく代執行を行うことができるようにした。

✓ ガイドラインでの関連部分の記載は以下の箇所

● 第4章8．災害その他非常の場合（法第22条第11項）

Q16 第11項において、「災害その他非常の場合」とはどのような場合か。

A

「災害その他非常の場合」とは、

❶ 災害が発生しようとしている時、災害により特定空家等の屋根が飛散するおそれがあり、緊急に修繕する必要があるとき
❷ 災害の発生後、特定空家等の柱や外壁等が大きく破損し、その倒壊等の危険性が見込まれるため、緊急に除却等を行い安全を確保する必要があるとき
❸ 災害発生の有無を問わず、特定空家等の傾き等が著しく、緊急に除却等を行い安全を確保する必要があるとき

等が想定される。具体的には、特定空家等が通学路等に倒壊するおそれがある場合など、公益性の観点から特定空家等に対する緊急の措置が必要となる非常の場合を広く想定している。また、災害時とは、台風等の災害が発生している最中だけでなく、災害発生前（台風等の災害の到来が予見されるとき）や、災害後、特定空家等の状態が著しく危険な状態になったときも対象となる。

通常の代執行と緊急代執行の手続イメージ

［通常の代執行］ 指導・助言・勧告 ➡ 命 令 等 ──相当の猶予→ 代 執 行

［緊急代執行］ 指導・助言・勧告 ➡ 命 令 等 ⇢ 代 執 行

【緊急時には不要】

［※命令等］…命令のほか、命令に付随する意見書の提出、公開の意見聴取等が不要になるが、命令前の指導・助言や勧告は必要。

〔出典〕 国土交通省 HP 資料（空家等対策の推進に関する特別措置法の一部を改正する法律（令和5年法律第50号）について）より作成

◣ ガイドラインでの関連部分の記載は以下の箇所

- 第4章8．(1)「災害その他非常の場合において、〜緊急に〜必要な措置をとる必要があると認めるときで」「〜命ずるいとまがないとき」

Q17 第11項に基づく緊急時の代執行において省略できる手続きは何か。

A

　本項に基づく緊急時の代執行は、「第3項から第8項までの規定により当該措置をとることを命ずるいとまがないとき」に、「これらの規定にかかわらず」行うことができるものである。このことから、具体的には、命令（第3項）、命令前の意見書の提出（第4項）、公開の意見聴取（第5項から第8項まで）の手続を省略することができる。また、災害等の緊急時を想定しているため、行政代執行法第3条第3項に基づき、行政代執行前の戒告等の手続も省略することが可能であると考えられる。このほかにも、勧告後、命令までの相当の猶予期限を考慮する必要や、命令後、代執行を行うまでの相当の猶予期限を考慮する必要もない。

　一方で、本項に基づき緊急時の代執行を行う場合でも、第1項に基づく助言又は指導及び第2項に基づく勧告は行っていることが必要となる（勧告まで行われた特定空家等が対象となる）。これは、勧告が行われていなければ、特定空家等の所有者等は、義務の履行が強制される可能性を具体的に予見できないためである。

　なお、本項の規定は、改正法施行前に行った勧告については適用されない。改正法施行後に勧告を受けた特定空家等が緊急代執行の対象となる（改正法附則第2条第3項）。

◣ ガイドラインでの関連部分の記載は以下の箇所

- 第4章8．(1)「災害その他非常の場合において、〜緊急に〜必要な措置をとる必要があると認めるときで」「〜命ずるいとまがないとき」
- 第4章8．(2)「これらの規定にかかわらず」

152

Q18　第9項から第11項の規定に基づく代執行に係る費用はどのように徴収するか。

A

　法第22条第3項の命令に係る措置は、本来、同項の命令を受けた当該特定空家等の所有者等の負担で行い、当該所有者等から費用を徴収すべきであることから、そのことを同条第9項から第12項まで明示している。

　法第22条第9項に定める代執行は「行政代執行法の定めるところに従い」行われることから、その費用は、国税滞納処分の例によって特定空家等の所有者等から徴収することとなる（行政代執行法第6条）。

　すなわち、代執行の際に実際に要した費用の額及びその納期日を定めて、義務者に対して文書をもって納付を命じ（同法第5条）、義務者が当該費用を納付しない場合には、国税滞納処分の例※により費用徴収を行うこととなる（同法第6条）。

　また、法第22条第10項及び11項に基づく代執行の場合についても、第12項の規定により、行政代執行法第5条及び第6条の規定が準用されるため、第9項に基づく代執行と同様に費用徴収を行うこととなる。

　なお、改正法施行前に、改正前の法第14条第10項後段の規定に基づき行われた公告に係る代執行については、改正後の法第12項の規定は適用されず（改正法附則第2条第2項）、市町村は、代執行の対象となった特定空家等の所有者等が費用を支払わない場合、民事訴訟を提起し、裁判所による給付判決を債務名義として民事執行法に基づく強制執行（司法的執行）に訴える必要がある（地方自治法施行令（昭和22年政令第16号）第171条の2第3号参照）。

....

※　納税の告知（国税通則法第36条第1項）→督促（同法第37条第1項）→財産の差押え（国税徴収法第47条以下）→差押財産の公売等による換価（同法第89条以下、第94条以下）→換価代金の配当（同法第128条以下）

■ 改正法により措置された代執行時の費用徴収の円滑化

● 代執行費用の徴収の円滑化

<改正前>
- 通常の代執行の場合には、行政代執行法の定めるところにより、所有者から、代執行費用の強制的な徴収が可能。
- 他方、略式代執行（所有者不明時の代執行）の場合は、代執行後に所有者が判明した場合、裁判所の確定判決を得ないと費用徴収できない。

<改正後>
- 略式代執行時や緊急代執行時においても、行政代執行法に定める国税滞納処分の例により、強制的な費用徴収を可能に。

（国税滞納処分の例）

納税の告知（国税通則法§36①）

督促（同法§37①）

財産の差押え（国税徴収法§47〜）

差押財産の公売等により換価（同法§89〜）

〔出典〕 国土交通省 HP 資料より作成

▶ 参考条文

○行政代執行法（昭和23年法律第43号）（抄）

（費用の徴収）

第5条 代執行に要した費用の徴収については、実際に要した費用の額及びその納期日を定め、義務者に対し、文書をもつてその納付を命じなければならない。

第6条 代執行に要した費用は、国税滞納処分の例により、これを徴収することができる。

2 代執行に要した費用については、行政庁は、国税及び地方税に次ぐ順位の先取特権を有する。

3 代執行に要した費用を徴収したときは、その徴収金は、事務費の所属に従い、国庫又は地方公共団体の経済の収入となる。

☑ ガイドラインでの関連部分の記載は以下の箇所

- 第4章6．(6)費用の徴収（行政代執行法第5条・第6条）
- 第4章7．(4)費用の徴収
- 第4章8．(3)費用の徴収

Q19 第9項から第11項の規定に基づき特定空家等の除却を行った場合、その滅失登記はどのような手続で行われるのか。

A

　不動産登記法（平成16年法律第123号）第57条にいう「滅失の登記」における「滅失」には、倒壊等のほか代執行による除却も含まれるので、建物の滅失登記を行うこととなる。

　建物の滅失登記は、権利に関する登記ではなく表示に関する登記であり、不動産登記法第57条により登記名義人に登記申請義務があるほか、同法第28条により登記官の職権による登記も可能である。

　以上を踏まえれば、法第22条第9項から第11項の規定に基づき特定空家等の除却の代執行が行われた場合においても、不動産登記法第57条により登記申請義務のある登記名義人（すなわち特定空家等の所有者等）の申請により滅失登記がなされるのが原則である。

　ただし、過失がなくて除却命令の相手方を確知できず、法第22条第10項の規定により当該除却命令の代執行を行った場合、当該登記名義人（すなわち特定空家等の所有者等）はこの除却の事実を知らず、したがって滅失登記の申請を通常できないと考えられる。このような場合は、登記官が当該除却の事実を知ることがあれば、職権で滅失登記を行うこととなるが、市町村の職員が登記官に当該除却の事実を知らせ、職権発動を促すことも考えられる。

▶ 参考条文

○不動産登記法（平成16年法律第123号）（抄）
　（職権による表示に関する登記）
第28条　表示に関する登記は、登記官が、職権ですることができる。

　（建物の滅失の登記の申請）
第57条　建物が滅失したときは、表題部所有者又は所有権の登記名義人（共用部分である旨の登記又は団地共用部分である旨の登記がある建物の場合にあっては、所有者）は、その滅失の日から1月以内に、当該建物の滅失の登記を申請しなければならない。

行政代執行を行う場合の戒告又は代執行令書の通知に対して審査請求をしようとする者は、法では誰に対して審査請求（行政不服審査法）を行うことになるか。

A

　法第22条に基づく特定空家等に対する措置は自治事務であり、同条に基づく処分を行う市町村長は、当該事務の遂行に関する行政機関としては、これ以上の上級行政庁を有しない。したがって、行政不服審査法（平成26年法律第68号）第4条第1号に基づき、当該市町村長に対して審査請求を行うこととなる。

▶ **参考条文**

○行政不服審査法（平成26年法律第68号）（抄）
　（審査請求をすべき行政庁）
第4条　審査請求は、法律（条例に基づく処分については、条例）に特別の定めがある場合を除くほか、次の各号に掲げる場合の区分に応じ、当該各号に定める行政庁に対してするものとする。
　一　処分庁等（処分をした行政庁（以下「処分庁」という。）又は不作為に係る行政庁（以下「不作為庁」という。）をいう。以下同じ。）に上級行政庁がない場合又は処分庁等が主任の大臣若しくは宮内庁長官若しくは内閣府設置法（平成11年法律第89号）第49条第1項若しくは第2項若しくは国家行政組織法（昭和23年法律第120号）第3条第2項に規定する庁の長である場合　当該処分庁等
　二～四　（略）

Q21 第13項において、市町村長が第3項による命令をした場合において標識の設置等によりその旨を公示しなければならないとする理由は何か。

A

　法第22条第13項は、市町村長が、同条第3項による命令をした場合において、「標識の設置その他国土交通省令・総務省令で定める方法」によってその旨を公示することにより、特定空家等の所有者等以外の

第三者に不測の損害を与えることを未然に防止しようとする規定である。この第三者の範囲については、付近の住民や一般通行者、特定空家等の不動産取引における善意の第三者などが想定される。なお、本項に基づく「標識の設置」は必須であり、それに加えて「国土交通省令・総務省令で定める方法」を用いることも可能であるが、この「国土交通省令・総務省令で定める方法」とは、具体的には「市町村の公報への掲載、インターネットの利用その他の適切な方法」であり、命令を行う市町村長の裁量により、様々な公告方法が考えられる。

✍ ガイドラインでの関連部分の記載は以下の箇所

● 第4章5．(5)標識の設置その他国土交通省令・総務省令で定める方法による公示（法第22条第13項・第14項）

> **Q22** 第14項において、市町村長による命令の対象とされた特定空家等に設置することができる標識について定めている趣旨は何か。

A

　法第22条第14項は、市町村長による同条第13項の標識は、当該市町村長による命令の対象とされた特定空家等に設置することができることとし、当該特定空家等の所有者等はこれを受忍しなければならないこととした。これは、標識の設置によって特定空家等の所有者等が損失を被ったとしても、当該所有者等に対してそれを賠償する必要がないことを意味するものである。

　もちろん、これは標識の設置のために社会通念上相当と認められる範囲に限られ、必要以上に特定空家等に損傷を与えてよいことを意味するものではない。

✍ ガイドラインでの関連部分の記載は以下の箇所

● 第4章5．(5)標識の設置その他国土交通省令・総務省令で定める方法による公示（法第22条第13項・第14項）

Q23 第15項において、第３項に基づく命令に行政手続法第３章の規定を適用しないこととしている趣旨は何か。

A

　法第22条第３項に基づく命令は、特定空家等の所有者等に除却等の一定の作為を義務付ける行政処分である。

　行政手続法によれば、一般に作為義務を課す処分については、聴聞又は弁明の機会を付与すべき処分とされているところ（同法第13条第１項第１号ニ又は第２号）、特定空家等に対する措置の場合、その除却命令など所有者等の財産権に重大な不利益をもたらすものであるため、より手厚い手続的保障を付与する一方、早期に処分をする必要性もあることから、本条第４項から第８項までに定めるような行政手続法の特例手続を定めたものである。

　このように、行政手続法が定める手続とは別の固有の手続を採用することとしたため、不利益処分の手続について定めた行政手続法第３章の適用は基本的に不要となり、同法第12条（処分の基準）及び第14条（不利益処分の理由の提示）を除いて同法を適用しない旨規定した。

　なお、建築基準法第９条もほぼ同様の趣旨で行政手続法の適用除外規定を置いている（同条第15項）。

▶ 参考条文

○行政手続法（平成５年法律第88号）（抄）
　（処分の基準）
第12条　行政庁は、処分基準を定め、かつ、これを公にしておくよう努めなければならない。
２　行政庁は、処分基準を定めるに当たっては、不利益処分の性質に照らしてできる限り具体的なものとしなければならない。

　（不利益処分の理由の提示）
第14条　行政庁は、不利益処分をする場合には、その名あて人に対し、同時に、当該不利益処分の理由を示さなければならない。ただし、当該理由を示さないで処分をすべき差し迫った必要がある場合は、この限りでない。
２　行政庁は、前項ただし書の場合においては、当該名あて人の所

在が判明しなくなったときその他処分後において理由を示すことが困難な事情があるときを除き、処分後相当の期間内に、同項の理由を示さなければならない。

3　不利益処分を書面でするときは、前二項の理由は、書面により示さなければならない。。

○建築基準法（昭和25年法律第201号）（抄）
（違反建築物に対する措置）

第9条　（略）

2〜14　（略）

15　第1項、第7項又は第10項の規定による命令については、行政手続法（平成5年法律第88号）第三章（第12条及び第14条を除く。）の規定は、適用しない。

ガイドラインでの関連部分の記載は以下の箇所

● 第4章5．へ　法における特例手続

Q24 第17項において、特定空家等に対する措置に関し必要な事項として国土交通省令・総務省令で定めることが想定されるものは何か。

A

市町村長が、法第22条に基づく特定空家等に対する措置を講ずるにあたって必要となる法的手続については、同条内に全て示されており、現時点ではさらに法に規定すべき内容はないと考えられる。なお、法第22条に基づく手続の詳細については、ガイドラインにおいて示されている。

法第22条第17項に基づく「国土交通省令・総務省令」は、何らかの事情により法第22条の手続に追加すべき手続が想定された場合、法改正を行わなくとも必要な手続の追加を迅速に行うことができるように措置されたものであるが、現時点では同省令において規定すべき手続はないと考えられる。

第23条～第25条関係（空家等管理活用支援法人の指定や監督等）

●空家等管理活用支援法人の指定●

第23条 市町村長は、特定非営利活動促進法（平成10年法律第7号）第2条第2項に規定する特定非営利活動法人、一般社団法人若しくは一般財団法人又は空家等の管理若しくは活用を図る活動を行うことを目的とする会社であって、次条各号に掲げる業務を適正かつ確実に行うことができると認められるものを、その申請により、空家等管理活用支援法人（以下「支援法人」という。）として指定することができる。

2 市町村長は、前項の規定による指定をしたときは、当該支援法人の名称又は商号、住所及び事務所又は営業所の所在地を公示しなければならない。

3 支援法人は、その名称若しくは商号、住所又は事務所若しくは営業所の所在地を変更するときは、あらかじめ、その旨を市町村長に届け出なければならない。

4 市町村長は、前項の規定による届出があったときは、当該届出に係る事項を公示しなければならない。

●支援法人の業務●

第24条 支援法人は、次に掲げる業務を行うものとする。

　一　空家等の所有者等その他空家等の管理又は活用を行おうとする者に対し、当該空家等の管理又は活用の方法に関する情報の提供又は相談その他の当該空家等の適切な管理又はその活用を図るために必要な援助を行うこと。

　二　委託に基づき、定期的な空家等の状態の確認、空家等の活用のために行う改修その他の空家等の管理又は活用のため必要な事業又は事務を行うこと。

　三　委託に基づき、空家等の所有者等の探索を行うこと。

　四　空家等の管理又は活用に関する調査研究を行うこと。

　五　空家等の管理又は活用に関する普及啓発を行うこと。

　六　前各号に掲げるもののほか、空家等の管理又は活用を図るために必要な事業又は事務を行うこと。

第25条 市町村長は、前条各号に掲げる業務の適正かつ確実な実施を確保するため必要があると認めるときは、支援法人に対し、その業務に関し報告をさせることができる。

2　市町村長は、支援法人が前条各号に掲げる業務を適正かつ確実に実施していないと認めるときは、支援法人に対し、その業務の運営の改善に関し必要な措置を講ずべきことを命ずることができる。

3　市町村長は、支援法人が前項の規定による命令に違反したときは、第23条第1項の規定による指定を取り消すことができる。

4　市町村長は、前項の規定により指定を取り消したときは、その旨を公示しなければならない。

【解説】

（総論）

　空家等の適切な管理を確保したり、その活用を拡大していくためには、所有者等による自発的・主体的な行動が最も重要である。他方、所有者等の中には、空家等の管理や活用に対する意識が十分でない者や、その意識はあってもどのように行動して良いのかが分からない者もいる。また、地域の実情に応じて空家等対策を進める市町村が、そのような所有者等に対する働きかけや相談対応等を行うことができれば良いが、市町村では人的資源やノウハウにも限界がある。このような働きかけや相談対応等は、すでに民間の法人でも取組が進められているところ、こうした民間法人と連携して空家等対策を進めることが有効である。

　本章は、市町村長がこうした法人を指定することで、公的な位置付けを与え、空家等対策に取り組む市町村の補完的な役割を果たすことを期待した「空家等管理活用支援法人」に関する規定である。

■ 空家等管理活用支援法人のイメージ

市区町村長

指定・監督

空家所有者に関する情報の提供
※所有者の同意が必要

空家の財産管理人の選任請求や、空家等対策計画の策定等に係る提案が可能

空家等管理活用支援法人

業務実施

<支援法人が行う業務(例)>
- 所有者・活用希望者への情報の提供や相談
- 所有者からの委託に基づく空家の活用や管理
- 市区町村からの委託に基づく所有者の探索
- 空家の活用又は管理に関する普及啓発等

空家の所有者・活用希望者

指定対象となり得る法人の取組例

●事例1:所有者の相談に応じ、空家の活用を行っている例
- 空家の所有者と活用希望者をマッチングして、空家活用を推進。
- 多様な分野の行政・民間主体と連携して、空家活用を含むまちづくりの協議会を開催。

築50年以上の空家をシェアハウスにした例

●事例2:所有者の相談に応じ、空家の管理等を行っている例
- 自治体と協定を締結し、空家所有者・活用希望者の相談窓口を設置。
- 所有者から委託を受けて空家の定期的な見回り等を実施。

見回り時の目視点検の様子

- 司法書士等の専門家や不動産事業者等と連携して所有者の相談に対応し、必要に応じて、不動産事業者等を紹介。

〔出典〕 国土交通省 HP 資料（空家等対策の推進に関する特別措置法の一部を改正する法律（令和 5 年法律第50号）について）より作成

<第23条関係：支援法人の指定>

　市町村長は、特定非営利活動法人、一般社団法人若しくは一般財団法人又は空家等の管理若しくは活用を図る活動を行うことを目的とする会社のうち、法第24条に掲げる業務を適正かつ確実に行うことができると認められるものを空家等管理活用支援法人（支援法人）として指定することができる（法第23条第1項）。

　このうち、「空家等の管理又は活用を図る活動を行うことを目的とする会社」とは、会社法（平成17年法律第86号）第2条第1号に規定する会社（株式会社、合名会社、合資会社又は合同会社）であって、単に法人の業務において空家等の管理や活用を扱っているというだけでなく、空家等の管理又は活動を行うことが目的とされているものを指す。なお、一般社団法人や一般財団法人の中には、無論、公益社団法人や公益財団法人も含まれる。

　例えば、国土交通省が作成した「空家等管理活用支援法人の指定等の手引き」では、以下のような法人が支援法人として活動することが

162

期待されるとされている。また、既存の法人が連携体制を構築して、支援法人となるための新たな団体を組織することも考えられる。

・所有者等の依頼に応じて空家等の活用等に関する業務を行う地域の専門家（建築士、宅地建物取引業、不動産鑑定士等）の団体
・相続・登記などの法務その他の専門家（弁護士、司法書士、行政書士、土地家屋調査士、社会福祉士等）による団体
・空家等の活用等に密接に関連するまちづくり、地域活性化、移住・定住等を目的とする事業に取り組む法人
・定期的に家屋を訪問する業務と併せて、所有者等の依頼に応じて空家等の管理を行う法人
・これらの専門家等により構成され、又はこれらの専門家等との連携体制を構築し、ワンストップで空家等の管理・活用に取り組む法人

　業務を適正かつ確実に行うことができるかの審査の基準は市町村において定めるものであるが、例えば法人の業務体制や経済基盤等を考慮して審査することが考えられる。
　市町村長は、支援法人の指定をした場合には、当該支援法人の名称又は商号、住所及び事務所又は営業所の所在地を公示しなければならない（法第23条第2項）。公示の方法は法令に特段の定めはないが、幅広く住民や空家等の所有者等に幅広く周知する必要があるから、公報やウェブサイトへの掲載が望ましい。これは、支援法人の名称等の変更の届出があった場合も同様である（同条第4項）。

＜第24条関係：支援法人の業務＞
　支援法人は、法第24条各号に掲げる業務として、空家等の所有者等の相談にのることや、これらの者の委託に基づき実際に管理や活用を行うこと、また、市町村からの委託を受けて所有者等の探索等を行うことが期待される。市町村のニーズに応じて、一部の業務のみ実施するものも指定の対象にすることもできる。

＜第25条関係：市町村による支援法人の監督＞
　市町村長は、必要に応じて、その業務に関し支援法人に報告させることができる（法第25条第1項）。例えば、定期的な報告として、事業年度の開始・終了時期に、その事業年度の事業計画書・事業報告書

の提出を求めることなどが考えられる。また、住民から市町村に対して、支援法人に関する不適切な活動等について情報共有があった場合に、当該支援法人に対して事実関係の報告を求めることなども想定される。

　市町村長は、支援法人が法第24条各号に掲げる業務を適正かつ確実に実施していないと認めるときには、支援法人に対し、その業務の運営の改善に関し必要な措置を講ずべきことを命ずることができる（同条第2項）。また、この命令に違反したときは、指定を取り消すことができる（同条第3項）。支援法人の指定を行った時と同様に、支援法人の取消を行った場合においては、その事実を公示する必要がある（同条第4項）。

Q1 支援法人を1市町村で複数指定することは可能か。自治体ごとに指定する法人数の制限はあるのか。また、同一の業務を行う法人を指定することができるのか。

A

　法第24条に規定される業務が適正かつ確実に実施される観点から、複数法人を指定することも可能であり、むしろ、空家等の管理や活用を進める上では、所有者等や活用希望者に寄り添って丁寧に相談に応じるなどのために必要十分な数の支援法人が指定されることが望ましい。また、同一の業務を行う法人を複数指定することも可能である。

Q2 該当する特定非営利活動法人等が市町村内にないが、どのように探したらよいのか。

A

　一般社団法人等として活動している不動産関係団体等の中には、法人としては都道府県単位や全国に1つであったとしても、市町村ごとに支部等を設け、それぞれの地域に根差した活動を行っているところがあり、例えば、こうした法人を指定することが考えられる。この場合、指定は法人単位となるが、指定に当たっては、当該法人の地域支部単位等における活動実績や業務内容を確認することが適切であると考えられる。

　このほか、空家等の管理・活用を行っている特定非営利活動法人な

どの民間団体には、広域で活動しているものもあり、このような団体を指定することも考えられる。

Q 3 同一の支援法人が複数の市町村で法第23条の指定を受けていた場合において、ある市町村で法第25条第3項の指定を取り消された場合、他の市町村は指定の取消しをすべきか。

A

　他市町村で指定が取り消された事実のみをもって、直ちに業務改善命令や取消しの措置を取ることになるとは限らないが、他市町村における取消しの事由が、自らの市町村内における当該支援法人の業務の適正かつ確実な遂行に関わりがあると考えられる場合には、法第25条に規定する命令や取消しの対象になり得る。

第26条関係（支援法人への情報の提供等）

●──情報の提供等●

第26条 国及び地方公共団体は、支援法人に対し、その業務の実施に関し必要な情報の提供又は指導若しくは助言をするものとする。

2 市町村長は、支援法人からその業務の遂行のため空家等の所有者等を知る必要があるとして、空家等の所有者等に関する情報（以下この項及び次項において「所有者等関連情報」という。）の提供の求めがあったときは、当該空家等の所有者等の探索に必要な限度で、当該支援法人に対し、所有者等関連情報を提供するものとする。

3 前項の場合において、市町村長は、支援法人に対し所有者等関連情報を提供するときは、あらかじめ、当該所有者等関連情報を提供することについて本人（当該所有者等関連情報によって識別される特定の個人をいう。）の同意を得なければならない。

4 前項の同意は、その所在が判明している者に対して求めれば足りる。

【解説】

支援法人がその業務を実施する上で、空家等の所有者等をはじめとした様々な情報等が必要となる場合がある。本条は、支援法人に対する情報の提供等について定めたものである。

国、都道府県又は市町村は、支援法人の業務の実施に関し、必要な情報の提供や指導又は助言を行うこととしている（法第26条第1項）。

国においては、他の市町村における法人の活動の参考となるよう、全国で指定された支援法人の一覧を情報提供することが考えられる。また、都道府県においては、都道府県内の法人と市町村との連携を支援することなどが考えられる。市町村においては、所有者等向けの相談会の開催情報の提供などを行うことが考えられる。

また、市町村長は、支援法人からその業務の遂行のため空家等の所有者等に関する情報（以下この解説において「所有者等関連情報」という。）の求めがあったときは、所有者等の同意を得て、当該情報を提供することができる（同条第2項及び第3項）。本来、支援法人は、その業務の遂行のため所有者等関連情報が必要である場合は、不動産登記簿等により空家等の所有者等をできる限り探索することになる。他方、それでもなお所有者等が判明しない場合があるため、その業務

の実施に当たり真に必要な場合に、所有者等関連情報の提供を市町村に求めることができることを定めたものである。

なお、同条第4項において、「同意は、その所在が判明している者に対して求めれば足りる」とされているのは、空家等の所有者等関連情報の提供の求めを受けた市町村長は、保有している書類に記録されている住所に書面を送付したが宛先不明として返送された場合に、同意を得るために市町村自ら新たに本人を探索する必要はなく、本人の所在が判明せず同意を得られない場合には提供しないこととする趣旨であって、本人の同意を得られなくても提供することが可能という趣旨ではない。

Q1 第2項の「所有者等関連情報」とは何か。空家等の所有者等と考えられる者の「世帯構成」や「親族の連絡先」なども含まれるのか。

A

所有者等関連情報としては、空家等の所有者等の氏名・名称、住所及び連絡先が基本である。「世帯構成」や「親族の連絡先」に係る情報は、所有者等関連情報には当たらない。

国土交通省が作成した「空家等管理活用支援法人の指定等の手引き」においても、その旨が示されている。

第27条・第28条関係（支援法人による空家等対策計画の作成等の提案等）

━━●支援法人による空家等対策計画の作成等の提案 ●━━

第27条 支援法人は、その業務を行うために必要があると認めるとき
は、市町村に対し、国土交通省令・総務省令で定めるところにより、空家等対策計画の作成又は変更をすることを提案することができる。この場合においては、基本指針に即して、当該提案に係る空
家等対策計画の素案を作成して、これを提示しなければならない。

2 前項の規定による提案を受けた市町村は、当該提案に基づき空家
等対策計画の作成又は変更をするか否かについて、遅滞なく、当該
提案をした支援法人に通知するものとする。この場合において、空
家等対策計画の作成又は変更をしないこととするときは、その理由
を明らかにしなければならない。

━━● 市町村長への要請 ●━━

第28条 支援法人は、空家等、管理不全空家等又は特定空家等につ
き、その適切な管理のため特に必要があると認めるときは、市町村
長に対し、第14条各項の規定による請求をするよう要請することが
できる。

2 市町村長は、前項の規定による要請があった場合において、必要
があると認めるときは、第14条各項の規定による請求をするものと
する。

3 市町村長は、第１項の規定による要請があった場合において、第
14条各項の規定による請求をする必要がないと判断したときは、遅
滞なく、その旨及びその理由を、当該要請をした支援法人に通知す
るものとする。

【解説】

支援法人は、市町村に対し、業務を行うために必要があると認める
とき、空家等対策計画の作成又は変更を提案することができる（法第
27条第１項）。提案を受けた市町村長は、空家等対策計画の作成又は
変更を行うかどうかを検討し、その結果を遅滞なく支援法人に通知し
なければならず、作成又は変更をしない場合には、その理由を通知し
なければならない（同条第２項）。

また、支援法人は、市町村に対し、空家等、管理不全空家等又は特
定空家等につき、その適切な管理のため特に必要があると認めると

き、市町村長に対し、裁判所に対する不在者財産管理命令等の請求を
するよう要請することができる（法第28条第１項）。法第14条に定め
られているとおり、市町村長は、空家等について、相続財産清算制
度、不在者財産管理制度、所有者不明建物管理制度を活用することが
できる。また、管理不全空家等や特定空家等に対しては、管理不全土
地・建物管理制度の活用も可能である（いずれも第14条関係参照）。

　要請を受けた市町村長は、公益性の有無等を判断し、必要があると
認めるときは、法第14条に基づく請求をするものとされており、請求
をする必要がないと判断した場合には、その理由を通知する必要があ
る（法第28条第１項）。

▶ 参考条文

○空家等対策の推進に関する特別措置法施行規則（平成27年総務
　省・国土交通省令第１号）（抄）
　（空家等対策計画の作成等の提案）
第３条　法第27条第１項の規定により空家等対策計画の作成又は変
　更の提案を行おうとする空家等管理活用支援法人は、その名称又
　は商号及び主たる事務所の所在地を記載した提案書に当該提案に
　係る空家等対策計画の素案を添えて、市町村に提出しなければな
　らない。

Q1 法第28条第１項に基づき支援法人が市町村長に対
して法第14条第１項又は第２項の請求を要請する
場合、市町村長は、当該支援法人において所有者
の所在が不明または不存在であることを調査する
ことを求めることは可能か。

A

　法第14条第１項又は第２項の請求は、最終的には市町村長の判断に
より行うこととなるため、請求する市町村として所有者の所在が不明
又は不存在であることの説明が裁判所から求められることになるが、
当該請求が法第28条第１項の要請を契機とするものである場合には、
支援法人において所有者不明又は不存在であることを可能な範囲で確
認することも求められるものと考えられる。

第29条関係（財政上の措置及び税制上の措置等）

第29条　国及び都道府県は、市町村が行う空家等対策計画に基づく空家等に関する対策の適切かつ円滑な実施に資するため、空家等に関する対策の実施に要する費用に対する補助、地方交付税制度の拡充その他の必要な財政上の措置を講ずるものとする。

2　　国及び地方公共団体は、前項に定めるもののほか、市町村が行う空家等対策計画に基づく空家等に関する対策の適切かつ円滑な実施に資するため、必要な税制上の措置その他の措置を講ずるものとする。

【解説】
＜法第29条第１項について＞

　法第29条第１項は、国あるいは都道府県が市町村に対し、市町村が行う空家等対策計画に基づく空家等に関する対策の適切かつ円滑な実施に資するため、空家等対策の実施に要する費用に対する補助金の交付、地方交付税制度の拡充などの財政上の措置を講ずることを規定したものである。

　国の講ずる財政上の措置としては、例えば市町村が空家等の所有者等に対してその除却や活用に要する費用を補助する場合や、空家等対策計画の作成のため空家等の実態調査を行う場合に、当該市町村を補助金・交付金制度により支援するほか、市町村が取り組む空家等に関するデータベースの整備、空き家相談窓口の設置、空家等対策計画に基づき取り組む空家等の活用・除却等に要する経費について特別交付税により措置している。財政上の措置の詳細については、第３編（空家等対策に関連する財政支援措置及び税制上の措置）を参照していただきたい。

　また、都道府県においても、空家等を活用するにあたり必要となる費用の一部を市町村を通じて、又は都道府県から直接、それぞれ予算支援している事例がある。

　このほか、国土交通省及び総務省においては、「空家等対策に係る関連施策等」を公表し、この中で地方公共団体が空家等対策を講ずる上で活用可能な予算支援策等を一覧できるようにしている。詳細については、以下の国土交通省ホームページ[※1]を参照していただきたい。

＜法第29条第2項について＞

　法第29条第2項は、国及び地方公共団体が、市町村が行う空家等対策計画に基づく空家等に関する対策の適切かつ円滑な実施に資するため、必要な税制上の措置その他の措置を講ずることを規定したものである。

　例えば、居住用家屋の敷地については、「住宅用地に対する固定資産税等の課税標準の特例」（地方税法（昭和25年法律第226号）第349条の3の2及び第702条の3。いわゆる固定資産税等の住宅用地特例）として、地方税法上、その固定資産税等の課税標準額を最大6分の1にする特例措置が講じられている。

　この固定資産税等の住宅用地特例が、管理状況が悪く、人が住んでいない家屋の敷地に対して適用されると、比較的地価が高い地域においては当該家屋を除却した場合[※2]と比べて固定資産税等が軽減されてしまうため、空き家の除却や適正管理が進まなくなる可能性があるとの指摘が存在する。

　こうしたことも踏まえ、平成27年度税制改正の大綱（平成27年1月14日閣議決定）において「法に基づく必要な措置の勧告の対象となった特定空家等に係る土地について、住宅用地に係る固定資産税及び都市計画税の課税標準の特例措置の対象から除外する措置を講ずる。」旨の記載がなされ、これに関連した地方税法等の一部改正法が第189回国会において成立し、市町村長が法第22条第2項に基づく勧告を行った特定空家等に係る土地が固定資産税及び都市計画税の課税標準の住宅用地特例の対象から除外（地方税法第349条の3の2及び第702条の3）されることとなった。

　さらに、空家等対策の推進に関する特別措置法の一部を改正する法律（令和5年法律第50号）により、適切な管理が行われていないことによりそのまま放置すれば特定空家等に該当することとなるおそれのある空家等が「管理不全空家等」と新たに位置づけられることとなった。これに伴い令和5年度税制改正において、「空き家の適切な活用等を促進するための住宅用地に係る所要の措置」として、地方税法第349条の3の2を改正し、特定空家等と同じように、市町村長の勧告を受けた管理不全空家等の敷地については、固定資産税等の住宅用地

[※1]　国土交通省 HP
[※2]　固定資産税等の住宅用地特例が適用されない場合の税額は、課税標準額の上限を価格の7割とするなどの負担調整措置及び各市町村による条例減額制度に基づき決定されることとなる。

特例の適用対象から除外する措置が講じられた。

このほかにも、そもそも空家等の発生抑制を図る観点から、空家等の取得原因の過半を占める相続時の一定の空家等の譲渡を促すため、平成28年度税制改正により、「空き家の発生を抑制するための特例措置（空き家の譲渡所得の3,000万円特別控除）」が講じられている。

このような措置により、空家等の除却や適切な管理の確保、活用拡大等が進むことが期待される。税制上の措置の詳細については、第3編（空家等対策に関連する財政支援措置及び税制上の措置）を参照していただきたい。

▶ 参考条文

○地方税法（昭和25年法律第226号）（抄）
　（住宅用地に対する固定資産税の課税標準の特例）
第349条の3の2　専ら人の居住の用に供する家屋又はその一部を人の居住の用に供する家屋で政令で定めるものの敷地の用に供されている土地で政令で定めるもの（前条（第11項を除く。）の規定の適用を受けるもの並びに空家等対策の推進に関する特別措置法（平成26年法律第127号）第13条第2項の規定により所有者等（同法第5条に規定する所有者等をいう。以下この項において同じ。）に対し勧告がされた同法第13条第1項に規定する管理不全空家等及び同法第22条第2項の規定により所有者等に対し勧告がされた同法第2条第2項に規定する特定空家等の敷地の用に供されている土地を除く。以下この条、次条第1項、第352条の2第1項及び第3項並びに第384条において「住宅用地」という。）に対して課する固定資産税の課税標準は、第349条及び前条第11項の規定にかかわらず、当該住宅用地に係る固定資産税の課税標準となるべき価格の3分の1の額とする。
2　住宅用地のうち、次の各号に掲げる区分に応じ、当該各号に定める住宅用地に該当するもの（以下この項において「小規模住宅用地」という。）に対して課する固定資産税の課税標準は、第349条、前条第11項及び前項の規定にかかわらず、当該小規模住宅用地に係る固定資産税の課税標準となるべき価格の6分の1の額とする。
　一　住宅用地でその面積が200㎡以下であるもの　当該住宅用地
　二　住宅用地でその面積が200㎡を超えるもの　当該住宅用地の面積を当該住宅用地の上に存する住居で政令で定めるものの数

（以下この条及び第384条第１項において「住居の数」とい
　　　う。）で除して得た面積が200㎡以下であるものにあつては当該
　　　住宅用地、当該除して得た面積が200㎡を超えるものにあつて
　　　は200㎡に当該住居の数を乗じて得た面積に相当する住宅用地
　３　前項に規定する住居の数の認定その他同項の規定の適用に関し
　　必要な事項は、総務省令で定める。

　　（住宅用地等に対する都市計画税の課税標準の特例）
第702条の３　　第349条の３の２第１項又は第349条の３の３第１項
　　　（同条第２項において準用する場合及び同条第３項（同条第４項
　　　において準用する場合を含む。）の規定により読み替えて適用さ
　　　れる場合を含む。次項において同じ。）の規定の適用を受ける土
　　地に対して課する都市計画税の課税標準は、第702条第１項の規
　　定にかかわらず、当該土地に係る都市計画税の課税標準となるべ
　　き価格の３分の２の額とする。
　２　第349条の３の２第２項の規定又は第349条の３の３第１項の規
　　定により読み替えて適用される第349条の３の２第２項の規定の
　　適用を受ける土地に対して課する都市計画税の課税標準は、第
　　702条第１項及び前項の規定にかかわらず、当該土地に係る都市
　　計画税の課税標準となるべき価格の３分の１の額とする。

第30条関係（罰則）

第30条 第22条第３項の規定による市町村長の命令に違反した者は、50万円以下の過料に処する。

2 第９条第２項の規定による報告をせず、若しくは虚偽の報告をし、又は同項の規定による立入調査を拒み、妨げ、若しくは忌避した者は、20万円以下の過料に処する。

【解説】

　本条は、命令に違反した場合等における罰則に関する規定である。第１項では、法第22条第３項に基づく特定空家等の所有者等に対する市町村長の命令に違反した場合、当該所有者等は50万円以下の過料に処することとなる旨が定められている。第２項では、法第９条第２項に基づき市町村長から特定空家等に関する事項について報告を求められた所有者等が、当該報告をしない又は虚偽の報告をした場合のほか、同条同項に基づき市町村長が立入調査をした際にそれを忌避等した場合に、当該者は20万円以下の過料に処することとなる旨が定められている。

　空家等の所有者等は自ら「周辺の生活環境に悪影響を及ぼさないよう」適切な管理に努めるとともに、国又は地方公共団体が実施する施策に協力する責務が定められているが（法第５条）、空家等の中でも周辺の生活環境に悪影響を及ぼす特定空家等の所有者等については、市町村が措置を講じる必要性が特に高いことに鑑み、上記のような場合において過料に処することとしている。

Q1 命令違反、報告義務の不履行及び立入調査の忌避等に対して、行政罰である過料を科すのはなぜか。

A

　特定空家等について行われた命令に違反した場合のペナルティーを過料としているのは、命令違反の内容が、私人の私的領域に属する建築物等の使用管理方法に関する命令に背いた非違行為であり、その性質上、刑事罰を科するほど反社会性が重大であるともいえないので、行政刑罰ではなく秩序罰としての過料を科すのが適当と考えたからで

ある。

　また、同様の理由から、本条第2項についても、私人に課される報
告義務及び私人の建築物等及びその敷地内の調査に関することゆえ、
報告義務の履行及び立入調査の受忍を刑事罰をもって間接的に強制す
るのは適切ではないと考え、過料を科すこととしている。

▶ **参考条文**

○特定放射性廃棄物の最終処分に関する法律（平成12年法律第117
　号）（抄）
第94条　次の各号のいずれかに該当する場合には、その違反行為を
　した機構の役員は、50万円以下の過料に処する。
　一～四　（略）
　五　第69条の規定による命令に違反したとき。

○文化財保護法（昭和25年法律第214号）（抄）
第202条　次の各号のいずれかに該当する者は、10万円以下の過料
　に処する。
　一～四　（略）
　五　第53条の6（第85条の4（第174条の2第1項において準用
　　する場合を含む。）及び第174条の2第1項において準用する場
　　合を含む。）、第54条（第86条及び第172条第5項において準用
　　する場合を含む。）、第55条、第67条の5（第90条の4及び第
　　133条の4において準用する場合を含む。）、第68条（第90条第
　　3項及び第133条において準用する場合を含む。）、第76条の4
　　（第89条の3において準用する場合を含む。）、第76条の15（第
　　90条の11において準用する場合を含む。）、第129条の5（第174
　　条の2第1項において準用する場合を含む。）、第130条（第172
　　条第5項において準用する場合を含む。）、第131条又は第140条
　　の規定に違反して、報告をせず、若しくは虚偽の報告をし、又
　　は当該公務員の立入調査若しくは調査のための必要な措置の施
　　行を拒み、妨げ、若しくは忌避した者
　六・七　（略）

Q2 本条第2項の虚偽の報告とは、具体的にどのような報告か。

A

　例えば、特定空家等について修繕等を行っていない者が、市町村からの指導等を忌避するため、報告徴収に対し意図的に修繕等を行ったと客観的な事実に反することを認識して報告した場合には、虚偽の報告に該当すると考えられる。

　なお、所有者等の意向が虚偽であるか否かに関しては、結果的に所有者等の意向どおりの措置が講じられなかったことのみをもって判断することは困難である。そのため、報告を求める内容として、例えば特定空家等の除却にかかる所有者等の意向について報告を求める場合には、除却を行う事業者が作成する費用見積書や請負契約書など、その意向に関して確認できる客観的な事実の報告を求めることが適切である（第9条関係も参照）。

第3編

空家等対策に関連する
財政支援措置及び税制上の措置

第3編　空家等対策に関連する財政支援措置及び税制上の措置

　空家等の適切な管理は、一義的には空家等の所有者又は管理者（以下「所有者等」という。）の責任において行われるべきものである。一方、周辺の生活環境に悪影響を及ぼしている空家等の除却や活用可能な空家等の活用については、所有者等の努力を待つだけでは効果的な対策が進まないことが懸念される。

　所有者等による適切な管理がなされず、結果として周辺の生活環境に悪影響を与えていたり、与えるおそれがある空家等については、まず当該空家等の状況を把握する必要がある。その際、本法だけでなく、建築基準法、道路法など他の法律の趣旨・目的も踏まえた上で、どの法律による対応が当該空家等に対して対策を講ずる上で最も適切かを検討することも重要である。

　そのような検討を踏まえ、法第13条第１項の「管理不全空家等」や第２条第２項の「特定空家等」に該当すると認められた場合には、ガイドラインを参考にしつつ、市町村長は法第13条や第22条の規定に基づく措置を順次講ずることができる。また、法第７条第３項の「空家等活用促進区域」内にある空家等の活用に向けては、市町村長からその所有者等に要請を行うことや、建築基準法の規制の合理化等の措置を講じることができる。

　一方、本法は空家等のもたらす問題の解決手段として、上述のような空家等に関する法的措置だけでなく、空家等の除却や適切な管理等を促すための財政支援措置や税制という手段も用意するべき旨規定している。具体的には、法第29条第１項において「国及び都道府県は、市町村が行う空家等対策計画に基づく空家等に関する対策の適切かつ円滑な実施に資するため、空家等に関する対策の実施に要する費用に対する補助、地方交付税制度の拡充その他の必要な財政上の措置を講ずるものとする」とし、また同条第２項において「国及び地方公共団体は、市町村が行う空家等対策計画に基づく空家等に関する対策の適切かつ円滑な実施に資するため、必要な税制上の措置その他の措置を講ずるものとする」としている。

　これらの規定を踏まえ、空家等対策のために用意されている財政支援措置及び税制上の措置のうち国が措置しているものをいくつか取り上げて、以下紹介することとする。

1．空家等対策のための財政支援措置

(1) 空き家対策総合支援事業

　空家等対策計画に基づき市町村が実施する空き家の活用・除却に係る取組や、NPOや民間事業者等がモデル性の高い空き家の活用等に係る調査検討又は改修工事等を行う場合に、国は「空き家対策総合支援事業」により支援を行っている。この事業を活用し、例えば居住環境の整備改善のため空き家を除却する取組みや、地域活性化のため空き家を地域交流施設に活用する取組みなどが行われている。なお、「空き家再生等推進事業」（社会資本整備総合交付金）でも空き家の活用・除却に係る取組等への支援が可能となっている。

　※　補助内容は令和6年度のものを記載。最新情報は国土交通省HPを参照されたい。

【補助対象費用】

▶空き家の活用に要する費用
　・空き家を地域コミュニティの維持・再生の用途に改修し、10年以上活用する場合に補助対象となる。

▶空き家の除却に要する費用
　・特定空家等、不良住宅、空き家住宅等を除却する下記❶〜❹の場合に補助対象となる。

---

　❶　特定空家等の除却[※1]
　❷　不良住宅の除却
　❸　雪害、地震、風水害、土砂災害等の各種災害により被害が生じた若しくは見込まれる空き家の緊急的又は予防的な除却
　❹　上記以外の空き家の除却[※2]

▶空き家を除却した後の土地の整備費用
　・上記の除却の❶❷❸に該当する除却の場合に補助対象となる。

▶空き家の活用か除却かを判断するためのフィージビリティスタディを行うための費用

▶市町村が行う空き家の実態把握、空き家の所有者特定に必要な費用

▶空家等管理活用支援法人による業務に係る費用

▶空家法に基づく代執行等の措置の円滑化のための法務的手続等を行

[※1]　行政代執行・略式代執行等によりやむを得ず市町村が行う除却は補助率引き上げ

[※2]　空き家を除却した跡地を地域活性化のために計画的に利用する予定があるなど、一定の要件を満たしたものに限り対象

う事業の費用
▶ NPO や民間事業者等の創意工夫によるモデル性の高い空き家の活用等に係る調査・検討や、改修工事・除却工事等に係る費用（空き家対策モデル事業として、国が直接補助）

【補助率】

事業内容	空き家所有者等が実施 [※3]	市区町村が実施
活用・土地整備等	国1/3、市区町村1/3、所有者等1/3	国1/2、市区町村1/2
除却（代執行等）	—	国1/2、市区町村1/2
除却（上記以外）	国2/5、市区町村2/5、所有者等1/5	国2/5、市区町村3/5

【補助率（空き家対策モデル事業）】

モデル事業	NPO・民間事業者等が実施
調査検討等	定額（国）
活用・土地整備	国1/3、NPO・民間事業者等2/3
除却	国2/5、NPO・民間事業者等3/5

[※3] 市町村による補助制度の整備が必要

■ 空き家対策総合支援事業の概要

● 空き家対策総合支援事業

空家法の空家等対策計画に基づき市区町村が実施する空き家の除却・活用に係る取組や、NPOや民間事業者等が行うモデル性の高い空き家の活用・改修工事等に対して支援（事業期間：平成28年度〜令和7年度）

■空き家の除却・活用への支援（市区町村向け）

＜空き家対策基本事業＞
○空き家の除却（特定空家等の除却、跡地を地域活性化のために計画的に利用する除却等）
○空き家の活用（地域コミュニティ維持・再生のために10年以上活用）
○空き家を除却した後の土地の整備
○空き家の活用か除却かを判断するためのフィージビリティスタディ
○空家等対策計画の策定等に必要な空き家の実態把握
○空き家の所有者の特定
　　※上記6項目は空き家再生等推進事業（社会資本整備総合交付金）でも支援が可能
○空家等管理活用支援法人による空き家の活用等を図るための業務
＜空き家対策附帯事業＞
○空家法に基づく代執行等の円滑化のための法務的手続等を行う事業
　（行政代執行等に係る弁護士相談費用、財産管理制度の活用に伴い発生する予納金等）
＜空き家対策関連事業＞
○空き家対策基本事業とあわせて実施する事業
＜空き家対策促進事業＞
○空き家対策基本事業と一体となってその効果を一層高めるために必要な事業

＜補助率＞

空き家の所有者が実施

除　却	国 2/5	地方公共団体 2/5	所有者 1/5

※市区町村が実施する場合は国2/5、市区町村3/5
※代執行等の場合は国1/2、市区町村1/2

空き家の所有者が実施

活　用	国 1/3	地方公共団体 1/3	所有者 1/3

※市区町村が実施する場合は国1/2、市区町村1/2

空家等管理活用支援法人が実施

支援法人による業務	国 1/2	地方公共団体 1/2

空き家の活用

地域活性化のため、空き家を地域交流施設に活用

■モデル的な取組への支援（NPO・民間事業者等向け）

＜空き家対策モデル事業＞
○調査検討等支援事業（ソフト）
　（創意工夫を凝らしたモデル性の高い取組に係る調査検討やその普及・広報等への支援）
○改修工事等支援事業（ハード）
　（創意工夫を凝らしたモデル性の高い空き家の改修工事・除却工事等への支援）
　※モデル事業の補助率
　調査検討等：定額　除却：国2/5、事業者3/5　活用：国1/3、事業者2/3

〔出典〕　国土交通省 HP 資料より作成

● 空き家対策モデル事業

NPOや民間事業者等の創意工夫によるモデル性の高い空き家の活用等に係る調査・検討等や改修工事・除却工事等に対して国が直接支援し、その成果の全国展開を図る。

❶ ソフト提案部門

次に掲げる3つのテーマのいずれかに該当する取組として、調査検討、普及啓発、事業スキーム構築など空き家対策に関するソフト的な取組を評価 (応募に際しては、提案する取組の内容に応じて3つの区分のいずれかを選択)

テーマ1	テーマ2	テーマ3
空き家に関する相談対応の充実や空き家の発生抑制に資する官民連携体制の構築等	空き家の活用等に資するスタートアップなど新たなビジネスモデルの構築等	新たなライフスタイルや居住ニーズに対応した空き家の活用等
地方公共団体とNPO、法務、不動産、建築、金融、福祉の専門家等が連携して、空き家に関する相談対応・派遣や普及啓発、空き家活用の提案・実践を行う体制の構築等に係る取組	異業種間の連携やデジタル技術の活用 (DX) による空き家の調査・活用・除却の推進に資する新たなビジネス等のスタートアップに係る民間事業者等による取組	空き家を活用した子育て世帯への住まいの提供や移住・定住、二地域居住等の新たなライフスタイル・居住ニーズへの対応など、空き家の多様な活用や流通 を促進する取組

<提案が期待される取組の例>

＊地方公共団体の空き家対策を効率化・合理化するツールやサービスの開発等

＊空き家所有者による活用・除却等の判断を迅速化し行動を促すツールやサービスの開発等

＊空き家の処分や活用に係る所有者の負担(手間、コスト)を軽減・適正化するツールやサービスの開発等.etc

<提案が期待される取組の例>

＊空き家を改修・サブリースして子育て世帯向けの住宅や子育て支援施設等として活用する取組

＊移住、定住、二地域居住、多地域居住等を実現するために空き家を活用する取組

＊一定のエリアに存在する複数の空き家を連携させて活用する取組 .etc

提案の区分を選択

ソフト型	ソフト・ハード一体型
○空き家の活用等に係る現地調査、ワークショップ、事業企画、官民連携体制やビジネスモデルの構築などを実施する場合	○ビジネスモデル、事業スキームやシステムの構築と併せて行う空き家の改修工事等、空き家活用の実践型ワークショップ等を実施する場合 ○個別の空き家の活用方法等について、まちづくりの観点から地域で検討し、その結果を踏まえ改修工事等を実施する場合

(注) 市区町村の空家等対策計画に沿って行われる取組、又は空き家の活用・除却工事等につながる取組に限る。

❷ ハード提案部門

建物や敷地状況に応じた空き家の改修工事や除却工事などハード整備の技術や工法、施工プロセス等について評価

<想定される取組の例>

＊耐震性能及び省エネ向上と意匠性を両立する改修工事

＊建物や敷地条件等に応じて騒音、振動の抑制、工期の短縮、コストの抑制に大きく寄与する技術や工法、施工プロセスによる改修・除却工事

＊デジタル技術を活用した効率的な改修・除却工事

■ 補助事業者　NPO、民間事業者、地方住宅供給公社等 地方公共団体(ソフト提案部門 ソフト型テーマ1 (官民連携体制の構築等)のみ対象)

■ 補助対象　①調査検討、計画策定、普及・広報等に要する費用
②改修工事、除却工事、除却後の土地の整備に要する費用

■ 補助率　①定額
②改修工事:1/3、除却工事:2/5、除却後の土地整備:1/3

〔出典〕 国土交通省 HP 資料（空家等対策の推進に関する特別措置法関連情報）より作成

(2) 地方財政措置（総務省）

空き家の有効活用による地域活性化、危険な空き家の解消による安心・安全なまちづくりを支援するため、空き家対策を推進する地方公共団体に、特別交付税を交付する制度がある。

例えば、地方公共団体による空き家の所有者等の特定のための調査、空き家に関するデータベースの整備、空家等対策計画の策定、空き家相談窓口の設置、空家等対策計画に基づき取り組む空家等の利活用、除却等が、特別交付税措置の対象となる。

2. 空家等対策のための税制上の措置
(1) 固定資産税等（住宅用地特例）

空き家とその敷地は不動産であり、その所有者には固定資産税等が課税される。この固定資産税等は、3種類の固定資産（土地、家屋及び償却資産）が対象であり、それら固定資産を所有することとなった日の属する年の翌年の1月1日現在（当該固定資産を所有することとなった日が1月1日である場合は同日）[※1]において、当該固定資産の所在する市町村（東京都の特別区の区域内については東京都）が、毎年経常的に課税する財産税である。また、原則として、国が定める固定資産評価基準に基づき決定された固定資産の評価額に応じて決められる課税標準額に税率（標準税率1.4％）をかけたものが、固定資産税の税額となる。

固定資産税等の課税対象である「家屋」とは、具体的には住家、店舗、工場、倉庫など建物一般をいう。このうち住家、すなわち「人の居住の用に供する家屋」の敷地については、地方税法（昭和25年法律第226号）第349条の3の2に基づき、当該敷地の面積に応じて、その固定資産税の課税標準額を6分の1（200㎡以下の部分の敷地）又は3分の1（200㎡を超える部分の敷地）とする特例措置[※2]が講じられている。この特例措置が、いわゆる「固定資産税等の住宅用地特例」である。

[※1] 例えば、令和6年4月25日に固定資産を所有することとなった場合、当該固定資産を所有することとなった日の属する年の翌年の1月1日（すなわち令和7年1月1日）現在において、当該固定資産の所在する市町村（又は東京都）が、当該固定資産に対して固定資産税等を課税することとなる。

[※2] 固定資産税の住宅用地特例の適用を受ける土地については、地方税法第702条の3に基づき、都市計画税についても、その課税標準額を3分の1（200㎡以下の部分の敷地）又は3分の2（200㎡を超える部分の敷地）とする特例措置が講じられる。

現行の固定資産税の住宅用地特例

	小規模住宅用地 （200㎡以下の部分）	一般住宅用地 （200㎡を超える部分）
固定資産税の課税標準	1/6に減額	1/3に減額

【長期人が住んでいない空き家】　【窓が割れ、放置されている空き家】

　この特例に対しては、次のような指摘が従来より存在した。すなわち、管理状況が悪く、人が住んでいない家屋であっても固定資産税等の住宅用地特例が引き続き適用され、当該家屋の敷地に係る固定資産税等が軽減されたままであると、結果として空き家の除却や適正管理が進まなくなる可能性があるとの指摘である。また、全国市長会、全国町村会、全国市議会議長会及び全国町村議会議長会からも、「特定空家等」の敷地については固定資産税等の住宅用地特例の対象から外すよう、税制上の措置を講じてほしいとの要望が出された。

　以上を踏まえ、平成27年度税制改正の大綱（平成27年1月14日閣議決定）の中で、空家等対策の適切かつ円滑な実施にまさに「必要な税制上の措置」として、「法に基づく必要な措置の勧告の対象となった特定空家等に係る土地について、住宅用地に係る固定資産税等の課税標準の特例措置の対象から除外する措置を講ずる。」旨の記載がなされた。この大綱上の措置は、上述の地方税法第349条の3の2の一部改正により実現されたところである。

　これにより、法の完全施行日である平成27年5月26日以降、市町村長が必要な措置の勧告を行った「特定空家等」の所有者等が、当該勧告を受けた年の翌年1月1日までに当該措置を講じなければ、改正地方税法第349条の3の2に基づき、当該「特定空家等」の敷地に係る固定資産税等の住宅用地特例は解除されることとなった。また、当該勧告を受けた年の翌年1月1日までに市町村長から勧告された措置を

講じた家屋は「特定空家等」には該当しなくなることから、引き続き「人の居住の用に供する」家屋（住宅）である限りは、当該家屋（住宅）に係る固定資産税等の住宅用地特例は適用されることとなる。

　なお、固定資産税等の住宅用地特例の適用対象となる「人の居住の用に供する」家屋（住宅）についての取扱いの明確化を図る観点から、「地方税法第349条の３の２の規定における住宅用地の認定について」（平成９年４月１日自治固第13号）の一部改正が、平成27年５月26日に併せて行われた（平成27年５月26日総税固第42号）。

　さらに、空家等対策の推進に関する特別措置法の一部を改正する法律（令和５年法律第50号）により、適切な管理が行われていないことによりそのまま放置すれば特定空家等に該当することとなるおそれのある空家等が「管理不全空家等」と新たに位置づけられることとなった。これに伴い令和５年度税制改正としても、「空き家の適切な活用等を促進するための住宅用地に係る所要の措置」として、地方税法第349条の３の２を改正し、特定空家等と同じように、市町村長の勧告を受けた「管理不全空家等」の敷地については、固定資産税等の住宅用地特例の適用対象から除外する措置が講じられた。

(2)　譲渡所得税（所得税・個人住民税に関する特別控除）

　空き家は、「相続」を契機として発生するものが過半を占める。特に市場に流通しにくいような空き家の流通（譲渡）を促進していくためには、相続等により空き家を取得した相続人に対して、何らかのインセンティブを与えることが有効である。このような考えのもと、平成28年度税制改正において、空き家の発生を抑制するための譲渡所得税の特例措置（特別控除）が新たに創設された。

　本特例措置は、被相続人の居住の用に供されていた家屋とその敷地等を相続等で取得した相続人が、平成28年４月１日から令和９年12月31日までの間に、取得した家屋を耐震改修したり取壊すなど一定の要件を満たした上で当該家屋又は敷地等を譲渡した場合に、租税特別措置法（昭和32年法律第26号）第35条第１項に規定する「居住用財産」を譲渡した場合に該当するものとみなして、同項の規定（居住用財産の譲渡所得の3,000万円特別控除）を適用するものである。

　本特例措置は、令和元年度税制改正により、平成31年４月１日以降の譲渡については、被相続人が老人ホーム等に入所をしたことにより当該家屋が居住の用に供されなくなった場合においても、一定の要件を満たす場合に限り、相続の開始の直前において当該被相続人の居住

の用に供されていた家屋として本特例措置を適用することとされた。
さらに、令和5年度税制改正により、令和6年1月1日以降の譲渡については、当該譲渡の時から当該譲渡の日の属する年の翌年2月15日までの間に、当該家屋が耐震基準に適合することとなった場合又は当該家屋の取壊し等が行われた場合についても、一定の要件を満たす場合に限り、本特例措置を適用することとされた。

■ 空き家の発生を抑制するための特例措置（3,000万円控除）の概要

- **空き家の発生を抑制するための特例措置（3,000万円控除）の拡充・延長（所得税・個人住民税）**

空き家の発生の抑制を図るため、空き家の譲渡所得の3,000万円特別控除について、適用期間を4年間延長するとともに、買主が譲渡後に耐震改修工事又は除却工事を実施する場合も適用対象となるよう拡充する。

施策の背景

○利用が予定されていない「その他空き家」（349万戸）は、令和12年には約470万戸まで増加の見込み。

○空き家は、相続を機に発生するものが過半数以上。

○空き家を早期に譲渡（有効活用）するよう相続人を後押しする必要。

> 住生活基本計画（R3閣議決定）
> 【成果指標】
> 居住目的のない空き家数を400万戸程度に抑える
> （令和12年）

▶本税制は、空き家の早期有効活用に大きく寄与。
【実績】11,976件（令和3年度、確認書交付件数）➡相続が原因の「その他空き家（※）」の増加を3割削減
　※近年、約6万戸/年のペースで増加（うち相続原因が約3万戸/年）

▶他方、現行制度は、「譲渡前」に売主が除却又は耐震改修の工事を実施する必要があり、これが空き家流通上、支障となることも。

要望の結果
特例措置の内容

【所得税・個人住民税】相続日から起算して3年を経過する日の属する年の12月31日までに、被相続人の居住の用に供していた家屋（※1）を相続した相続人が、当該家屋（耐震性のない場合は耐震改修をしたものに限り、その敷地を含む。）又は除却後の土地を譲渡した場合には、当該家屋又は土地の譲渡所得から3,000万円を特別控除。（令和5年12月31日までの譲渡が対象）
※1 昭和56年5月31日以前に建築され、相続の開始の直前（※2）において被相続人の居住の用に供されていたもの
※2 被相続人が老人ホーム等に入所していた場合は、入所の直前

結　　果

- 現行の措置を4年間（令和6年1月1日〜令和9年12月31日）延長する。
- 売買契約等に基づき、買主が譲渡の日の属する年の翌年2月15日までに耐震改修又は除却の工事を行った場合、工事の実施が譲渡後であっても適用対象とする。

〈制度イメージ〉

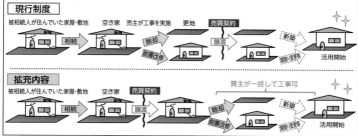

〔出典〕　国土交通省 HP 資料（空家等対策の推進に関する特別措置法関連情報）より作成

参考資料

「空き家対策推進議員連盟」設立趣意書

　空き家問題は、今日、過疎化、少子高齢化が急速に進む中で、農村漁村ばかりでなく都市においても日増しに深刻化している。

　何故なら、空き家は、全国で実に757万戸（総住宅数）の13％、総務省調査　平成20年）に達し、管理不十分な空き家の増大は、地域の健全な発展にとって、防災・防火・防犯・衛生・環境など様々な点で多大な問題を惹起しているからである。

　このため、市町村レベルで条例を制定して空き家の撤去など適正な管理確保に取り組む動きも広がっているが、種々制約も多く、今や、国レベルで積極的かつ計画的にこの問題に対処することが求められている。

　しかるに、この問題は国交省・総務省・農水省・厚労省・環境省など各省庁にまたがる難しい問題がある。

　したがって、こうした地域の実情に精通している議員有志が、その情報や知見、経験を結集して総合的な観点から対策を検討し、議員立法を含めて有効・適切な措置を打ち出すべく、「空き家対策推進議員連盟」を結集しようとするものである。

直近の空き家対策推進議員連盟開催時の役員

（※令和3年4月開催時点）

会　　　長：（衆）西村明宏議員
顧　　　問：（衆）野田毅議員、（衆）山本公一議員、（衆）金田勝年議員、（衆）北村誠吾議員
会 長 代 行：（衆）井上信治議員
副　会　長：（参）末松信介議員、（衆）宮下一郎議員、（衆）後藤茂之議員
幹　事　長：（衆）山下貴司議員
事 務 局 長：（衆）宮路拓馬議員

法制定時の自民党・空き家対策推進議員連盟の経緯等

1 趣旨

　全国で少子高齢化等が進展する中で、空き家が景観、防災・防犯や衛生など様々な分野で地域の発展の阻害要因となっている状況を踏まえ、地域の実情に精通している議員有志が、その情報や知見、経験を結集して総合的な視点から対策を検討し、議員立法を含めて有効・適切な措置を打ち出す。

2 メンバー（設立当時）

会　　　　長：（衆）宮路和明議員
顧　　　　問：（衆）野田毅議員
会 長 代 行：（衆）山本公一議員
副　会　　長：（衆）北村誠吾議員、（参）岩城光英議員
幹　事　　長：（衆）金田勝年議員
副 幹 事 長：（衆）宮下一郎議員、（参）末松信介議員
事 務 局 長：（衆）西村明宏議員
事務局次長：（衆）山下貴司議員

　その他議連の構成員は以下のとおり。
（衆議院）
青山周平、秋元　司、あべ俊子、安藤　裕、池田通孝、石崎　徹、井林辰憲、今村雅弘、岩田和親、上杉光弘、大岡敏孝、大野敬太郎、鬼木　誠、勝俣孝明、金子万寿夫、亀岡偉民、菅野さちこ、工藤彰三、後藤茂之、小林史明、小松　裕、桜井　宏、左藤　章、高木宏壽、谷公一、谷川弥一、田畑裕明、冨岡　勉、豊田真由子、中川郁子、中谷真一、中根一幸、中村裕之、野中　厚、平口　洋、藤井比早之、船橋利実、堀井　学、松島みどり、三ッ林裕巳、御法川信英、三原朝彦、宮内秀樹、宮路拓馬、武藤容治、保岡興治、湯川一行、吉川　赳
（参議院）
石井正弘、井原　巧、岩井茂樹、上野通子、大家敏志、関口昌一、高階恵美子、高野光二郎、高橋克法、塚田一郎、中泉松司、中川雅治、中原八一、野上浩太郎、丸川珠代、三宅伸吾、渡辺猛之

（五十音順・敬称略）

（出席団体等）
衆議院法制局、国土交通省、総務省、法務省、農林水産省、環境省、全国市長会、全国町村会　等

3　経緯

＜平成25年＞
3月～4月（第1回・2回）
・空き家の現状と課題について、省庁からヒアリング（国土交通省、総務省、消防庁、厚生労働省、警察庁及び農林水産省）
4月～6月（第3回～6回）
・自治体や有識者からヒアリング（埼玉県所沢市、秋田県大仙市、兵庫県小野市、上智大学法科大学院北村教授）
8月（第7回、現地視察）
・これまでの議論を踏まえた中間取りまとめ、現地視察（墨田区京島）
9月～10月（第8回・9回）
・法案（骨子）について議論
10月30日（国土交通部会、総務部会、住宅土地・都市政策調査会、空き家議連合同会議）
・「空家等対策の推進に関する特別措置法案」について意見交換
11月7日（国土交通部会・総務部会合同会議）
・「空家等対策の推進に関する特別措置法案」について意見交換
・関係地方団体からヒアリング
12月4日　空き家対策議員連盟幹部会
・「空家等対策の推進に関する特別措置法案」について意見交換

＜平成26年＞
4月9日（国土交通部会、総務部会、空き家議連合同会議）
・「空家等対策の推進に関する特別措置法案」について了承
6月12日（第10回）
・通常国会での法案提出を見送り、次期国会で提出する旨を表明

公明党・空き家対策プロジェクトチームの経緯等

1 趣旨
　全国各地で深刻な課題となりつつある、空き家対策問題について、党として法整備を念頭にプロジェクトチームを設置し検討する。

2 メンバー（設置当時）
座　　　　長：（衆）伊藤渉議員
副　座　　長：（衆）稲津久議員、（参）石川博崇議員、（参）竹谷とし子議員、（参）若松謙維議員
事 務 局 長：（衆）國重徹議員
　　　　　　　　（出席団体等：衆議院法制局、国土交通省、総務省）

3 経緯
＜平成25年＞
10月29日（第1回）
　・法案化への進捗状況についてのヒアリング（衆議院法制局）
　・空き家対策の現状及び取組みについてのヒアリング（国土交通省、総務省）
11月6日（第2回）
　・空き家問題の現状と対策について、関係機関からヒアリング（国立国会図書館国土交通課）
11月7日（第3回）
　・条例について自治体からヒアリング（埼玉県所沢市）
11月14日（第4回）
　・「空家等対策の推進に関する特別措置法案」に対して有識者からヒアリング（上智大学法科大学院北村教授）
11月19日（総務部会、国土交通部会、空き家対策PT 合同会議）
　・「空家等対策の推進に関する特別措置法案」について意見交換
11月26日（総務部会、国土交通部会、空き家対策PT 合同会議）
　・「空家等対策の推進に関する特別措置法案」について意見交換

第4編　参考資料

＜平成26年＞

4月1日（国土交通部会、空き家対策 PT 合同会議）
　・「空家等対策の推進に関する特別措置法案」の進捗状況について
　　ヒアリング（衆議院法制局）

4月9日（総務部会、国土交通部会合同会議）
　・「空家等対策の推進に関する特別措置法案」の法案審査

4月16日（総務部会、国土交通部会合同会議）
　・「空家等対策の推進に関する特別措置法案」について了承

令和5年法改正前後の新旧対照表

目　次

第4編　参考資料

※主な改正事項については、
　ポイントを記載しています。

凡例

　　　　　…所有者責務の強化

　　　　　…活用拡大

　　　　　…管理の確保

　　　　　…特定空家の除却等

●空家等対策の推進に関する特別措置法（平成26年法律第127号）（本則関係）

（傍線の部分は令和5年の改正による改正部分）

改　正　後	改　正　前
目次 附則	（新設）
第1章　総則 　（目的）	（新設） 　（目的）
第1条　この法律は、適切な管理が行われていない空家等が防災、衛生、景観等の地域住民の生活環境に深刻な影響を及ぼしていることに鑑み、地域住民の生命、身体又は財産を保護するとともに、その生活環境の保全を図り、あわせて空家等の活用を促進するため、空家等に関する施策に関し、国による基本指針の策定、市町村（特別区を含む。第10条第2項を除き、以下同じ。）による空家等対策計画の作成その他の空家等に関する施策を推進するために必要な事項を定めることにより、空家等に関する施策を総合的かつ計画的に推進し、もって公共の福祉の増進と地域の振興に寄与することを目的とする。 　（定義）	第1条　この法律は、適切な管理が行われていない空家等が防災、衛生、景観等の地域住民の生活環境に深刻な影響を及ぼしていることに鑑み、地域住民の生命、身体又は財産を保護するとともに、その生活環境の保全を図り、あわせて空家等の活用を促進するため、空家等に関する施策に関し、国による基本指針の策定、市町村（特別区を含む。第10条第2項を除き、以下同じ。）による空家等対策計画の作成その他の空家等に関する施策を推進するために必要な事項を定めることにより、空家等に関する施策を総合的かつ計画的に推進し、もって公共の福祉の増進と地域の振興に寄与することを目的とする。 　（定義）
第2条　この法律において「空家等」とは、建築物又はこれに附属する工作物であって居住その他の使用がなされていないことが常態であるもの及びその敷地（立木その他の土地に定着する物を含む。第14条第2項において同じ。）をい	第2条　この法律において「空家等」とは、建築物又はこれに附属する工作物であって居住その他の使用がなされていないことが常態であるもの及びその敷地（立木その他の土地に定着する物を含む。）をいう。ただし、国又は地方公共

改　正　後	改　正　前
う。ただし、国又は地方公共団体が所有し、又は管理するものを除く。	団体が所有し、又は管理するものを除く。
2　この法律において「特定空家等」とは、そのまま放置すれば倒壊等著しく保安上危険となるおそれのある状態又は著しく衛生上有害となるおそれのある状態、適切な管理が行われていないことにより著しく景観を損なっている状態その他周辺の生活環境の保全を図るために放置することが不適切である状態にあると認められる空家等をいう。	2　この法律において「特定空家等」とは、そのまま放置すれば倒壊等著しく保安上危険となるおそれのある状態又は著しく衛生上有害となるおそれのある状態、適切な管理が行われていないことにより著しく景観を損なっている状態その他周辺の生活環境の保全を図るために放置することが不適切である状態にあると認められる空家等をいう。
（国の責務） 第3条　国は、空家等に関する施策を総合的に策定し、及び実施する責務を有する。 2　国は、地方公共団体その他の者が行う空家等に関する取組のために必要となる情報の収集及び提供その他の支援を行うよう努めなければならない。 3　国は、広報活動、啓発活動その他の活動を通じて、空家等の適切な管理及びその活用の促進に関し、国民の理解を深めるよう努めなければならない。	（空家等の所有者等の責務） 第3条　空家等の所有者又は管理者（以下「所有者等」という。）は、周辺の生活環境に悪影響を及ぼさないよう、空家等の適切な管理に努めるものとする。
（地方公共団体の責務） 第4条　市町村は、第7条第1項に規定する空家等対策計画の作成及びこれに基づく空家等に関する対策の実施その他の空家等に関して必要な措置を適切に講ずるよう努めなければならない。 2　都道府県は、第7条第1項に規定する空家等対策計画の作成及び変更並びに実施その他空家等に関しこの法律に基づき市町村が講ずる措置について、当該市町村に対する情報の提供及び技術的な助言、市町村相互間の連絡調整その他必要な援助を行うよう努めなければならない。	（市町村の責務） 第4条　市町村は、第6条第1項に規定する空家等対策計画の作成及びこれに基づく空家等に関する対策の実施その他の空家等に関する必要な措置を適切に講ずるよう努めるものとする。
▼所有者責務の強化 （空家等の所有者等の責務） 第5条　空家等の所有者又は管理者（以下「所有者等」という。）は、周辺の生活環境に悪影響を及ぼさないよう、空家等の適切な管理に努めるとともに、国又は地方公共団体が実施する空家等に関する	（新設）

改 正 後	改 正 前
<u>施策に協力するよう努めなければならない。</u>	
（基本指針）	（基本指針）
<u>第6条</u>　国土交通大臣及び総務大臣は、空家等に関する施策を総合的かつ計画的に実施するための基本的な指針（以下「基本指針」という。）を定めるものとする。	<u>第5条</u>　国土交通大臣及び総務大臣は、空家等に関する施策を総合的かつ計画的に実施するための基本的な指針（以下「基本指針」という。）を定めるものとする。
2　基本指針においては、次に掲げる事項を定めるものとする。	2　基本指針においては、次に掲げる事項を定めるものとする。
一　空家等に関する施策の実施に関する基本的な事項	一　空家等に関する施策の実施に関する基本的な事項
二　次条第1項に規定する空家等対策計画に関する事項	二　次条第1項に規定する空家等対策計画に関する事項
三　<u>所有者等による空家等の適切な管理について指針となるべき事項</u>	（新設）
四　その他空家等に関する施策を総合的かつ計画的に実施するために必要な事項	三　その他空家等に関する施策を総合的かつ計画的に実施するために必要な事項
3　国土交通大臣及び総務大臣は、基本指針を定め、又はこれを<u>変更する</u>ときは、あらかじめ、関係行政機関の長に協議するものとする。	3　国土交通大臣及び総務大臣は、基本指針を定め、又はこれを<u>変更しようとする</u>ときは、あらかじめ、関係行政機関の長に協議するものとする。
4　国土交通大臣及び総務大臣は、基本指針を定め、又はこれを変更したときは、遅滞なく、これを公表しなければならない。	4　国土交通大臣及び総務大臣は、基本指針を定め、又はこれを変更したときは、遅滞なく、これを公表しなければならない。
（空家等対策計画）	（空家等対策計画）
<u>第7条</u>　市町村は、その区域内で空家等に関する対策を総合的かつ計画的に実施するため、基本指針に即して、空家等に関する対策についての計画（以下「空家等対策計画」という。）を定めることができる。	<u>第6条</u>　市町村は、その区域内で空家等に関する対策を総合的かつ計画的に実施するため、基本指針に即して、空家等に関する対策についての計画（以下「空家等対策計画」という。）を定めることができる。
2　空家等対策計画においては、次に掲げる事項を定めるものとする。	2　空家等対策計画においては、次に掲げる事項を定めるものとする。
一　空家等に関する対策の対象とする地区及び対象とする空家等の種類その他の空家等に関する対策に関する基本的な方針	一　空家等に関する対策の対象とする地区及び対象とする空家等の種類その他の空家等に関する対策に関する基本的な方針
二　計画期間	二　計画期間
三　空家等の調査に関する事項	三　空家等の調査に関する事項
四　所有者等による空家等の適切な管理の促進に関する事項	四　所有者等による空家等の適切な管理の促進に関する事項
五　空家等及び除却した空家等に係る跡	五　空家等及び除却した空家等に係る跡

<table>
<tr><td>

地（以下「空家等の跡地」という。）の活用の促進に関する事項

六　特定空家等に対する措置（<u>第22条第1項</u>の規定による助言若しくは指導、同条第2項の規定による勧告、同条第3項の規定による命令又は<u>同条第9項から第11項までの規定による代執行</u>をいう。以下同じ。）その他の特定空家等への対処に関する事項

七　住民等からの空家等に関する相談への対応に関する事項

八　空家等に関する対策の実施体制に関する事項

九　その他空家等に関する対策の実施に関し必要な事項

▼空家等活用促進区域の指定

<u>3　前項第5号に掲げる事項には、次に掲げる区域内の区域であって、当該区域内の空家等の数及びその分布の状況、その活用の状況その他の状況からみて当該区域における経済的社会的活動の促進のために当該区域内の空家等及び空家等の跡地の活用が必要となると認められる区域（以下「空家等活用促進区域」という。）並びに当該空家等活用促進区域における空家等及び空家等の跡地の活用の促進を図るための指針（以下「空家等活用促進指針」という。）に関する事項を定めることができる。</u>

<u>一　中心市街地の活性化に関する法律（平成10年法律第92号）第2条に規定する中心市街地</u>

<u>二　地域再生法（平成17年法律第24号）第5条第4項第八号に規定する地域再生拠点</u>

<u>三　地域再生法第5条第4項第十一号に規定する地域住宅団地再生区域</u>

<u>四　地域における歴史的風致の維持及び向上に関する法律（平成20年法律第40号）第2条第2項に規定する重点区域</u>

<u>五　前各号に掲げるもののほか、市町村における経済的社会的活動の拠点としての機能を有する区域として国土交通省令・総務省令で定める区域</u>

</td><td>

地（以下「空家等の跡地」という。）の活用の促進に関する事項

六　特定空家等に対する措置（<u>第14条第1項</u>の規定による助言若しくは指導、同条第2項の規定による勧告、同条第3項の規定による命令又は<u>同条第9項若しくは第10項の規定による代執行</u>をいう。以下同じ。）その他の特定空家等への対処に関する事項

七　住民等からの空家等に関する相談への対応に関する事項

八　空家等に関する対策の実施体制に関する事項

九　その他空家等に関する対策の実施に関し必要な事項

（新設）

</td></tr>
</table>

第4編　参考資料

改　正　後	改　正　前
▼空家等活用促進指針の作成	
4　空家等活用促進指針には、おおむね次に掲げる事項を定めるものとする。	（新設）
一　空家等活用促進区域における空家等及び空家等の跡地の活用に関する基本的な事項	
二　空家等活用促進区域における経済的社会的活動の促進のために活用することが必要な空家等の種類及び当該空家等について誘導すべき用途（第16条第1項及び第18条において「誘導用途」という。）に関する事項	
三　前二号に掲げるもののほか、空家等活用促進区域における空家等及び空家等の跡地の活用を通じた経済的社会的活動の促進に関し必要な事項	
▼敷地特例適用要件、用途特例適用要件の記載	
5　空家等活用促進指針には、前項各号に掲げる事項のほか、特例適用建築物（空家等活用促進区域内の空家等に該当する建築物（建築基準法（昭和25年法律第201号）第2条第一号に規定する建築物をいう。以下この項及び第9項において同じ。）又は空家等の跡地に新築する建築物をいう。次項及び第10項において同じ。）について第17条第1項の規定により読み替えて適用する同法第43条第2項（第一号に係る部分に限る。次項において同じ。）の規定又は第17条第2項の規定により読み替えて適用する同法第48条第1項から第13項まで（これらの規定を同法第87条第2項又は第3項において準用する場合を含む。第9項において同じ。）の規定のただし書の規定の適用を受けるための要件に関する事項を定めることができる。	（新設）
▼敷地特例適用要件の条件	
6　前項の第17条第1項の規定により読み替えて適用する建築基準法第43条第2項の規定の適用を受けるための要件（第9項及び第17条第1項において「敷地特例適用要件」という。）は、特例適用建築物（その敷地が幅員1.8メートル以上4	（新設）

200

改　正　後	改　正　前
メートル未満の道（同法第43条第1項に規定する道路に該当するものを除く。）に2メートル以上接するものに限る。）について、避難及び通行の安全上支障がなく、かつ、空家等活用促進区域内における経済的社会的活動の促進及び市街地の環境の整備改善に資するものとして国土交通省令で定める基準を参酌して定めるものとする。	
▼区域設定時の住民意見の反映 7　市町村は、第3項に規定する事項を定めるときは、あらかじめ、当該空家等活用促進区域内の住民の意見を反映させるために必要な措置を講ずるものとする。	（新設）
▼市街化調整区域を含む区域設定時の都道府県知事との協議 8　市町村（地方自治法（昭和22年法律第67号）第252条の19第1項の指定都市及び同法第252条の22第1項の中核市を除く。）は、第3項に規定する事項を定める場合において、市街化調整区域（都市計画法（昭和43年法律第100号）第7条第1項に規定する市街化調整区域をいう。第18条第1項において同じ。）の区域を含む空家等活用促進区域を定めるときは、あらかじめ、当該空家等活用促進区域の区域及び空家等活用促進指針に定める事項について、都道府県知事と協議をしなければならない。	（新設）
▼敷地特例適用要件、用途特例適用要件設定時の特定行政庁との協議・同意 9　市町村は、空家等活用促進指針に敷地特例適用要件に関する事項又は第5項の第17条第2項の規定により読み替えて適用する建築基準法第48条第1項から第13項までの規定のただし書の規定の適用を受けるための要件（以下「用途特例適用要件」という。）に関する事項を記載するときは、あらかじめ、当該事項について、当該空家等活用促進区域内の建築物について建築基準法第43条第2項第一号の定による認定又は同法第48条第1項から第13項まで（これらの規定を同法第87条第2項又は第3項において準用する場	（新設）

第4編　参考資料

改　正　後	改　正　前
合を含む。第17条第２項において同じ。）の規定のただし書の規定による許可の権限を有する特定行政庁（同法第２条第三十五号に規定する特定行政庁をいう。以下この項及び次項において同じ。）と協議をしなければならない。この場合において、用途特例適用要件に関する事項については、当該特定行政庁の同意を得なければならない。	
▼用途特例適用要件設定時の特定行政庁の同意要件	
10　前項の規定により用途特例適用要件に関する事項について協議を受けた特定行政庁は、特例適用建築物を用途特例適用要件に適合する用途に供することが空家等活用促進区域における経済的社会的活動の促進のためにやむを得ないものであると認めるときは、同項の同意をすることができる。	（新設）
▼区域設定時の都市計画等との調和	
11　空家等対策計画（第３項に規定する事項が定められたものに限る。第16条第１項及び第18条第１項において同じ。）は、都市計画法第６条の２の都市計画区域の整備、開発及び保全の方針及び同法第18条の２の市町村の都市計画に関する基本的な方針との調和が保たれたものでなければならない。	（新設）
12　市町村は、空家等対策計画を定めたときは、遅滞なく、これを公表しなければならない。	3　市町村は、空家等対策計画を定め、又はこれを変更したときは、遅滞なく、これを公表しなければならない。
13　市町村は、都道府県知事に対し、空家等対策計画の作成及び実施に関し、情報の提供、技術的な助言その他必要な援助を求めることができる。	4　市町村は、都道府県知事に対し、空家等対策計画の作成及び変更並びに実施に関し、情報の提供、技術的な助言その他必要な援助を求めることができる。
14　第７項から前項までの規定は、空家等対策計画の変更について準用する。	（新設）
（協議会）	（協議会）
第８条　市町村は、空家等対策計画の作成及び変更並びに実施に関する協議を行うための協議会（以下この条において「協議会」という。）を組織することができる。	第７条　市町村は、空家等対策計画の作成及び変更並びに実施に関する協議を行うための協議会（以下この条において「協議会」という。）を組織することができる。
2　協議会は、市町村長（特別区の区長を	2　協議会は、市町村長（特別区の区長を

含む。以下同じ。）のほか、地域住民、市町村の議会の議員、法務、不動産、建築、福祉、文化等に関する学識経験者その他の市町村長が必要と認める者をもって構成する。

3　前二項に定めるもののほか、協議会の運営に関し必要な事項は、協議会が定める。

（削る）

含む。以下同じ。）のほか、地域住民、市町村の議会の議員、法務、不動産、建築、福祉、文化等に関する学識経験者その他の市町村長が必要と認める者をもって構成する。

3　前二項に定めるもののほか、協議会の運営に関し必要な事項は、協議会が定める。

（都道府県による援助）

第8条　都道府県知事は、空家等対策計画の作成及び変更並びに実施その他空家等に関しこの法律に基づき市町村が講ずる措置について、当該市町村に対する情報の提供及び技術的な助言、市町村相互間の連絡調整その他必要な援助を行うよう努めなければならない。

（新設）

第2章　空家等の調査

（立入調査等）

第9条　市町村長は、当該市町村の区域内にある空家等の所在及び当該空家等の所有者等を把握するための調査その他空家等に関しこの法律の施行のために必要な調査を行うことができる。

▼特定空家等の所有者等への報告徴収

2　市町村長は、第22条第1項から第3項までの規定の施行に必要な限度において、空家等の所有者等に対し、当該空家等に関する事項に関し報告させ、又はその職員若しくはその委任した者に、空家等と認められる場所に立ち入って調査をさせることができる。

3　市町村長は、前項の規定により当該職員又はその委任した者を空家等と認められる場所に立ち入らせようとするときは、その5日前までに、当該空家等の所有者等にその旨を通知しなければならない。ただし、当該所有者等に対し通知することが困難であるときは、この限りでない。

4　第2項の規定により空家等と認められる場所に立ち入ろうとする者は、その身分を示す証明書を携帯し、関係者の請求があったときは、これを提示しなければならない。

（立入調査等）

第9条　市町村長は、当該市町村の区域内にある空家等の所在及び当該空家等の所有者等を把握するための調査その他空家等に関しこの法律の施行のために必要な調査を行うことができる。

2　市町村長は、第14条第1項から第3項までの規定の施行に必要な限度において、当該職員又はその委任した者に、空家等と認められる場所に立ち入って調査をさせることができる。

3　市町村長は、前項の規定により当該職員又はその委任した者を空家等と認められる場所に立ち入らせようとするときは、その5日前までに、当該空家等の所有者等にその旨を通知しなければならない。ただし、当該所有者等に対し通知することが困難であるときは、この限りでない。

4　第2項の規定により空家等と認められる場所に立ち入ろうとする者は、その身分を示す証明書を携帯し、関係者の請求があったときは、これを提示しなければならない。

第4編　参考資料

改　正　後	改　正　前
5　第2項の規定による立入調査の権限は、犯罪捜査のために認められたものと解釈してはならない。	5　第2項の規定による立入調査の権限は、犯罪捜査のために認められたものと解釈してはならない。
（空家等の所有者等に関する情報の利用等）	（空家等の所有者等に関する情報の利用等）
第10条　市町村長は、固定資産税の課税その他の事務のために利用する目的で保有する情報であって氏名その他の空家等の所有者等に関するものについては、この法律の施行のために必要な限度において、その保有に当たって特定された利用の目的以外の目的のために内部で利用することができる。	第10条　市町村長は、固定資産税の課税その他の事務のために利用する目的で保有する情報であって氏名その他の空家等の所有者等に関するものについては、この法律の施行のために必要な限度において、その保有に当たって特定された利用の目的以外の目的のために内部で利用することができる。
2　都知事は、固定資産税の課税その他の事務で市町村が処理するものとされているもののうち特別区の存する区域においては都が処理するものとされているもののために利用する目的で都が保有する情報であって、特別区の区域内にある空家等の所有者等に関するものについて、当該特別区の区長から提供を求められたときは、この法律の施行のために必要な限度において、速やかに当該情報の提供を行うものとする。	2　都知事は、固定資産税の課税その他の事務で市町村が処理するものとされているもののうち特別区の存する区域においては都が処理するものとされているもののために利用する目的で都が保有する情報であって、特別区の区域内にある空家等の所有者等に関するものについて、当該特別区の区長から提供を求められたときは、この法律の施行のために必要な限度において、速やかに当該情報の提供を行うものとする。
▼電力会社等への情報の提供要請	
3　前項に定めるもののほか、市町村長は、この法律の施行のために必要があるときは、関係する地方公共団体の長、空家等に工作物を設置している者その他の者に対して、空家等の所有者等の把握に関し必要な情報の提供を求めることができる。	3　前項に定めるもののほか、市町村長は、この法律の施行のために必要があるときは、関係する地方公共団体の長その他の者に対して、空家等の所有者等の把握に関し必要な情報の提供を求めることができる。
（空家等に関するデータベースの整備等）	（空家等に関するデータベースの整備等）
第11条　市町村は、空家等（建築物を販売し、又は賃貸する事業を行う者が販売し、又は賃貸するために所有し、又は管理するもの（周辺の生活環境に悪影響を及ぼさないよう適切に管理されているものに限る。）を除く。以下この条、次条及び第15条において同じ。）に関するデータベースの整備その他空家等に関する正確な情報を把握するために必要な措置を講ずるよう努めるものとする。	第11条　市町村は、空家等（建築物を販売し、又は賃貸する事業を行う者が販売し、又は賃貸するために所有し、又は管理するもの（周辺の生活環境に悪影響を及ぼさないよう適切に管理されているものに限る。）を除く。以下第13条までにおいて同じ。）に関するデータベースの整備その他空家等に関する正確な情報を把握するために必要な措置を講ずるよう努めるものとする。

改　正　後	改　正　前
<u>第3章　空家等の適切な管理に係る</u> 　　　<u>措置</u> （所有者等による空家等の適切な管理の 　促進） 第12条　市町村は、所有者等による空家等 　の適切な管理を促進するため、これらの 　者に対し、情報の提供、助言その他必要 　な援助を行うよう努めるものとする。 ▼管理不全空家等の所有者等への指導・勧 　告 　<u>（適切な管理が行われていない空家等の</u> 　　<u>所有者等に対する措置）</u> <u>第13条　市町村長は、空家等が適切な管理</u> 　<u>が行われていないことによりそのまま放</u> 　<u>置すれば特定空家等に該当することとな</u> 　<u>るおそれのある状態にあると認めるとき</u> 　<u>は、当該状態にあると認められる空家等</u> 　<u>（以下「管理不全空家等」という。）の</u> 　<u>所有者等に対し、基本指針（第6条第2</u> 　<u>項第三号に掲げる事項に係る部分に限</u> 　<u>る。）に即し、当該管理不全空家等が特</u> 　<u>定空家等に該当することとなることを防</u> 　<u>止するために必要な措置をとるよう指導</u> 　<u>をすることができる。</u> 　<u>2　市町村長は、前項の規定による指導を</u> 　<u>した場合において、なお当該管理不全空</u> 　<u>家等の状態が改善されず、そのまま放置</u> 　<u>すれば特定空家等に該当することとなる</u> 　<u>おそれが大きいと認めるときは、当該指</u> 　<u>導をした者に対し、修繕、立木竹の伐採</u> 　<u>その他の当該管理不全空家等が特定空家</u> 　<u>等に該当することとなることを防止する</u> 　<u>ために必要な具体的な措置について勧告</u> 　<u>することができる。</u> ▼相続財産管理制度・不在者財産管理制度 　<u>（空家等の管理に関する民法の特例）</u> <u>第14条　市町村長は、空家等につき、その</u> 　<u>適切な管理のため特に必要があると認め</u> 　<u>るときは、家庭裁判所に対し、民法（明</u> 　<u>治29年法律第89号）第25条第1項の規定</u> 　<u>による命令又は同法第952条第1項の規</u> 　<u>定による相続財産の清算人の選任の請求</u> 　<u>をすることができる。</u>	（新設） （所有者等による空家等の適切な管理の 　促進） 第12条　市町村は、所有者等による空家等 　の適切な管理を促進するため、これらの 　者に対し、情報の提供、助言その他必要 　な援助を行うよう努めるものとする。 （新設） （新設）

改　正　後	改　正　前
▼所有者不明建物管理制度	
<u>2　市町村長は、空家等（敷地を除く。）につき、その適切な管理のため特に必要があると認めるときは、地方裁判所に対し、民法第264条の8第1項の規定による命令の請求をすることができる。</u>	
▼管理不全土地・建物管理制度	
<u>3　市町村長は、管理不全空家等又は特定空家等につき、その適切な管理のため特に必要があると認めるときは、地方裁判所に対し、民法第264条の9第1項又は第264条の14第1項の規定による命令の請求をすることができる。</u>	
<u>第4章　空家等の活用に係る措置</u>	（新設）
（空家等及び空家等の跡地の活用等）	（空家等及び空家等の跡地の活用等）
第15条　市町村は、空家等及び空家等の跡地（土地を販売し、又は賃貸する事業を行う者が販売し、又は賃貸するために所有し、又は管理するものを除く。）に関する情報の提供その他これらの活用のために必要な対策を講ずるよう努めるものとする。	第13条　市町村は、空家等及び空家等の跡地（土地を販売し、又は賃貸する事業を行う者が販売し、又は賃貸するために所有し、又は管理するものを除く。）に関する情報の提供その他これらの活用のために必要な対策を講ずるよう努めるものとする。
▼区域内の所有者等への要請、あっせん等	
<u>（空家等の活用に関する計画作成市町村の要請等）</u>	
<u>第16条　空家等対策計画を作成した市町村（以下「計画作成市町村」という。）の長は、空家等活用促進区域内の空家等（第7条第4項第二号に規定する空家等の種類に該当するものに限る。以下この条において同じ。）について、当該空家等活用促進区域内の経済的社会的活動の促進のために必要があると認めるときは、当該空家等の所有者等に対し、当該空家等について空家等活用促進指針に定められた誘導用途に供するために必要な措置を講ずることを要請することができる。</u>	（新設）
<u>2　計画作成市町村の長は、前項の規定による要請をした場合において、必要があると認めるときは、その要請を受けた空家等の所有者等に対し、当該空家等に関する権利の処分についてのあっせんその他の必要な措置を講ずるよう努めるもの</u>	

206

改　正　後	改　正　前
とする。	
▼建築基準法の接道規制に係る特例（読替表 P.1～P.2）	
（建築基準法の特例）	
第17条　空家等対策計画（敷地特例適用要件に関する事項が定められたものに限る。）が第7条第12項（同条第14項において準用する場合を含む。）の規定により公表されたときは、当該公表の日以後は、同条第6項に規定する特例適用建築物に対する建築基準法43条第2項第一号の規定の適用については、同号中「、利用者」とあるのは「利用者」と、「適合するもので」とあるのは「適合するもの又は空家等対策の推進に関する特別措置法（平成26年法律第127号）第7条第12項（同条第14項において準用する場合を含む。）の規定により公表された同条第1項に規定する空家等対策計画に定められた同条第6項に規定する敷地特例適用要件に適合する同項に規定する特例適用建築物で」とする。	（新設）
▼建築基準法の用途規制に係る特例（読替表 P.3～P.5）	
2　空家等対策計画（用途特例適用要件に関する事項が定められたものに限る。）が第7条第12項（同条第14項において準用する場合を含む。）の規定により公表されたときは、当該公表の日以後は、同条第5項に規定する特例適用建築物に対する建築基準法第48条第1項から第13項までの規定の適用については、同条第1項から第11項まで及び第13項の規定のただし書の規定中「特定行政庁が」とあるのは「特定行政庁が、」と、「認め、」とあるのは「認めて許可した場合」と、同条第1項ただし書中「公益上やむを得ない」とあるのは「空家等対策の推進に関する特別措置法（平成26年法律第127号）第7条第12項（同条第14項において準用する場合を含む。）の規定により公表された同条第1項に規定する空家等対策計画に定められた同条第9項に規定する用途特例適用要件（以下この条において	

改　正　後	改　正　前
「特例適用要件」という。）に適合すると認めて許可した場合その他公益上やむを得ない」と、同条第2項から第11項まで及び第13項の規定のただし書の規定中「公益上やむを得ない」とあるのは「特例適用要件に適合すると認めて許可した場合その他公益上やむを得ない」と、同条第12項ただし書中「特定行政庁が」とあるのは「特定行政庁が、特例適用要件に適合すると認めて許可した場合その他」とする。	
▼都市計画法の建築許可に係る配慮 　（空家等の活用の促進についての配慮） 第18条　都道府県知事は、第7条第12項（同条第14項において準用する場合を含む。）の規定により公表された空家等対策計画に記載された空家等活用促進区域（市街化調整区域に該当する区域に限る。）内の空家等に該当する建築物（都市計画法第4条第10項に規定する建築物をいう。以下この項において同じ。）について、当該建築物を誘導用途に供するため同法第42条第1項ただし書又は第43条第1項の許可（いずれも当該建築物の用途の変更に係るものに限る。）を求められたときは、第7条第8項の協議の結果を踏まえ、当該建築物の誘導用途としての活用の促進が図られるよう適切な配慮をするものとする。	（新設）
▼農地法等による許可その他の処分に係る配慮 2　前項に定めるもののほか、国の行政機関の長又は都道府県知事は、同項に規定する空家等対策計画に記載された空家等活用促進区域内の空家等について、当該空家等を誘導用途に供するため農地法（昭和27年法律第229号）その他の法律の規定による許可その他の処分を求められたときは、当該空家等の活用の促進が図られるよう適切な配慮をするものとする。	
▼地方住宅供給公社の業務特例 　（地方住宅供給公社の業務の特例） 第19条　地方住宅供給公社は、地方住宅供	（新設）

208

給公社法（昭和40年法律第124号）第21
条に規定する業務のほか、空家等活用促
進区域内において、計画作成市町村から
の委託に基づき、空家等の活用のために
行う改修、当該改修後の空家等の賃貸そ
の他の空家等の活用に関する業務を行う
ことができる。

　2　前項の規定により地方住宅供給公社が
同項に規定する業務を行う場合における
地方住宅供給公社法第49条の規定の適用
については、同条第三号中「第21条に規
定する業務」とあるのは、「第21条に規
定する業務及び空家等対策の推進に関す
る特別措置法（平成26年法律第127号）
第19条第1項に規定する業務」とする。

▼都市再生機構の業務特例
　（独立行政法人都市再生機構の行う調査
　等業務）

第20条　独立行政法人都市再生機構は、独
立行政法人都市再生機構法（平成15年法
律第100号）第11条第1項に規定する業
務のほか、計画作成市町村からの委託に
基づき、空家等活用促進区域内における
空家等及び空家等の跡地の活用により地
域における経済的社会的活動の促進を図
るために必要な調査、調整及び技術の提
供の業務を行うことができる。

▼住宅金融支援機構の業務特例
　（独立行政法人住宅金融支援機構の行う
　援助）

第21条　独立行政法人住宅金融支援機構
は、独立行政法人住宅金融支援機構法
（平成17年法律第82号）第13条第1項に
規定する業務のほか、市町村又は第23条
第1項に規定する空家等管理活用支援法
人からの委託に基づき、空家等及び空家
等の跡地の活用の促進に必要な資金の融
通に関する情報の提供その他の援助を行
うことができる。

　　　第5章　特定空家等に対する措置

第22条　市町村長は、特定空家等の所有者
等に対し、当該特定空家等に関し、除
却、修繕、立木竹の伐採その他周辺の生

（新設）

（新設）

（新設）
　（特定空家等に対する措置）

第14条　市町村長は、特定空家等の所有者
等に対し、当該特定空家等に関し、除
却、修繕、立木竹の伐採その他周辺の生

| --- | --- |
活環境の保全を図るために必要な措置（そのまま放置すれば倒壊等著しく保安上危険となるおそれのある状態又は著しく衛生上有害となるおそれのある状態にない特定空家等については、建築物の除却を除く。次項において同じ。）をとるよう助言又は指導をすることができる。	活環境の保全を図るために必要な措置（そのまま放置すれば倒壊等著しく保安上危険となるおそれのある状態又は著しく衛生上有害となるおそれのある状態にない特定空家等については、建築物の除却を除く。次項において同じ。）をとるよう助言又は指導をすることができる。
2　市町村長は、前項の規定による助言又は指導をした場合において、なお当該特定空家等の状態が改善されないと認めるときは、当該助言又は指導を受けた者に対し、相当の猶予期限を付けて、除却、修繕、立木竹の伐採その他周辺の生活環境の保全を図るために必要な措置をとることを勧告することができる。	2　市町村長は、前項の規定による助言又は指導をした場合において、なお当該特定空家等の状態が改善されないと認めるときは、当該助言又は指導を受けた者に対し、相当の猶予期限を付けて、除却、修繕、立木竹の伐採その他周辺の生活環境の保全を図るために必要な措置をとることを勧告することができる。
3　市町村長は、前項の規定による勧告を受けた者が正当な理由がなくてその勧告に係る措置をとらなかった場合において、特に必要があると認めるときは、その者に対し、相当の猶予期限を付けて、その勧告に係る措置をとることを命ずることができる。	3　市町村長は、前項の規定による勧告を受けた者が正当な理由がなくてその勧告に係る措置をとらなかった場合において、特に必要があると認めるときは、その者に対し、相当の猶予期限を付けて、その勧告に係る措置をとることを命ずることができる。
4　市町村長は、前項の措置を命じようとする場合においては、あらかじめ、その措置を命じようとする者に対し、その命じようとする措置及びその事由並びに意見書の提出先及び提出期限を記載した通知書を交付して、その措置を命じようとする者又はその代理人に意見書及び自己に有利な証拠を提出する機会を与えなければならない。	4　市町村長は、前項の措置を命じようとする場合においては、あらかじめ、その措置を命じようとする者に対し、その命じようとする措置及びその事由並びに意見書の提出先及び提出期限を記載した通知書を交付して、その措置を命じようとする者又はその代理人に意見書及び自己に有利な証拠を提出する機会を与えなければならない。
5　前項の通知書の交付を受けた者は、その交付を受けた日から5日以内に、市町村長に対し、意見書の提出に代えて公開による意見の聴取を行うことを請求することができる。	5　前項の通知書の交付を受けた者は、その交付を受けた日から5日以内に、市町村長に対し、意見書の提出に代えて公開による意見の聴取を行うことを請求することができる。
6　市町村長は、前項の規定による意見の聴取の請求があった場合においては、第3項の措置を命じようとする者又はその代理人の出頭を求めて、公開による意見の聴取を行わなければならない。	6　市町村長は、前項の規定による意見の聴取の請求があった場合においては、第3項の措置を命じようとする者又はその代理人の出頭を求めて、公開による意見の聴取を行わなければならない。
7　市町村長は、前項の規定による意見の聴取を行う場合においては、第3項の規定によって命じようとする措置並びに意	7　市町村長は、前項の規定による意見の聴取を行う場合においては、第3項の規定によって命じようとする措置並びに意

見の聴取の期日及び場所を、期日の３日前までに、前項に規定する者に通知するとともに、これを公告しなければならない。

8　第６項に規定する者は、意見の聴取に際して、証人を出席させ、かつ、自己に有利な証拠を提出することができる。

9　市町村長は、第３項の規定により必要な措置を命じた場合において、その措置を命ぜられた者がその措置を履行しないとき、履行しても十分でないとき又は履行しても同項の期限までに完了する見込みがないときは、行政代執行法（昭和23年法律第43号）の定めるところに従い、自ら義務者のなすべき行為をし、又は第三者をしてこれをさせることができる。

▼略式代執行

10　第３項の規定により必要な措置を命じようとする場合において、過失がなくてその措置を命ぜられるべき者（以下この項及び次項において「命令対象者」という。）を確知することができないとき（過失がなくて第１項の助言若しくは指導又は第２項の勧告が行われるべき者を確知することができないため第３項に定める手続により命令を行うことができないときを含む。）は、市町村長は、当該命令対象者の負担において、その措置を自ら行い、又はその命じた者若しくは委任した者（以下この項及び次項において「措置実施者」という。）にその措置を行わせることができる。この場合においては、市町村長は、その定めた期限内に命令対象者においてその措置を行うべき旨及びその期限までにその措置を行わないときは市町村長又は措置実施者がその措置を行い、当該措置に要した費用を徴収する旨を、あらかじめ公告しなければならない。

▼緊急代執行

11　市町村長は、災害その他非常の場合において、特定空家等が保安上著しく危険な状態にある等当該特定空家等に関し緊急に除却、修繕、立木竹の伐採その他周

見の聴取の期日及び場所を、期日の３日前までに、前項に規定する者に通知するとともに、これを公告しなければならない。

8　第６項に規定する者は、意見の聴取に際して、証人を出席させ、かつ、自己に有利な証拠を提出することができる。

9　市町村長は、第３項の規定により必要な措置を命じた場合において、その措置を命ぜられた者がその措置を履行しないとき、履行しても十分でないとき又は履行しても同項の期限までに完了する見込みがないときは、行政代執行法（昭和23年法律第43号）の定めるところに従い、自ら義務者のなすべき行為をし、又は第三者をしてこれをさせることができる。

10　第３項の規定により必要な措置を命じようとする場合において、過失がなくてその措置を命ぜられるべき者を確知することができないとき（過失がなくて第１項の助言若しくは指導又は第２項の勧告が行われるべき者を確知することができないため第３項に定める手続により命令を行うことができないときを含む。）は、市町村長は、その者の負担において、その措置を自ら行い、又はその命じた者若しくは委任した者に行わせることができる。この場合においては、相当の期限を定めて、その措置を行うべき旨及びその期限までにその措置を行わないときは、市町村長又はその命じた者若しくは委任した者がその措置を行うべき旨をあらかじめ公告しなければならない。

（新設）

第４編　参考資料

211

改　正　後	改　正　前
辺の生活環境の保全を図るために必要な措置をとる必要があると認めるときで、第３項から第８項までの規定により当該措置をとることを命ずるいとまがないときは、これらの規定にかかわらず、当該特定空家等に係る命令対象者の負担において、その措置を自ら行い、又は措置実施者に行わせることができる。	
▼略式代執行、緊急代執行時の費用徴収	
12　前二項の規定により負担させる費用の徴収については、行政代執行法第５条及び第６条の規定を準用する。	（新設）
13　市町村長は、第３項の規定による命令をした場合においては、標識の設置その他国土交通省令・総務省令で定める方法により、その旨を公示しなければならない。	11　市町村長は、第３項の規定による命令をした場合においては、標識の設置その他国土交通省令・総務省令で定める方法により、その旨を公示しなければならない。
14　前項の標識は、第３項の規定による命令に係る特定空家等に設置することができる。この場合においては、当該特定空家等の所有者等は、当該標識の設置を拒み、又は妨げてはならない。	12　前項の標識は、第３項の規定による命令に係る特定空家等に設置することができる。この場合においては、当該特定空家等の所有者等は、当該標識の設置を拒み、又は妨げてはならない。
15　第３項の規定による命令については、行政手続法（平成５年法律第88号）第３章（第12条及び第14条を除く。）の規定は、適用しない。	13　第３項の規定による命令については、行政手続法（平成５年法律第88号）第３章（第12条及び第14条を除く。）の規定は、適用しない。
16　国土交通大臣及び総務大臣は、特定空家等に対する措置に関し、その適切な実施を図るために必要な指針を定めることができる。	14　国土交通大臣及び総務大臣は、特定空家等に対する措置に関し、その適切な実施を図るために必要な指針を定めることができる。
17　前各項に定めるもののほか、特定空家等に対する措置に関し必要な事項は、国土交通省令・総務省令で定める。	15　前各項に定めるもののほか、特定空家等に対する措置に関し必要な事項は、国土交通省令・総務省令で定める。
第６章　空家等管理活用支援法人	（新設）
▼支援法人の指定	
（空家等管理活用支援法人の指定）	
第23条　市町村長は、特定非営利活動促進法（平成10年法律第７号）第２条第２項に規定する特定非営利活動法人、一般社団法人若しくは一般財団法人又は空家等の管理若しくは活用を図る活動を行うことを目的とする会社であって、次条各号に掲げる業務を適正かつ確実に行うことができると認められるものを、その申請	（新設）

により、空家等管理活用支援法人（以下
「支援法人」という。）として指定する
ことができる。

2　市町村長は、前項の規定による指定を
したときは、当該支援法人の名称又は商
号、住所及び事務所又は営業所の所在地
を公示しなければならない。

3　支援法人は、その名称若しくは商号、
住所又は事務所若しくは営業所の所在地
を変更するときは、あらかじめ、その旨
を市町村長に届け出なければならない。

4　市町村長は、前項の規定による届出が
あったときは、当該届出に係る事項を公
示しなければならない。

▼支援法人の業務

（支援法人の業務）

第24条　支援法人は、次に掲げる業務を行
うものとする。

　　二　空家等の所有者等その他空家等の管
理又は活用を行おうとする者に対し、
当該空家等の管理又は活用の方法に関
する情報の提供又は相談その他の当該
空家等の適切な管理又はその活用を図
るために必要な援助を行うこと。

　　二　委託に基づき、定期的な空家等の状
態の確認、空家等の活用のために行う
改修その他の空家等の管理又は活用の
ため必要な事業又は事務を行うこと。

　　三　委託に基づき、空家等の所有者等の
探索を行うこと。

　　四　空家等の管理又は活用に関する調査
研究を行うこと。

　　五　空家等の管理又は活用に関する普及
啓発を行うこと。

　　六　前各号に掲げるもののほか、空家等
の管理又は活用を図るために必要な事
業又は事務を行うこと。

▼支援法人の監督

（監督等）

第25条　市町村長は、前条各号に掲げる業
務の適正かつ確実な実施を確保するため
必要があると認めるときは、支援法人に
対し、その業務に関し報告をさせること
ができる。

（新設）

（新設）

改　正　後	改　正　前
2　市町村長は、支援法人が前条各号に掲げる業務を適正かつ確実に実施していないと認めるときは、支援法人に対し、その業務の運営の改善に関し必要な措置を講ずべきことを命ずることができる。 3　市町村長は、支援法人が前項の規定による命令に違反したときは、第23条第1項の規定による指定を取り消すことができる。 4　市町村長は、前項の規定により指定を取り消したときは、その旨を公示しなければならない。	
▼支援法人への情報の提供等 　（情報の提供等） 第26条　国及び地方公共団体は、支援法人に対し、その業務の実施に関し必要な情報の提供又は指導若しくは助言をするものとする。 2　市町村長は、支援法人からその業務の遂行のため空家等の所有者等を知る必要があるとして、空家等の所有者等に関する情報（以下この項及び次項において「所有者等関連情報」という。）の提供の求めがあったときは、当該空家等の所有者等の探索に必要な限度で、当該支援法人に対し、所有者等関連情報を提供するものとする。 3　前項の場合において、市町村長は、支援法人に対し所有者等関連情報を提供するときは、あらかじめ、当該所有者等関連情報を提供することについて本人（当該所有者等関連情報によって識別される特定の個人をいう。）の同意を得なければならない。 4　前項の同意は、その所在が判明している者に対して求めれば足りる。	（新設）
▼支援法人による空家等対策計画の作成等の提案 　（支援法人による空家等対策計画の作成等の提案） 第27条　支援法人は、その業務を行うために必要があると認めるときは、市町村に対し、国土交通省令・総務省令で定めるところにより、空家等対策計画の作成又	（新設）

は変更をすることを提案することができ
る。この場合においては、基本指針に即
して、当該提案に係る空家等対策計画の
素案を作成して、これを提示しなければ
ならない。

2　前項の規定による提案を受けた市町村
は、当該提案に基づき空家等対策計画の
作成又は変更をするか否かについて、遅
滞なく、当該提案をした支援法人に通知
するものとする。この場合において、空
家等対策計画の作成又は変更をしないこ
ととするときは、その理由を明らかにし
なければならない。

▼支援法人による財産管理人の選任等の請
求の要請
　（市町村長への要請）

第28条　支援法人は、空家等、管理不全空
家等又は特定空家等につき、その適切な
管理のため特に必要があると認めるとき
は、市町村長に対し、第14条各項の規定
による請求をするよう要請することがで
きる。

2　市町村長は、前項の規定による要請が
あった場合において、必要があると認め
るときは、第14条各項の規定による請求
をするものとする。

3　市町村長は、第１項の規定による要請
があった場合において、第14条各項の規
定による請求をする必要がないと判断し
たときは、遅滞なく、その旨及びその理
由を、当該要請をした支援法人に通知す
るものとする。

　　　　第７章　雑則

第29条　国及び都道府県は、市町村が行う
空家等対策計画に基づく空家等に関する
対策の適切かつ円滑な実施に資するた
め、空家等に関する対策の実施に要する
費用に対する補助、地方交付税制度の拡
充その他の必要な財政上の措置を講ずる
ものとする。

2　国及び地方公共団体は、前項に定める
もののほか、市町村が行う空家等対策計
画に基づく空家等に関する対策の適切か

（新設）

（新設）

（新設）
　（財政上の措置及び税制上の措置等）

第15条　国及び都道府県は、市町村が行う
空家等対策計画に基づく空家等に関する
対策の適切かつ円滑な実施に資するた
め、空家等に関する対策の実施に要する
費用に対する補助、地方交付税制度の拡
充その他の必要な財政上の措置を講ずる
ものとする。

2　国及び地方公共団体は、前項に定める
もののほか、市町村が行う空家等対策計
画に基づく空家等に関する対策の適切か

第4編　参考資料

改　正　後	改　正　前
つ円滑な実施に資するため、必要な税制上の措置その他の措置を講ずるものとする。	つ円滑な実施に資するため、必要な税制上の措置その他の措置を講ずるものとする。
第8章　罰則	（新設）
	（過料）
第30条　第22条第3項の規定による市町村長の命令に違反した者は、50万円以下の過料に処する。	第16条　第14条第3項の規定による市町村長の命令に違反した者は、50万円以下の過料に処する。
▼立入検査、報告徴収の罰則	
2　第9条第2項の規定による報告をせず、若しくは虚偽の報告をし、又は同項の規定による立入調査を拒み、妨げ、若しくは忌避した者は、20万円以下の過料に処する。	2　第9条第2項の規定による立入調査を拒み、妨げ、又は忌避した者は、20万円以下の過料に処する。

●地方税法（昭和25年法律第226号）（抄）（附則第５条関係）

（傍線の部分は令和５年改正法による改正部分）

改　正　後	改　正　前
（住宅用地に対する固定資産税の課税標準の特例） ▼勧告を受けた管理不全空家等の敷地に係る住宅用地特例の解除 第349条の３の２　専ら人の居住の用に供する家屋又はその一部を人の居住の用に供する家屋で政令で定めるものの敷地の用に供されている土地で政令で定めるもの（前条（第11項を除く。）の規定の適用を受けるもの並びに空家等対策の推進に関する特別措置法（平成26年法律第127号）第13条第２項の規定により所有者等（同法第５条に規定する所有者等をいう。以下この項において同じ。）に対し勧告がされた同法第13条第１項に規定する管理不全空家等及び同法第22条第２項の規定により所有者等に対し勧告がされた同法第２条第２項に規定する特定空家等の敷地の用に供されている土地を除く。以下この条、次条第１項、第352条の２第１項及び第３項並びに第384条において「住宅用地」という。）に対して課する固定資産税の課税標準は、第349条及び前条第11項の規定にかかわらず、当該住宅用地に係る固定資産税の課税標準となるべき価格の３分の１の額とする。 ２・３　（略）	（住宅用地に対する固定資産税の課税標準の特例） 第349条の３の２　専ら人の居住の用に供する家屋又はその一部を人の居住の用に供する家屋で政令で定めるものの敷地の用に供されている土地で政令で定めるもの（前条（第11項を除く。）の規定の適用を受けるもの及び空家等対策の推進に関する特別措置法（平成26年法律第127号）第14条第２項の規定により所有者等（同法第３条に規定する所有者等をいう。）に対し勧告がされた同法第２条第２項に規定する特定空家等の敷地の用に供されている土地を除く。以下この条、次条第１項、第352条の２第１項及び第３項並びに第384条において「住宅用地」という。）に対して課する固定資産税の課税標準は、第349条及び前条第11項の規定にかかわらず、当該住宅用地に係る固定資産税の課税標準となるべき価格の３分の１の額とする。 ２・３　（略）

●独立行政法人都市再生機構法（平成15年法律第100号）（抄）（附則第7条関係）

（傍線の部分は令和5年改正法による改正部分）

改　正　後	改　正　前
第11条　（略） 2　機構は、前項の業務のほか、次に掲げる業務を行う。 　一～八　（略） 　九　空家等対策の推進に関する特別措置法（平成26年法律第127号）第20条に規定する業務 　十　（略） 3　（略）	第11条　（略） 2　機構は、前項の業務のほか、次に掲げる業務を行う。 　一～八　（略） （新設） 　九　（略） 3　（略）

●独立行政法人住宅金融支援機構法（平成17年法律第82号）（抄）（附則第8条関係）

（傍線の部分は令和5年改正法による改正部分）

改　正　後	改　正　前
（業務の範囲） 第13条　機構は、第4条の目的を達成するため、次の業務を行う。 　一～十　（略） 　十一　機構が第一号の業務により譲り受ける貸付債権に係る貸付けを受けた者若しくは第五号から第七号まで若しくは前号若しくは<u>次項第三号若しくは第六号</u>の規定による貸付けを受けた者とあらかじめ契約を締結して、その者が死亡した場合（重度障害の状態となった場合を含む。以下同じ。）に支払われる生命保険の保険金若しくは生命共済の共済金（以下「保険金等」という。）を当該貸付けに係る債務の弁済に充当し、又は沖縄振興開発金融公庫法（昭和47年法律第31号）第19条第1項第三号の規定による貸付けを受けた者とあらかじめ契約を締結して、その者が死亡した場合に支払われる保険金等により当該貸付けに係る債務を弁済すること。 　十二　（略） 2　機構は、前項に規定する業務のほか、次の業務を行う。 　一　（略） 　<u>二　空家等対策の推進に関する特別措置法（平成26年法律第127号）第21条の規定による情報の提供その他の援助を行うこと。</u> 　<u>三～八</u>　（略） （区分経理） 第17条　機構は、次に掲げる業務ごとに経理を区分し、それぞれ勘定を設けて整理しなければならない。 　一　（略） 　二　第13条第1項第三号の業務（特定貸付債権に係るものを除く。）及び<u>同条第2項第五号</u>の業務並びにこれらに附帯する業務	（業務の範囲） 第13条　機構は、第4条の目的を達成するため、次の業務を行う。 　一～十　（略） 　十一　機構が第一号の業務により譲り受ける貸付債権に係る貸付けを受けた者若しくは第五号から第七号まで若しくは前号若しくは<u>次項第二号若しくは第五号</u>の規定による貸付けを受けた者とあらかじめ契約を締結して、その者が死亡した場合（重度障害の状態となった場合を含む。以下同じ。）に支払われる生命保険の保険金若しくは生命共済の共済金（以下「保険金等」という。）を当該貸付けに係る債務の弁済に充当し、又は沖縄振興開発金融公庫法（昭和47年法律第31号）第19条第1項第三号の規定による貸付けを受けた者とあらかじめ契約を締結して、その者が死亡した場合に支払われる保険金等により当該貸付けに係る債務を弁済すること。 　十二　（略） 2　機構は、前項に規定する業務のほか、次の業務を行う。 　一　（略） 　（新設） 　<u>二～七</u>　（略） （区分経理） 第17条　機構は、次に掲げる業務ごとに経理を区分し、それぞれ勘定を設けて整理しなければならない。 　一　（略） 　二　第13条第1項第三号の業務（特定貸付債権に係るものを除く。）及び<u>同条第2項第四号</u>の業務並びにこれらに附帯する業務

改　正　後	改　正　前
三　<u>第13条第２項第六号</u>の業務及びこれ 　に附帯する業務	三　<u>第13条第２項第五号</u>の業務及びこれ 　に附帯する業務
四　（略）	四　（略）
（長期借入金及び住宅金融支援機構債券 　等）	（長期借入金及び住宅金融支援機構債券 　等）
第19条　機構は、第13条第１項（第四号及 　び第十二号を除く。）及び<u>第２項第三号</u> 　<u>から第六号まで</u>の業務に必要な費用に充 　てるため、主務大臣の認可を受けて、長 　期借入金をし、又は住宅金融支援機構債 　券（以下「機構債券」という。）を発行 　することができる。	第19条　機構は、第13条第１項（第四号及 　び第十二号を除く。）及び<u>第２項第二号</u> 　<u>から第五号まで</u>の業務に必要な費用に充 　てるため、主務大臣の認可を受けて、長 　期借入金をし、又は住宅金融支援機構債 　券（以下「機構債券」という。）を発行 　することができる。
２　（略）	２　（略）
３　機構は、<u>第13条第２項第六号</u>の業務に 　必要な費用に充てるため、主務大臣の認 　可を受けて、勤労者財産形成促進法第６ 　条第１項に規定する勤労者財産形成貯蓄 　契約、同条第２項に規定する勤労者財産 　形成年金貯蓄契約又は同条第４項に規定 　する勤労者財産形成住宅貯蓄契約を締結 　した同条第１項第一号に規定する金融機 　関等、同項第二号に規定する生命保険会 　社等及び同項第二号の二に規定する損害 　保険会社が引き受けるべきものとして、 　住宅金融支援機構財形住宅債券（以下 　「財形住宅債券」という。）を発行する 　ことができる。	３　機構は、<u>第13条第２項第五号</u>の業務に 　必要な費用に充てるため、主務大臣の認 　可を受けて、勤労者財産形成促進法第６ 　条第１項に規定する勤労者財産形成貯蓄 　契約、同条第２項に規定する勤労者財産 　形成年金貯蓄契約又は同条第２項に規定 　する勤労者財産形成住宅貯蓄契約を締結 　した同条第１項第一号に規定する金融機 　関等、同項第二号に規定する生命保険会 　社等及び同項第二号の二に規定する損害 　保険会社が引き受けるべきものとして、 　住宅金融支援機構財形住宅債券（以下 　「財形住宅債券」という。）を発行する 　ことができる。
４・５　（略）	４・５　（略）
６　機構は、<u>第13条第２項第六号</u>の業務に 　係る長期借入金の借入れに関する事務の 　全部又は一部を主務省令で定める金融機 　関に、機構債券又は財形住宅債券の発行 　に関する事務の全部又は一部を本邦又は 　外国の銀行、信託会社又は金融商品取引 　業（金融商品取引法（昭和23年法律第25 　号）第２条第８項に規定する金融商品取 　引業をいう。次項において同じ。）を行 　う者に委託することができる。	６　機構は、<u>第13条第２項第五号</u>の業務に 　係る長期借入金の借入れに関する事務の 　全部又は一部を主務省令で定める金融機 　関に、機構債券又は財形住宅債券の発行 　に関する事務の全部又は一部を本邦又は 　外国の銀行、信託会社又は金融商品取引 　業（金融商品取引法（昭和23年法律第25 　号）第２条第８項に規定する金融商品取 　引業をいう。次項において同じ。）を行 　う者に委託することができる。
７・８　（略）	７・８　（略）
（貸付債権の信託の受益権の譲渡等）	（貸付債権の信託の受益権の譲渡等）
第22条　機構は、主務大臣の認可を受け 　て、債権譲受業務又は第13条第１項第五 　号から第十号まで若しくは<u>第２項第三号</u> 　<u>若しくは第四号</u>の業務に必要な費用に充	第22条　機構は、主務大臣の認可を受け 　て、債権譲受業務又は第13条第１項第五 　号から第十号まで若しくは<u>第２項第二号</u> 　<u>若しくは第三号</u>の業務に必要な費用に充

改　正　後	改　正　前
てるため、その貸付債権について、次に掲げる行為をすることができる。	てるため、その貸付債権について、次に掲げる行為をすることができる。
一〜三　　（略）	一〜三　　（略）
（厚生労働大臣との協議）	（厚生労働大臣との協議）
第28条　主務大臣は、<u>第13条第2項第六号</u>の業務に関し、通則法第28条第1項の認可をしようとするときは、厚生労働大臣に協議しなければならない。	第28条　主務大臣は、<u>第13条第2項第五号</u>の業務に関し、通則法第28条第1項の認可をしようとするときは、厚生労働大臣に協議しなければならない。
附　則	附　則
（業務の特例等）	（業務の特例等）
第7条　（略）	第7条　（略）
2〜5　　（略）	2〜5　　（略）
6　機構が第1項から第4項までに規定する業務を行う場合には、第15条第1項、第18条第1項及び第35条第二号中「第13条」とあるのは「第13条及び附則第7条第1項から第4項まで」と、第16条第1項中「除く。)」とあるのは「除く。)及び附則第7条第1項から第4項まで」と、第17条第三号中「業務及び」とあるのは「業務（附則第7条第1項第一号及び第2項（第一号に係る部分に限る。)に規定する業務で附則第16条の規定による改正前の勤労者財産形成促進法第10条第1項本文の規定による貸付けに係るものを含む。)及び」と、同条第四号中「掲げる業務」とあるのは「掲げる業務及び附則第7条第5項に規定する既往債権管理業務」と、第19条第1項中<u>「第六号まで」</u>とあるのは<u>「第六号まで並びに</u>附則第7条第1項（第五号及び第六号を除く。)から第3項まで」と、第21条中「という。)により」とあるのは「という。)若しくは附則第7条第1項第三号の業務により」と、第22条中<u>「第四号」</u>とあるのは<u>「第四号</u>若しくは附則第7条第1項第一号若しくは第三号若しくは第2項」とする。	6　機構が第1項から第4項までに規定する業務を行う場合には、第15条第1項、第18条第1項及び第35条第二号中「第13条」とあるのは「第13条及び附則第7条第1項から第4項まで」と、第16条第1項中「除く。)」とあるのは「除く。)及び附則第7条第1項から第4項まで」と、第17条第三号中「業務及び」とあるのは「業務（附則第7条第1項第一号及び第2項（第一号に係る部分に限る。)に規定する業務で附則第16条の規定による改正前の勤労者財産形成促進法第10条第1項本文の規定による貸付けに係るものを含む。)及び」と、同条第四号中「掲げる業務」とあるのは「掲げる業務及び附則第7条第5項に規定する既往債権管理業務」と、第19条第1項中<u>「第五号まで」</u>とあるのは<u>「第五号まで並びに</u>附則第7条第1項（第五号及び第六号を除く。)から第3項まで」と、第21条中「という。)により」とあるのは「という。)若しくは附則第7条第1項第三号の業務により」と、第22条中<u>「第三号」</u>とあるのは<u>「第三号</u>若しくは附則第7条第1項第一号若しくは第三号若しくは第2項」とする。
7〜15　　（略）	7〜15　　（略）

参考資料⑥

改正後の空家等対策の推進に関する
特別措置法に係る読替表

目　次

●空家等対策の推進に関する特別措置法第17条第１項による建築基準法（昭和25年法律第201号）第43条第２項第一号の読替え

（傍線の部分は読替部分）

読　替　後	読　替　前
（敷地等と道路との関係） 第43条　建築物の敷地は、道路（次に掲げるものを除く。第44条第１項を除き、以下同じ。）に２メートル以上接しなければならない。 　一　自動車のみの交通の用に供する道路 　二　地区計画の区域（地区整備計画が定められている区域のうち都市計画法第12条の11の規定により建築物その他の工作物の敷地として併せて利用すべき区域として定められている区域に限る。）内の道路 ２　前項の規定は、次の各号のいずれかに該当する建築物については、適用しない。 　一　その敷地が幅員４メートル以上の道（道路に該当するものを除き、避難及び通行の安全上必要な国土交通省令で定める基準に適合するものに限る。）に２メートル以上接する建築物のうち利用者が少数であるものとしてその用途及び規模に関し国土交通省令で定める基準に適合するもの又は空家等対策の推進に関する特別措置法（平成26年法律第127号）第７条第12項（同条第14項において準用する場合を含む。）の規定により公表された同条第１項に規定する空家等対策計画に定められた同条第６項に規定する敷地特例適用要件に適合する同項に規定する特例適用建築物で、特定行政庁が交通上、安全上、防火上及び衛生上支障がないと認めるもの 　二　その敷地の周囲に広い空地を有する建築物その他の国土交通省令で定める基準に適合する建築物で、特定行政庁が交通上、安全上、防火上及び衛生上支障がないと認めて建築審査会の同意を得て許可したもの ３　（略）	（敷地等と道路との関係） 第43条　建築物の敷地は、道路（次に掲げるものを除く。第44条第１項を除き、以下同じ。）に２メートル以上接しなければならない。 　一　自動車のみの交通の用に供する道路 　二　地区計画の区域（地区整備計画が定められている区域のうち都市計画法第12条の11の規定により建築物その他の工作物の敷地として併せて利用すべき区域として定められている区域に限る。）内の道路 ２　前項の規定は、次の各号のいずれかに該当する建築物については、適用しない。 　一　その敷地が幅員４メートル以上の道（道路に該当するものを除き、避難及び通行の安全上必要な国土交通省令で定める基準に適合するものに限る。）に２メートル以上接する建築物のうち、利用者が少数であるものとしてその用途及び規模に関し国土交通省令で定める基準に適合するもので、特定行政庁が交通上、安全上、防火上及び衛生上支障がないと認めるもの 　二　その敷地の周囲に広い空地を有する建築物その他の国土交通省令で定める基準に適合する建築物で、特定行政庁が交通上、安全上、防火上及び衛生上支障がないと認めて建築審査会の同意を得て許可したもの ３　（略）

●空家等対策の推進に関する特別措置法第17条第2項による建築基準法（昭和25年法律第201号）第48条第1項から第13項までの読替え

（傍線の部分は読替部分）

読　替　後	読　替　前
（用途地域等） 第48条　第一種低層住居専用地域内においては、別表第2(い)項に掲げる建築物以外の建築物は、建築してはならない。ただし、特定行政庁が、第一種低層住居専用地域における良好な住居の環境を害するおそれがないと認めて許可した場合又は空家等対策の推進に関する特別措置法（平成26年法律第127号）第7条第12項（同条第14項において準用する場合を含む。）の規定により公表された同条第1項に規定する空家等対策計画に定められた同条第9項に規定する用途特例適用要件（以下この条において「特例適用要件」という。）に適合すると認めて許可した場合その他公益上やむを得ないと認めて許可した場合においては、この限りでない。	（用途地域等） 第48条　第一種低層住居専用地域内においては、別表第2(い)項に掲げる建築物以外の建築物は、建築してはならない。ただし、特定行政庁が第一種低層住居専用地域における良好な住居の環境を害するおそれがないと認め、又は公益上やむを得ないと認めて許可した場合においては、この限りでない。
2　第二種低層住居専用地域内においては、別表第2(ろ)項に掲げる建築物以外の建築物は、建築してはならない。ただし、特定行政庁が、第二種低層住居専用地域における良好な住居の環境を害するおそれがないと認めて許可した場合又は特例適用要件に適合すると認めて許可した場合その他公益上やむを得ないと認めて許可した場合においては、この限りでない。	2　第二種低層住居専用地域内においては、別表第2(ろ)項に掲げる建築物以外の建築物は、建築してはならない。ただし、特定行政庁が第二種低層住居専用地域における良好な住居の環境を害するおそれがないと認め、又は公益上やむを得ないと認めて許可した場合においては、この限りでない。
3　第一種中高層住居専用地域内においては、別表第2(は)項に掲げる建築物以外の建築物は、建築してはならない。ただし、特定行政庁が、第一種中高層住居専用地域における良好な住居の環境を害するおそれがないと認めて許可した場合又は特例適用要件に適合すると認めて許可した場合その他公益上やむを得ないと認めて許可した場合においては、この限りでない。	3　第一種中高層住居専用地域内においては、別表第2(は)項に掲げる建築物以外の建築物は、建築してはならない。ただし、特定行政庁が第一種中高層住居専用地域における良好な住居の環境を害するおそれがないと認め、又は公益上やむを得ないと認めて許可した場合においては、この限りでない。
4　第二種中高層住居専用地域内においては、別表第2(に)項に掲げる建築物は、建	4　第二種中高層住宅専用地域内においては、別表第2(に)項に掲げる建築物は、建

224

築してはならない。ただし、<u>特定行政庁が</u>、第二種中高層住居専用地域における良好な住居の環境を害するおそれがない<u>と認めて許可した場合又は特例適用要件に適合すると認めて許可した場合その他公益上やむを得ないと認めて許可した場合</u>においては、この限りでない。	築してはならない。ただし、<u>特定行政庁が</u>第二種中高層住居専用地域における良好な住居の環境を害するおそれがないと<u>認め、又は公益上やむを得ない</u>と認めて許可した場合においては、この限りでない。
5　第一種住居地域内においては、別表第2(ほ)項に掲げる建築物は、建築してはならない。ただし、<u>特定行政庁が</u>、第一種住居地域における住居の環境を害するおそれがないと認めて許可した場合又は特<u>例適用要件に適合すると認めて許可した場合その他公益上やむを得ない</u>と認めて許可した場合においては、この限りでない。	5　第一種住居地域内においては、別表第2(ほ)項に掲げる建築物は、建築してはならない。ただし、<u>特定行政庁が</u>第一種住居地域における住居の環境を害するおそれがないと<u>認め、又は公益上やむを得ない</u>と認めて許可した場合においては、この限りでない。
6　第二種住居地域内においては、別表第2(へ)項に掲げる建築物は、建築してはならない。ただし、<u>特定行政庁が</u>、第二種住居地域における住居の環境を害するおそれがないと<u>認めて許可した場合又は特例適用要件に適合すると認めて許可した場合その他公益上やむを得ない</u>と認めて許可した場合においては、この限りでない。	6　第二種住居地域内においては、別表第2(へ)項に掲げる建築物は、建築してはならない。ただし、<u>特定行政庁が</u>第二種住居地域における住居の環境を害するおそれがないと<u>認め、又は公益上やむを得ない</u>と認めて許可した場合においては、この限りでない。
7　準住居地域内においては、別表第2(と)項に掲げる建築物は、建築してはならない。ただし、<u>特定行政庁が</u>、準住居地域における住居の環境を害するおそれがないと<u>認めて許可した場合又は特例適用要件に適合すると認めて許可した場合その他公益上やむを得ない</u>と認めて許可した場合においては、この限りでない。	7　準住居地域内においては、別表第2(と)項に掲げる建築物は、建築してはならない。ただし、<u>特定行政庁が</u>準住居地域における住居の環境を害するおそれがないと<u>認め、又は公益上やむを得ない</u>と認めて許可した場合においては、この限りでない。
8　田園住居地域内においては、別表第2(ち)項に掲げる建築物以外の建築物は、建築してはならない。ただし、<u>特定行政庁が</u>、農業の利便及び田園住居地域における良好な住居の環境を害するおそれがないと<u>認めて許可した場合又は特例適用要件に適合すると認めて許可した場合その他公益上やむを得ない</u>と認めて許可した場合においては、この限りでない。	8　田園住居地域内においては、別表第2(ち)項に掲げる建築物以外の建築物は、建築してはならない。ただし、<u>特定行政庁が</u>農業の利便及び田園住居地域における良好な住居の環境を害するおそれがないと<u>認め、又は公益上やむを得ない</u>と認めて許可した場合においては、この限りでない。
9　近隣商業地域内においては、別表第2(り)項に掲げる建築物は、建築してはなら	9　近隣商業地域内においては、別表第2(り)項に掲げる建築物は、建築してはなら

読替後	読替前
ない。ただし、特定行政庁が、近隣の住宅地の住民に対する日用品の供給を行うことを主たる内容とする商業その他の業務の利便及び当該住宅地の環境を害するおそれがないと認めて許可した場合又は特例適用要件に適合すると認めて許可した場合その他公益上やむを得ないと認めて許可した場合においては、この限りでない。	ない。ただし、特定行政庁が近隣の住宅地の住民に対する日用品の供給を行うことを主たる内容とする商業その他の業務の利便及び当該住宅地の環境を害するおそれがないと認め、又は公益上やむを得ないと認めて許可した場合においては、この限りでない。
10　商業地域内においては、別表第2(ぬ)項に掲げる建築物は、建築してはならない。ただし、特定行政庁が、商業の利便を害するおそれがないと認めて許可した場合又は特例適用要件に適合すると認めて許可した場合その他公益上やむを得ないと認めて許可した場合においては、この限りでない。	10　商業地域内においては、別表第2(ぬ)項に掲げる建築物は、建築してはならない。ただし、特定行政庁が商業の利便を害するおそれがないと認め、又は公益上やむを得ないと認めて許可した場合においては、この限りでない。
11　準工業地域内においては、別表第2(る)項に掲げる建築物は、建築してはならない。ただし、特定行政庁が、安全上若しくは防火上の危険の度若しくは衛生上の有害の度が低いと認めて許可した場合又は特例適用要件に適合すると認めて許可した場合その他公益上やむを得ないと認めて許可した場合においては、この限りでない。	11　準工業地域内においては、別表第2(る)項に掲げる建築物は、建築してはならない。ただし、特定行政庁が安全上若しくは防火上の危険の度若しくは衛生上の有害の度が低いと認め、又は公益上やむを得ないと認めて許可した場合においては、この限りでない。
12　工業地域内においては、別表第2(を)項に掲げる建築物は、建築してはならない。ただし、特定行政庁が、特例適用要件に適合すると認めて許可した場合その他工業の利便上又は公益上必要と認めて許可した場合においては、この限りでない。	12　工業地域内においては、別表第2(を)項に掲げる建築物は、建築してはならない。ただし、特定行政庁が工業の利便上又は公益上必要と認めて許可した場合においては、この限りでない。
13　工業専用地域内においては、別表第2(わ)項に掲げる建築物は、建築してはならない。ただし、特定行政庁が、工業の利便を害するおそれがないと認めて許可した場合又は特例適用要件に適合すると認めて許可した場合その他公益上やむを得ないと認めて許可した場合においては、この限りでない。	13　工業専用地域内においては、別表第2(わ)項に掲げる建築物は、建築してはならない。ただし、特定行政庁が工業の利便を害するおそれがないと認め、又は公益上やむを得ないと認めて許可した場合においては、この限りでない。
14～17　(略)	14～17　(略)

●空家等対策の推進に関する特別措置法第19条第2項による地方住宅 供給公社法（昭和40年法律第124号）第49条第三号の読替え

（傍線の部分は読替部分）

読　替　後	読　替　前
第49条　次の各号のいずれかに該当する場合には、その違反行為をした地方公社の役員又は清算人は、20万円以下の過料に処する。 一・二　（略） 三　<u>第21条に規定する業務及び空家等対策の推進に関する特別措置法（平成26年法律第127号）第19条第1項に規定する業務</u>以外の業務を行つたとき。 四～九　（略）	第49条　次の各号のいずれかに該当する場合には、その違反行為をした地方公社の役員又は清算人は、20万円以下の過料に処する。 一・二　（略） 三　<u>第21条に規定する業務</u>以外の業務を行つたとき。 四～九　（略）

●附則第2条第1項による空家等対策の推進に関する特別措置法第7条第8項の読替え

（傍線の部分は読替部分）

読　替　後	読　替　前
（空家等対策計画）	（空家等対策計画）
第7条　（略）	第7条　（略）
2～7　（略）	2～7　（略）
8　市町村（地方自治法（昭和22年法律第67号）第252条の19第1項の指定都市、同法第252条の22第1項の中核市及び地方自治法の一部を改正する法律（平成26年法律第42号）附則第2条に規定する施行時特例市を除く。）は、第3項に規定する事項を定める場合において、市街化調整区域（都市計画法（昭和43年法律第100号）第7条第1項に規定する市街化調整区域をいう。第18条第1項において同じ。）の区域を含む空家等活用促進区域を定めるときは、あらかじめ、当該空家等活用促進区域の区域及び空家等活用促進指針に定める事項について、都道府県知事と協議をしなければならない。	8　市町村（地方自治法（昭和22年法律第67号）第252条の19第1項の指定都市及び同法第252条の22第1項の中核市を除く。）は、第3項に規定する事項を定める場合において、市街化調整区域（都市計画法（昭和43年法律第100号）第7条第1項に規定する市街化調整区域をいう。第18条第1項において同じ。）の区域を含む空家等活用促進区域を定めるときは、あらかじめ、当該空家等活用促進区域の区域及び空家等活用促進指針に定める事項について、都道府県知事と協議をしなければならない。
9～14　（略）	9～14　（略）

●独立行政法人住宅金融支援機構法附則第7条第6項による独立行政法人住宅金融支援機構法（平成17年法律第82号）第15条第1項、第16条第1項、第17条第三号及び第四号、第18条第1項、第19条第1項、第21条、第22条並びに第35条第二号の読替え

（傍線の部分は読替部分）

読　替　後	読　替　前
（緊急の必要がある場合の主務大臣の要求）	（緊急の必要がある場合の主務大臣の要求）
第15条　主務大臣は、災害の発生、経済事情の急激な変動その他の事情が生じた場合において、国民の居住の安定確保を図るために金融上の支援を緊急に行う必要があると認めるときは、機構に対し、<u>第13条及び附則第7条第1項から第4項までに規定する業務に関し必要な措置をとる</u>ことを求めることができる。	第15条　主務大臣は、災害の発生、経済事情の急激な変動その他の事情が生じた場合において、国民の居住の安定確保を図るために金融上の支援を緊急に行う必要があると認めるときは、機構に対し、<u>第13条に規定する業務に関し必要な措置をとる</u>ことを求めることができる。
2　（略）	2　（略）
（業務の委託）	（業務の委託）
第16条　機構は、次に掲げる者に対し、第13条（第1項第四号を<u>除く。）及び附則第7条第1項から第4項までに規定する</u>業務のうち政令で定める業務を委託することができる。	第16条　機構は、次に掲げる者に対し、第13条（第1項第四号を<u>除く。）に規定する</u>業務のうち政令で定める業務を委託することができる。
一　主務省令で定める金融機関	一　主務省令で定める金融機関
二　債権管理回収業に関する特別措置法（平成10年法律第126号）第2条第3項に規定する債権回収会社	二　債権管理回収業に関する特別措置法（平成10年法律第126号）第2条第3項に規定する債権回収会社
三　地方公共団体その他政令で定める法人	三　地方公共団体その他政令で定める法人
2〜5　（略）	2〜5　（略）
（区分経理）	（区分経理）
第17条　機構は、次に掲げる業務ごとに経理を区分し、それぞれ勘定を設けて整理しなければならない。	第17条　機構は、次に掲げる業務ごとに経理を区分し、それぞれ勘定を設けて整理しなければならない。
一　第13条第1項第一号及び第二号の業務、同項第三号の業務（特定貸付債権に係るものに限る。）並びに同条第2項第一号の業務並びにこれらに附帯する業務	一　第13条第1項第一号及び第二号の業務、同項第三号の業務（特定貸付債権に係るものに限る。）並びに同条第2項第一号の業務並びにこれらに附帯する業務
二　第13条第1項第三号の業務（特定貸付債権に係るものを除く。）及び同条第2項第五号の業務並びにこれらに附帯する業務	二　第13条第1項第三号の業務（特定貸付債権に係るものを除く。）及び同条第2項第五号の業務並びにこれらに附帯する業務

読 替 後	読 替 前
三 第13条第2項第六号の業務（附則第7条第1項第一号及び第2項（第一号に係る部分に限る。）に規定する業務で附則第16条の規定による改正前の勤労者財産形成促進法第10条第1項本文の規定による貸付けに係るものを含む。）及びこれに附帯する業務	三 第13条第2項第六号の業務及びこれに附帯する業務
四 前三号に掲げる業務及び附則第7条第5項に規定する既往債権管理業務以外の業務	四 前三号に掲げる業務以外の業務
（利益及び損失の処理の特例等）	（利益及び損失の処理の特例等）
第18条 機構は、前条第二号から第四号までに掲げる業務に係るそれぞれの勘定において、通則法第29条第2項第一号に規定する中期目標の期間（以下「中期目標の期間」という。）の最後の事業年度に係る通則法第44条第1項又は第2項の規定による整理を行った後、同条第1項の規定による積立金があるときは、その額に相当する金額のうち主務大臣の承認を受けた金額を、当該中期目標の期間の次の中期目標の期間における通則法第30条第1項の認可を受けた中期計画（同項後段の規定による変更の認可を受けたときは、その変更後のもの）の定めるところにより、当該次の中期目標の期間における第13条及び附則第7条第1項から第4項までに規定する業務の財源に充てることができる。	第18条 機構は、前条第二号から第四号までに掲げる業務に係るそれぞれの勘定において、通則法第29条第2項第一号に規定する中期目標の期間（以下「中期目標の期間」という。）の最後の事業年度に係る通則法第44条第1項又は第2項の規定による整理を行った後、同条第1項の規定による積立金があるときは、その額に相当する金額のうち主務大臣の承認を受けた金額を、当該中期目標の期間の次の中期目標の期間における通則法第30条第1項の認可を受けた中期計画（同項後段の規定による変更の認可を受けたときは、その変更後のもの）の定めるところにより、当該次の中期目標の期間における第13条に規定する業務の財源に充てることができる。
2～6 （略）	2～6 （略）
（長期借入金及び住宅金融支援機構債券等）	（長期借入金及び住宅金融支援機構債券等）
第19条 機構は、第13条第1項（第四号及び第十二号を除く。）及び第2項第三号から第六号まで並びに附則第7条第1項（第五号及び第六号を除く。）から第3項までの業務に必要な費用に充てるため、主務大臣の認可を受けて、長期借入金をし、又は住宅金融支援機構債券（以下「機構債券」という。）を発行することができる。	第19条 機構は、第13条第1項（第四号及び第十二号を除く。）及び第2項第三号から第六号までの業務に必要な費用に充てるため、主務大臣の認可を受けて、長期借入金をし、又は住宅金融支援機構債券（以下「機構債券」という。）を発行することができる。
2～8 （略）	2～8 （略）
（機構債券の担保のための貸付債権の信託）	（機構債券の担保のための貸付債権の信託）

読　替　後	読　替　前
第21条　機構は、主務大臣の認可を受けて、機構債券に係る債務（前条の規定により政府が保証するものを除く。）の担保に供するため、その貸付債権（第13条第1項第一号の業務（以下「債権譲受業務」という。）若しくは附則第7条第1項第三号の業務により譲り受けた貸付債権又は附則第3条第1項の規定により承継した貸付債権を含む。次条及び第23条第1項において同じ。）の一部について、特定信託をすることができる。 　　（貸付債権の信託の受益権の譲渡等） 第22条　機構は、主務大臣の認可を受けて、債権譲受業務又は第13条第1項第五号から第十号まで若しくは第2項第三号若しくは第四号若しくは附則第7条第1項第一号若しくは第三号若しくは第2項の業務に必要な費用に充てるため、その貸付債権について、次に掲げる行為をすることができる。 　一　特定信託をし、当該特定信託の受益権を譲渡すること。 　二　特定目的会社に譲渡すること。 　三　前二号に掲げる行為に附帯する行為をすること。 第35条　次の各号のいずれかに該当する場合には、その行為をした機構の役員は、20万円以下の過料に処する。 　一　この法律の規定により主務大臣の認可又は承認を受けなければならない場合において、その認可又は承認を受けなかったとき。 　二　第13条及び附則第7条第1項から第4項までに規定する業務以外の業務を行ったとき。 　三　第25条第2項において準用する通則法第47条の規定に違反して金利変動準備基金を運用したとき。	第21条　機構は、主務大臣の認可を受けて、機構債券に係る債務（前条の規定により政府が保証するものを除く。）の担保に供するため、その貸付債権（第13条第1項第一号の業務（以下「債権譲受業務」という。）により譲り受けた貸付債権又は附則第3条第1項の規定により承継した貸付債権を含む。次条及び第23条第1項において同じ。）の一部について、特定信託をすることができる。 　　（貸付債権の信託の受益権の譲渡等） 第22条　機構は、主務大臣の認可を受けて、債権譲受業務又は第13条第1項第五号から第十号まで若しくは第2項第三号若しくは第四号の業務に必要な費用に充てるため、その貸付債権について、次に掲げる行為をすることができる。 　一　特定信託をし、当該特定信託の受益権を譲渡すること。 　二　特定目的会社に譲渡すること。 　三　前二号に掲げる行為に附帯する行為をすること。 第35条　次の各号のいずれかに該当する場合には、その行為をした機構の役員は、20万円以下の過料に処する。 　一　この法律の規定により主務大臣の認可又は承認を受けなければならない場合において、その認可又は承認を受けなかったとき。 　二　第13条に規定する業務以外の業務を行ったとき。 　三　第25条第2項において準用する通則法第47条の規定に違反して金利変動準備基金を運用したとき。

第4編　参考資料

参考資料⑦

空家等対策の推進に関する
特別措置法施行規則等

目　次

●空家等対策の推進に関する特別措置法施行規則

平成27年総務省・国土交通省令第 1 号

　空家等対策の推進に関する特別措置法（平成26年法律第127号）第14条第11項の規定に基づき、空家等対策の推進に関する特別措置法施行規則を次のように定める。

（経済的社会的活動の拠点としての機能を有する区域）
第 1 条　空家等対策の推進に関する特別措置法（以下「法」という。）第 7 条第 3 項第五号の国土交通省令・総務省令で定める区域は、次の各号に掲げるものとする。
　一　地域再生法（平成17年法律第24号）第 5 条第 4 項第七号に規定する商店街活性化促進区域
　二　地域再生法第 5 条第 4 項第十二号に規定する農村地域等移住促進区域
　三　観光圏の整備による観光旅客の来訪及び滞在の促進に関する法律（平成20年法律第39号）第 2 条第 2 項に規定する滞在促進地区
　四　前各号に掲げるもののほか、地域における住民の生活、産業の振興又は文化の向上の拠点であって、生活環境の整備、経済基盤の強化又は就業の機会の創出を図ることが必要であると市町村（特別区を含む。以下同じ。）が認める区域

（公示の方法）
第 2 条　法第22条第13項の国土交通省令・総務省令で定める方法は、市町村の公報への掲載、インターネットの利用その他の適切な方法とする。

（空家等対策計画の作成等の提案）
第 3 条　法第27条第 1 項の規定により空家等対策計画の作成又は変更の提案を行おうとする空家等管理活用支援法人は、その名称又は商号及び主たる事務所の所在地を記載した提案書に当該提案に係る空家等対策計画の素案を添えて、市町村に提出しなければならない。

　附　則
　　この省令は、空家等対策の推進に関する特別措置法附則第 1 項ただし書に規定する規定の施行の日（平成27年 5 月26日）から施行する。

　附　則（令和 5 年12月12日総務省・国土交通省令第 1 号）
　　この省令は、空家等対策の推進に関する特別措置法の一部を改正する法律の施行の日（令和 5 年12月13日）から施行する。

●空家等対策の推進に関する特別措置法第7条第6項に規定する敷地特例適用要件に関する基準を定める省令

令和5年国土交通省令第94号

　空家等対策の推進に関する特別措置法（平成26年法律第127号）第7条第6項の規定に基づき、空家等活用促進のために必要な敷地特例適用要件に関する基準を定める省令を次のように定める。

　（趣旨）
第1条　この省令は、空家等対策の推進に関する特別措置法（以下「法」という。）第7条第6項に規定する敷地特例適用要件（第4条において「敷地特例適用要件」という。）に関する事項を同条第3項に規定する空家等活用促進指針に定めるに当たって参酌すべき基準を定めるものとする。

　（敷地と道との関係）
第2条　法第7条第5項に規定する特例適用建築物（以下「特例適用建築物」という。）の敷地は、将来の幅員が4メートル以上となることが見込まれる道であって、次の各号に掲げる基準に適合するものに接しなければならない。
　一　当該道をその中心線からの水平距離2メートルの線その他当該道の幅員が4メートル以上となる線まで拡幅することについて、拡幅後の当該道の敷地となる土地の所有者及びその土地又はその土地にある建築物若しくは工作物に関して権利を有する者の同意を得たものであること。
　二　法第17条第1項の規定により読み替えて適用する建築基準法（昭和25年法律第201号）第43条第2項第一号の規定による認定の申請をしようとする者その他の関係者が拡幅後の当該道を将来にわたって通行することについて、拡幅後の当該道の敷地となる土地の所有者及びその土地に関して権利を有する者の承諾を得たものであること。

　（構造）
第3条　特例適用建築物は、建築物の耐震改修の促進に関する法律（平成7年法律第123号）第17条第3項第一号に掲げる基準に適合するものでなければならない。

第4条　法第7条第3項の規定により同条第1項に規定する空家等対策計画に定めようとする空家等活用促進区域のうち都市計画法（昭和43年法律第100号）第8条第1項第五号に掲げる防火地域又は準防火地域その他の市街地における火災の危険を防除する必要がある区域として敷地特例適用要件に定める区域（第6条において「防火地域等」という。）における構造に関する基準は、前条及び次条に規定するもののほか、特例適用建築物が建築基準法第53条第3項第一号イに規定する耐火建築物等又は同号ロに規定する準耐火建築物等であること

234

する。

第5条 特例適用建築物は、その敷地に接する道を建築基準法第42条に規定する道路とみなし、拡幅後の当該道の境界線をその道路の境界線とみなして適用する同法第44条第1項、第52条第2項及び第56条第1項第一号の規定に適合するものでなければならない。

（用途）
第6条 次の各号に掲げる区域における用途に関する基準は、特例適用建築物が当該各号に定める用途に供する建築物であることとする。
一　防火地域等　一戸建て住宅
二　防火地域等以外の区域　一戸建て住宅又は建築基準法別表第二（い）項第二号に掲げる用途

（規模）
第7条 特例適用建築物は、地階を除く階数が2以下であるものでなければならない。

附　則
　この省令は、空家等対策の推進に関する特別措置法の一部を改正する法律（令和5年法律第50号）の施行の日（令和5年12月13日）から施行する。

空家等に関する施策を総合的かつ計画的に実施するための基本的な指針

平成27年2月26日付け総務省・国土交通省告示第1号

（最終改正　令和5年12月13日付け総務省・国土交通省告示第3号）

目次

一　空家等に関する施策の実施に関する基本的な事項

1　本基本指針の背景

　近年、地域における人口減少や既存の住宅・建築物の老朽化、社会的ニーズの変化及び産業構造の変化等に伴い、居住その他の使用がなされていないことが常態である住宅その他の建築物又はこれに附属する工作物及びその敷地（立木その他の土地に定着する物を含む。）が年々増加している。このような空家等（空家等対策の推進に関する特別措置法（平成26年法律第127号）第2条第1項に規定する空家等をいう。以下同じ。）の中には、適切な管理が行われていない結果として安全性の低下、公衆衛生の悪化、景観の阻害等多岐にわたる問題を生じさせ、ひいては地域住民の生活環境に深刻な影響を及ぼしているものがある。

　このような状況から、市町村（特別区を含む。以下同じ。）等の地方公共団体は、適切な管理が行われていない空家等に対して既存法や条例に基づき必要な助言・指導、勧告、命令等を行い適切な管理を促すとともに、それぞれの地域の活性化等の観点から、国の財政上の支援措置等を利用しながら空家等を地域資源として活用するなど地域の実情に応じた空家等に関する施策を実施してきた。

　しかしながら、空家等がもたらす問題が多岐にわたる一方で、空家等の所有者又は管理者（以下「所有者等」という。）の特定が困難な場合があること等解決すべき課題が多いことを踏まえると、空家等がもたらす問題に総合的に対応するための施策の更なる充実を図ることが求められていたところである。

　以上を踏まえ、適切な管理が行われていない空家等が防災、衛生、景観等の地域住民の生活環境に深刻な影響を及ぼしていることに鑑み、地域住民の生命、身体又は財産を保護するとともに、その生活環境の保全を図り、あわせて空家等の活用を促進するため、空家等に関する施策に関し、国による基本指針の策定、市町村による空家等対策計画の作成その他の空家等に関する施策を推進するために必要な事項を定めることにより、空家等に関する施策を総合的かつ計画的に推進し、もって公共の福祉の増進と地域の振興に寄与することを目的として、平成26年11月27日に、空家等対策の推進に関する特別措置法が公布され、平成27年5月26日の全面施行以降、全国の市町村において空家等対策の取組が進められてきた。

　一方、その後も、空家等の数は増加を続けており、今後、更に増加が見込まれるところである。こうした中、周囲に悪影響を及ぼす倒壊の危険等がある空家等の除却等といった法施行後に進めてきた取組を一層円滑化するだけでなく、周囲に悪影響を及ぼすこととなる前の段階から空家等の活用や適切な管理を確保することが重要となっている。さらに、増加する空家等は、地域住民の生命、身体又は財産やその生活環境への影響にとどまらず、地域のまちづくりやコミュニティ維持など、地域における経済的社会的活動の促進を図る観点からも深刻な影響を及ぼしている。空家等を地域のニーズに応じて活用することで、社会的な付加価値を創出し、公共の福祉の増進や地域の活性化に繋げていく視

点が必要となっている。

　このような問題意識から、倒壊の危険等がある空家等の除却等の促進にとどまらず、空家等の適切な管理の確保や、その活用拡大に向けて、空家等対策の総合的な強化を図るため、令和5年6月14日に、空家等対策の推進に関する特別措置法の一部を改正する法律（令和5年法律第50号）が公布され、同年12月13日から、同法による改正後の空家等対策の推進に関する特別措置法（以下「法」という。）が施行されることとなった。

　今後、増加する空家等がもたらす問題が一層深刻化することが懸念されることから、空家等の発生の抑制、活用の拡大、適切な管理の確保及び除却等の促進に係る取組を強力に推進する必要がある。

（1）空家等の現状

　平成30年に総務省が実施した住宅・土地統計調査（令和元年9月30日公表）によると、全国の総住宅数は6,240万戸となっている一方、総世帯数は5,400万世帯となっており、住宅ストックが量的には充足していることが分かる。このうち空家[※1]の数は849万戸であり、全国の総住宅数に占める割合は13.6%となっている。また使用目的のない空家[※2]の数は349万戸に上っている。これが全国の総住宅数に占める割合は5.6%であるが、その数は過去20年間で約1.9倍に増加しているところである。

　一方で、平成26年に空家等対策の推進に関する特別措置法が制定されて以降、全国の市町村において、空家等対策計画（法第7条第1項に規定する空家等対策計画をいう。以下同じ。）が作成され[※3]、協議会（法第8条第1項に規定する協議会をいう。以下同じ。）が組織される[※4]とともに、適切な管理が行われていない空家等への対応として、法の規定に基づく措置のほか、条例に基づく措置や所有者等が自ら行う空家等の除却への補助等の市町村の取組により、約14.6万物件（令和4年度末時点）の空家等について除却、修繕等の対応がなされてきたところである。

[※1]　住宅・土地統計調査における「空き家」とは、「賃貸用又は売却用の住宅」、「二次的住宅」及び「その他の住宅」を合計したものをいう。

[※2]　「使用目的のない空家」とは、住宅・土地統計調査における「その他の住宅」に属する空家をいい、「「賃貸用又は売却用の住宅」又は「二次的住宅」以外の住宅で、例えば転勤・入院などのために居住世帯が長期にわたって不在の住宅や建て替えなどのために取り壊すことになっている住宅など」をいう。

[※3]　令和4年度末時点で全国の市町村の94%が既に作成済み又は作成予定あり。

[※4]　令和4年度末時点で全国の市町村の69%が既に組織済み又は組織予定あり。

（2）空家等対策の基本的な考え方

①基本的な考え方

　適切な管理が行われていない空家等がもたらす問題を解消するため、法第5条では、空家等の所有者等は、周辺の生活環境に悪影響を及ぼさないよう、空家等の適切な管理に努めることが規定され、また、土地基本法（平成元年

法律第84号）第6条において土地の所有者又は土地を使用収益する権原を有する者は、同法第2条から第5条までに定める土地についての基本理念にのっとり、土地の利用及び管理並びに取引を行う責務を有する旨規定されているように、第一義的には空家等の所有者等が自らの責任により的確に対応することが前提である。その上で、行政による対応としては、空家等の適切な管理に係る啓発等による所有者等の意識の涵養と理解増進を図るとともに、関係制度の周知により、特に所有者等の適切な管理に係る意識が希薄となりやすい、所有者等が多数である場合や遠方に居住している場合、建物の相続登記が行われていない場合、敷地と建築物等の所有者等が異なる場合等も含めて所有者等の自主的な対応を求めることが重要となる。

しかしながら、空家等の所有者等が、様々な事情から自らの空家等の管理を十分に行うことができず、その管理責任を全うしない場合等も考えられる。そのような場合においては、所有者等の第一義的な責任を前提としながらも、住民に最も身近な行政主体であり、個別の空家等の状況を把握することが可能な立場にある各市町村が、地域の実情に応じて、地域活性化等の観点から空家等の活用を図る一方、周辺の生活環境に悪影響を及ぼし得る空家等については所要の措置を講ずるなど、空家等に関する対策を実施することが重要となる。法第5条では、空家等の所有者等には、このような行政が実施する空家等に関する施策に協力するよう努めなければならないことを明確化している。

②市町村の役割

法第4条第1項では、市町村の責務として、空家等対策計画の作成及びこれに基づく空家等に関する対策の実施その他の空家等に関して必要な措置を適切に講ずるよう努めなければならないことが規定されている。

市町村は、関係内部部局間の連携、必要に応じた協議会の組織、相談体制の整備等による法の実施体制の整備に着手し、まず法第9条第1項の調査等を通じて、各市町村内における空家等の所在及び状態の実態把握並びにその所有者等の特定を行うことが重要である。さらに、地域の実情を踏まえ、空家等対策計画の作成を行い、各地域内の空家等に対する行政としての基本姿勢を住民に対して示しつつ、重点的に空家等の活用の促進を図る区域として空家等活用促進区域（法第7条第3項に規定する空家等活用促進区域をいう。以下同じ。）や、同区域における空家等活用促進指針（法第7条第3項に規定する空家等活用促進指針をいう。以下同じ。）を定めることについても併せて検討する。

また、管理不全空家等（法第13条第1項に規定する管理不全空家等をいう。以下同じ。）については、法第13条に基づく必要な措置を、特定空家等（法第2条第2項に規定する特定空家等をいう。以下同じ。）については、法第22条に基づく必要な措置を講ずることが重要である。管理不全空家等及び特定空家等に対するこれらの措置を講ずるためには、空家等施策担当部局は、必要

に応じて、市町村内の建築部局と連携することが重要であるが、市町村内に建築部局が存在しない場合であっても、協議会や、空家等管理活用支援法人（法第23条第1項に規定する空家等管理活用支援法人をいう。以下同じ。）その他建築等に関して専門的な知見を有する者の知見等を活用することが考えられる。

　相続人が不存在であったり、所有者等の居所が不明である場合など、空家等の状態の改善が期待できない場合等には、その状態に応じて、法第14条に基づき、相続財産の清算人等の選任を裁判所に請求することを検討する。

　なお、市町村は法第7条第13項又は第14項に基づき、都道府県知事に対し、空家等対策計画の作成及び変更並びに実施に関し、情報の提供、技術的な助言その他の必要な援助を求めることができることとされている。

　また、空家等対策を行う上では、地域の空家等対策に取り組む特定非営利活動法人（特定非営利活動促進法（平成10年法律第7号）第2条第2項に規定する特定非営利活動法人をいう。以下同じ。）等の民間団体と連携することが有効と考えられる。法第23条第1項に基づき、こうした民間団体の申請により、空家等管理活用支援法人を指定することも検討する。このほか、必要に応じて、2（5）に記載するように、地方住宅供給公社、独立行政法人都市再生機構又は独立行政法人住宅金融支援機構と連携することや、事務の委託、事務の代替執行等の地方公共団体間の事務の共同処理の仕組みを活用することにより、市町村の事務負担の軽減を図りながら、効率的に空家等対策を推進する視点も重要である。

③都道府県の役割

　法第4条第2項では、都道府県の責務として、空家等対策計画の作成及び変更並びに実施その他空家等に関し法に基づき市町村が講ずる措置について、当該市町村に対する情報の提供及び技術的な助言、市町村相互間の連絡調整その他必要な援助を行うよう努めなければならないことが規定されている。

　具体的には、例えば都道府県内の市町村間での空家等対策の情報共有への支援、空家等対策を推進している都道府県内市町村相互間の意見交換の場の設置、協議会の構成員の仲介又はあっせんや、必要な場合における空家等対策を行う上での事務の委託、事務の代替執行等が考えられる。また、市町村に対して必要な援助を行うに際し、都道府県内の関係部局の連携体制を構築することが望ましい。

　特に建築部局の存在しない市町村に対しては、例えば管理不全空家等や特定空家等に該当するか否かの判断、法第13条に基づく指導若しくは勧告又は法第22条に基づく助言・指導若しくは勧告等の実施に当たり困難を来している場合における技術的な助言を実施したりするほか、都道府県の建築部局による専門技術的サポートを受けられるような体制整備を支援したり、協議会への参画を通じた協力をすることも考えられる。また、法第26条第1項に基づき、都道府県内で活動する空家等管理活用支援法人に対し、その業務の実

施に関し必要な情報の提供等を行うことが考えられる。

　さらに、市町村が住民等からの空家等に関する相談に対応するための体制を整備するに際し、宅地建物取引業者等の関係事業者団体や建築士等の関係資格者団体、地域の空家等対策に取り組む特定非営利活動法人等の団体との連携を支援することも考えられる。

　また、空家等活用促進区域内において、6（2）に述べる建築基準法（昭和25年法律第201号）の特例が措置される場合や、都市計画法（昭和43年法律第100号）又は農地法（昭和27年法律第229号）の規定による処分に係る空家等の活用の促進についての配慮の対象となる場合には、都道府県は、建築基準法上の特定行政庁（同法第2条第35号に規定する特定行政庁をいう。以下同じ。）として、また、都市計画法や農地法の許可権者として、市町村から協議等を受けることがある。都道府県においては、関係法令の趣旨を踏まえつつ、積極的に当該協議等に応じるとともに、空家等活用促進区域内における許可等の処分に当たって適切に配慮することが期待される。

　このほか、都道府県は国とともに、市町村が行う空家等対策計画に基づく空家等に関する対策の適切かつ円滑な実施に資するため、空家等に関する対策の実施に要する費用に対する補助など必要な財政上の措置等を講ずるものとされている（法第29条）。

④国の役割

　法第3条では、国の責務として、空家等に関する施策を総合的に策定し、及び実施すること（同条第1項）、地方公共団体その他の者が行う空家等に関する取組のために必要となる情報の収集及び提供その他の支援を行うこと（同条第2項）、広報活動、啓発活動その他の活動を通じて、空家等の適切な管理及びその活用の促進に関し、国民の理解を深めること（同条第3項）が規定されている。

　国は、空家等に関する施策を総合的かつ計画的に実施するため、本基本指針を定め、国の関係行政機関内において、空家等対策の必要性や空家等の活用の有効性についての認識の共有を図ることに加え、法の内容について、地方公共団体等に対して具体的に周知を図りつつ、法第13条又は第22条に基づく市町村長（特別区の区長を含む。以下同じ。）による管理不全空家等又は特定空家等に対する措置に関し、その適切な実施を図るために必要な指針（「管理不全空家等及び特定空家等に対する措置に関する適切な実施を図るために必要な指針」（令和5年12月13日最終改正。以下「ガイドライン」という。）等により、市町村による空家等対策の適切な実施を支援することとする。

　また、法第29条のとおり、国は市町村が行う空家等対策計画に基づく空家等に関する対策の適切かつ円滑な実施に資するため、空家等に関する対策の実施に要する費用に対する補助、地方交付税制度の拡充など必要な財政上の措置や必要な税制上の措置その他の措置を講ずるものとされているところ、例えば市町村が空家等対策計画の作成のため空家等の実態調査を行う場合、

空家等の所有者等に対してその除却や活用に要する費用を補助する場合、代執行に要した費用の回収が困難な場合、代執行等の措置の円滑化のための法務的手続等を行う場合等について、当該市町村を交付金制度や補助制度により支援するほか、市町村が取り組む空家等に関するデータベースの整備、空家等相談窓口の設置、空家等対策計画に基づく空家等の活用・除却等に要する経費について特別交付税措置を講ずる等、空家等対策を実施する市町村を支援することとする。

さらに、空家等の活用や、適切な管理、除却の促進に関し、国民の理解を深めるため、都道府県や市町村はもとより、民間団体とも連携して、パンフレットやウェブサイトを用いた情報提供に加え、動画配信や説明会の開催等を積極的に行うことに努めることとする。

2　実施体制の整備

空家等対策を市町村が効果的かつ効率的に実施するためには、空家等の調査・確認、管理不全空家等や特定空家等と認められる空家等に対する措置などに不断に取り組むための体制を整備することが重要であることから、市町村は、空家等対策に関係する内部部局の連携体制や空家等の所有者等からの相談を受ける体制の整備を図るとともに、必要に応じて協議会の組織を推進する。

（1）市町村内の関係部局による連携体制

空家等がもたらす問題を解消するには、防災、衛生、景観等多岐にわたる政策課題に横断的に応える必要がある。また、空家等の活用に向けては、中心市街地の活性化や、移住・定住、二地域居住、観光振興、福祉増進、コミュニティ維持、まちづくりなどの政策課題において様々な需要が考えられるが、その的確な把握を進めるためには、市町村内の関係部局間の連携が不可欠である。このため、建築・住宅部局、景観部局、観光部局、まちづくり部局、都市計画部局（又は土地利用規制部局）、農林水産部局、所有者不明土地等対策部局、福祉部局、税務部局、法務部局、消防部局、防災・危機管理部局、環境部局、水道部局、商工部局、市民部局、財政部局等の関係内部部局が連携して空家等対策に対応できる体制の構築を推進することが望ましい。

特に建築部局の参画は、空家等が管理不全空家等や特定空家等か否かの判断やその対応策を検討する観点から重要である。また、空家等活用促進区域において、建築基準法や都市計画法に係る特例等を講ずる際には、当該市町村が建築基準法上の特定行政庁や都市計画法上の許可権者である場合をはじめとして、市町村内の建築部局やまちづくり部局、都市計画部局（又は土地利用規制部局）等との協議等が必要となる場合があるため、これらの部局等との連携体制を構築しておくことが望ましい。

また、空家等と所有者不明土地等は、地域によっては同時に存在している場合も多く、課題や対策も共通するところである。例えば、空家等と所有者不明土地等が隣接して別々に所有されており、それぞれ単独での活用が難し

い場合に、両者を一体として活用し、保育所など子育て支援施設や公園を整備することが一つの解決策となることもある。このため、国においては「空き家対策と所有者不明土地等対策の一体的・総合的推進（政策パッケージ）」（令和5年2月27日所有者不明土地等対策の推進のための関係閣僚会議報告）を策定しているが、その趣旨を踏まえ、空家等対策と所有者不明土地等対策を担当する部局が連携し、効果的な対策を講ずることが重要である。

　さらに、税務部局の参画は、特に空家等の敷地について住宅用地に係る固定資産税及び都市計画税の課税標準の特例措置（以下「固定資産税等の住宅用地特例」という。）の適切な運用を図る観点から、また、法務部局の参画は、所有者等が不明である空家等に対してどのような対処方針で臨むかを検討する観点から、それぞれ重要である。

（2）協議会の組織

　市町村は、空家等対策計画の作成及び変更並びに実施に関する協議を行うための協議会を組織することができ、その構成員としては「市町村長（特別区の区長を含む。以下同じ。）のほか、地域住民、市町村の議会の議員、法務、不動産、建築、福祉、文化等に関する学識経験者その他の市町村長が必要と認める者をもって構成する。」ものとされている（法第8条第2項）。なお、市町村長を構成員としつつも、協議の内容に応じて、本人ではなく、市町村長より委任された者が参画するなど、必要に応じて柔軟な運営方法とすることも可能である。

　このほかの協議会の構成員として、具体的には弁護士、司法書士、行政書士、宅地建物取引士、不動産鑑定士、土地家屋調査士、建築士、社会福祉士等の資格を有して地域の福祉に携わる者、郷土史研究家、大学教授・教員等、自治会役員、民生委員、警察職員、消防職員、法務局職員、道路管理者等公物管理者、空家等管理活用支援法人をはじめとする地域の空家等対策に取り組む特定非営利活動法人等の団体が考えられる。これに加え、都道府県や他市町村の建築部局やまちづくり部局、都市計画部局（又は土地利用規制部局）など、（1）で述べた空家等対策に関連する部局等に対して協力を依頼することも考えられる。

　この協議会は、法に規定されているとおり、空家等活用促進区域や空家等活用促進指針に係る事項を含め、空家等対策計画の作成及び変更に関する協議を行うほか、同計画の実施の一環として、例えば、市町村長が管理不全空家等や特定空家等に対する措置を講ずるに当たって参考となる、

　　①空家等が管理不全空家等又は特定空家等に該当するか否かの判断の基準
　　②空家等の調査及び特定空家等と認められるものに対する立入調査等の方針
　　③管理不全空家等又は特定空家等に対する措置の方針
などに関する協議を行うための場として活用することも考えられる。また、協議会における協議の過程で空家等の所有者等の氏名、住所などの情報を取

.

り扱うに当たっては、協議会の構成員は、個人情報の保護に関する法律（平成15年法律第57号。以下「個人情報保護法」という。）に基づき、当該情報を適正に取り扱う必要がある。

　また、協議会を設置するに当たっては、1市町村に1つの協議会を設置するほか、例えば1つの市町村が複数の協議会を設置したり、複数の市町村が共同して1つの協議会を設置したりすることも可能である。

（3）空家等の所有者等及び周辺住民からの相談体制の整備

　法第12条には「市町村は、所有者等による空家等の適切な管理を促進するため、これらの者に対し、情報の提供、助言その他必要な援助を行うよう努めるものとする。」と規定されている。本規定を踏まえ、例えば自ら所有する空家等をどのように活用し、又は除却等すればよいかについての相談や、引っ越し等により今後長期にわたって自宅を不在にせざるを得ない場合における管理等についての相談を当該住宅等の所有者等から受ける場合が想定されるため、市町村はその要請に迅速に対応することができる体制を整備することが適切である。体制整備に当たっては、管理不全空家等や特定空家等に対する措置に係る近隣住民等からの相談は市町村を中心に対応しつつ、空家等の管理や活用の方法等を巡る空家等の所有者等からの専門的な相談については、空家等管理活用支援法人のほか、宅地建物取引業者等の関係事業者団体や建築士等の関係資格者団体、地域の空家等対策に取り組む特定非営利活動法人等の団体と連携して対応するものとすることも考えられる。

　また、空家等の所有者等に限らず、例えば空家等の所在地の周辺住民からの当該空家等に対する様々な苦情や、移住・定住、二地域居住又は住み替えを希望する者からの空家等の活用の申入れに対しても、上記のような体制を整備することが適切である。

（4）空家等管理活用支援法人の指定

　空家等の所有者等にとって、空家等の管理や活用等に係る情報を容易に入手することや、その方法を相談することができる環境は必ずしも十分でない。一方、多くの市町村では、人員等が不足しており、所有者等への相談対応等が十分にできない場合が想定される。

　市町村長は、法第23条第1項に基づき、特定非営利活動法人、一般社団法人、一般財団法人又は空家等の管理若しくは活用を図る活動を行うことを目的とする会社であって、法第24条各号に掲げる業務を適正かつ確実に行うことができると認められるものを空家等管理活用支援法人として指定することができる。空家等管理活用支援法人には、市町村における人員等の不足を補い、同法人が有する空家等の管理又は活用に係る専門的知見やネットワークを活かして、空家等の所有者等や空家等の活用を希望する者に対する相談対応、普及啓発等を行う役割が期待されるところである。具体的には、（3）に述べたような相談対応を行うことや、所有者等の委託に基づき、空家等管理

活用支援法人が自ら空家等の管理や活用を行うことのほか、市町村等の委託
に基づき、空家等の所有者等の探索を行うこと、空家等の所有者等に向けて
普及啓発を行うこと等の役割が期待されるところである。市町村の実情や
ニーズに応じて、空家等管理活用支援法人を指定し、このような空家等対策
を進めるための体制を整備することが適切である。同法人の指定に係る考え
方等については、別途定めている空家等管理活用支援法人の指定等の手引き
において示している。

（5）地方住宅供給公社、都市再生機構、住宅金融支援機構との連携
①地方住宅供給公社
　法第19条第1項に基づき、地方住宅供給公社は、地方住宅供給公社法（昭
和40年法律第124号）第21条に規定する業務のほか、空家等活用促進区域内に
おいて、空家等対策計画を作成している市町村（以下「計画作成市町村」と
いう。）からの委託に基づき、空家等の活用のために行う改修、当該改修後の
空家等の賃貸その他の空家等の活用に関する業務を行うことができる。
　地方住宅供給公社は、公的機関としての信頼性を持ちつつ、地域における
住宅の改修、賃貸、管理等に関する豊富な経験・ノウハウ等を有しており、
計画作成市町村は、必要に応じて、地方住宅供給公社との連携体制を構築す
ることが適切である。

②都市再生機構
　法第20条に基づき都市再生機構は、独立行政法人都市再生機構法（平成15
年法律第100号）第11条第1項に規定する業務のほか、計画作成市町村からの
委託に基づき、空家等活用促進区域内における空家等及び空家等の跡地の活
用により地域における経済的社会的活動の促進を図るために必要な調査、調
整及び技術の提供の業務を行うことができる。
　空家等活用促進区域では、地域における経済的社会的活動の促進のため、
まちづくりの観点から空家等を活用し、宿泊施設や観光案内所等の施設を整
備するような事例も想定される。こうした施設の整備に当たっては、事業ス
キームの検討や関係者との合意形成といった、まちづくりに係る専門的な知
見等が必要とされる。都市再生機構は、都市再生業務を通じて、このような
専門的な知見等を有していることから、計画作成市町村は、必要に応じて、
都市再生機構との連携体制を構築することが適切である。

③住宅金融支援機構
　法第21条に基づき、住宅金融支援機構は、独立行政法人住宅金融支援機構
法（平成17年法律第82号）第13条第1項に規定する業務のほか、市町村又は
空家等管理活用支援法人からの委託に基づき、空家等及び空家等の跡地の活
用の促進に必要な資金の融通に関する情報の提供その他の援助を行うことが
できる。

空家等の所有者等が、空家等の活用や除却に要する資金の調達方法を検討するために必要な情報を十分に把握できず、適切な対応を進めることができない状況を改善するためには、住宅ローンに係る情報や金融機関・地方公共団体との広範なネットワークを有している住宅金融支援機構の積極的な関与が有効である。このため、住宅金融支援機構においては、各金融機関が提供する「空家の活用・除却の資金に充てることができるローン」を一元化して空家等の所有者等に情報提供することや、先進的な地域の取組の内容を全国的に周知すること等の事業を実施することにより、金融面からも空家等対策に取り組みやすい環境づくりを進めるものとし、市町村は、必要に応じて、住宅金融支援機構との連携体制を構築することが適切である。

3　空家等の実態把握
（1）市町村内の空家等の所在等の把握
　市町村が空家等対策を効果的かつ効率的に実施するためには、既存の統計資料等も活用しつつ、まず各市町村の区域内の空家等の所在やその状態等を把握することが重要である。
　空家等は、法第2条第1項において「建築物又はこれに附属する工作物であって居住その他の使用がなされていないことが常態であるもの及びその敷地（立木その他の土地に定着するものを含む。）をいう。」と定義されている。ここでいう「建築物」とは建築基準法第2条第一号の「建築物」と同義であり、土地に定着する工作物のうち、屋根及び柱又は壁を有するもの（これに類する構造のものを含む。）、これに附属する門又は塀等をいい、また「これに附属する工作物」とはネオン看板など門又は塀以外の建築物に附属する工作物が該当する。
　市町村はその区域内の建築物又はこれに附属する工作物（以下「建築物等」という。）のうち「居住その他の使用がなされていないことが常態であるもの」を空家等と判断し、この法律を適用することとなる。「居住その他の使用がなされていないこと」とは、人の日常生活が営まれていない、営業が行われていないなど当該建築物等を現に意図をもって使い用いていないことをいうが、このような建築物等の使用実態の有無については、法第9条第1項の調査を行う一環として、調査時点での建築物等の状況を基に、建築物等の用途、建築物等への人の出入りの有無、電気・ガス・水道の使用状況及びそれらが使用可能な状態にあるか否か、建築物等及びその敷地の登記記録並びに建築物等の所有者等の住民票の内容、建築物等の適切な管理が行われているか否か、建築物等の所有者等によるその利用実績についての主張等から客観的に判断することが望ましい。
　また、「居住その他の使用がなされていない」ことが「常態である」とは、建築物等が長期間にわたって使用されていない状態をいい、例えば概ね年間を通して建築物等の使用実績がないことは1つの基準となると考えられる。
　調査の結果、空家等に該当する建築物等については、4で述べるとおり、

246

データベースとして整備等しておくことが重要である。

　なお、「国又は地方公共団体が所有し、又は管理する」建築物等について
は、通常は各法令に基づき適切に管理されることが想定され、またその活用
等についても、多くの場合は当該建築物等を管理する国又は地方公共団体の
責任において行われる実態に鑑み、空家等から明示的に除外されている。

　また、空家等のうち、「適切な管理が行われていないことによりそのまま放
置すれば特定空家等に該当することとなるおそれのある状態にある」と認め
られるもの（法第13条第1項）については管理不全空家等に、「そのまま放置
すれば倒壊等著しく保安上危険となるおそれのある状態又は著しく衛生上有
害となるおそれのある状態、適切な管理が行われていないことにより著しく
景観を損なっている状態その他周辺の生活環境の保全を図るために放置する
ことが不適切である状態にあると認められる」もの（法第2条第2項）につ
いては特定空家等に該当することとなるが、どのような空家等が管理不全空
家等や特定空家等に該当するか否かを判断する際に参考となる基準等につい
ては、ガイドラインにおいて別途定めている。

（2）空家等の所有者等の特定及び意向の把握

　空家等の所在等を把握した市町村においては、次に当該空家等の所有者等
を特定するとともに、必要に応じて当該所有者等がその所有する空家等をど
のように活用し、又は除却等しようとする意向なのかについて、併せて把握
することが重要である。なお、敷地と建築物等の所有者等が異なる場合にお
いても、その敷地の所有者等は空家等の所有者等に含まれることに留意する。

　空家等の所有者等を特定し、その意向を把握するためには、（3）で述べる
手段を用いて所有者等を確知し、当該所有者等に対して法第9条第1項に基
づき聞き取り調査等を行うことが重要である。また、特定空家等の所有者等
に対する指導等を行う上で必要な場合には、法第9条第2項に基づき、報告
徴収や立入調査を行うことも可能である。

（3）空家等の所有者等に関する情報を把握する手段

　市町村長が（2）の調査を通じて空家等の所有者等の特定を行うためには、
空家等の所在する地域の近隣住民等への聞き取り調査に加え、法務局が保有
する当該空家等の不動産登記簿情報及び市町村が保有する空家等の所有者等
の住民票情報や戸籍謄本等を利用することが考えられる。これらの情報は、
いずれも不動産登記法（平成16年法律第123号）、住民基本台帳法（昭和42年
法律第81号）、戸籍法（昭和22年法律第224号）等既存の法制度により入手可
能なものであるが[※5]、市町村長は法第10条第3項に基づき「この法律の施行
のために必要があるときは、関係する地方公共団体の長、空家等に工作物を
設置している者その他の者に対して、空家等の所有者等の把握に関し必要な
情報の提供を求めることができる。」こととされている。例えば空家等の不動
産登記簿情報については関係する法務局長に対して、必要な不動産登記簿情

報の提供を求めることができる。また、同項に基づき、電気、ガス等の供給事業者に、空家等の電気、ガス等の使用者に係る情報の提供を求めること等も可能である。例えば、「空家等に工作物を設置している者」として、電気メーターを設置している電気事業法（昭和39年法律第170号）第2条第1項第九号に規定する一般送配電事業者や、ガスメーターを設置しているガス事業法（昭和29年法律第51号）第2条第6項に規定する一般ガス導管事業者に対して、電気、ガスの使用者と直接契約を締結している小売事業者等の情報の提供を求めた上で、「その他の者」として、当該小売事業者等に対して電気、ガスの使用者に係る情報の提供を求めることが考えられる。このほか、「その他の者」として、郵便事業を行う者に郵便の転送先情報の提供を求めること等も可能である。これらの者に対して情報の提供を求める方法等については、別途通知等において示している。

　また、空家等対策の推進に関する特別措置法の制定以前は、固定資産税の納税者等に関する固定資産課税台帳については、地方税法（昭和25年法律第226号）第22条により、同台帳に記載された情報を空家等対策に活用することは秘密漏えい罪に該当するおそれがあることから、たとえ同じ市町村の他部局に対してであっても、税務部局が同台帳に記載された情報の提供を行うことは原則としてできないものとされてきた。しかしながら、固定資産課税台帳に記載された情報のうち空家等の所有者等に関するものは、空家等の所有者等を特定する上では不動産登記簿情報等と並んで有力な手段であることから、法第10条第1項により、この法律の施行のために必要な限度において、固定資産課税台帳に記載された空家等の所有者等に関する情報を空家等対策のために市町村の内部で利用することができることとなっている。また、同条第2項により、都が保有する固定資産課税台帳に記載された空家等の所有者等に関する情報について、特別区の区長から提供を求められたときは、都知事は速やかに当該情報の提供を行うものとすることとなっている。

　なお、固定資産税の課税その他の事務のために利用する目的で保有する情報については、固定資産課税台帳に記載された情報に限らず、空家等の所有者等の氏名、住所等の情報で、法に基づき各市町村が空家等対策のために必要となる情報については、法の施行のために必要な限度において、市町村長は法第10条第1項に基づき内部で利用することが可能である。例えば、市町村の福祉部局等がその事務のために利用する目的で保有する情報のうち、介護保険に関する事務、国民健康保険に関する事務、後期高齢者医療制度に関する事務、生活保護に関する事務等のために利用する目的で保有する被保険者等や申請代行者等の氏名、住所・居所等の情報について、法の施行のために必要な限度において空家等施策担当部局に提供することが可能である。

　一方で、これらの手段をもってしても空家等の所有者等が把握できない場合や、所有者等が把握できたとしても所在を特定できない場合、所有者等が外国に居住しており所在を特定できない場合など、法第22条第10項に規定する「過失がなくてその措置を命ぜられるべき者を確知することができないと

き」に該当するときは、同項に規定する代執行を行うことが可能であるが、当該規定の要件に適合するか否かを判断する際に参考となる基準等については、空家等の所有者等の探索方法とともに、ガイドラインにおいて別途定めている。

※5　地域の自主性及び自立性を高めるための改革の推進を図るための関係法律の整備に関する法律（令和４年法律第44号）により、住民基本台帳法が改正され、令和４年８月から住民基本台帳ネットワークシステムを利用して、法第９条第１項の規定に基づく空家等の所有者等の最新の住所の探索を行うことが可能となった。また、地域の自主性及び自立性を高めるための改革の推進を図るための関係法律の整備に関する法律（令和５年法律第58号）により、戸籍法が改正されたところであり、令和６年３月１日より、市町村が戸籍情報連携システムを利用した公用請求により他市町村の戸籍情報を取得することが可能となる。

4　空家等に関するデータベースの整備等

　市町村長が調査の結果空家等として把握した建築物等については、法第11条に基づき「データベースの整備その他空家等に関する正確な情報を把握するために必要な措置を講ずるよう努めるものとする。」とされている。３（１）で述べたとおり、市町村においては、同条に基づき、例えば空家等の所在やその状態等を一覧にしたものを市町村内の内部部局間で常時確認できるような状態にしておくなど、空家等の所在等について市町村内の関係部局が情報共有できる環境を整備するよう努めるものとする。この場合、電子媒体による不動産登記簿情報等の入手や、空き家バンク（空家等情報を提供するサービス）の活用等を行う際の効率化のために、データベース化することが重要である。

　このデータベースには空家等の所在地、現況、所有者等の氏名などについて記載することが考えられるが、これらに加えて、空家等のうち、空家等活用促進区域内にある空家等のほか、管理不全空家等や特定空家等に該当するものについては、データベース内にこれらの空家等に該当する旨並びに市町村長による当該空家等に対する措置等の内容及びその履歴についても併せて記載する等により、継続的に把握していく必要がある。

　なお、上記情報については、個人情報保護法に基づき適正に取り扱う必要がある。また、市町村によっては、その区域内の空家等に関する全ての情報についてデータベース化することが困難な場合も考えられる。そのような場合であっても、管理不全空家等又は特定空家等に係る敷地については、９（２）②で述べるとおり固定資産税等の住宅用地特例の対象から除外される場合があり、また、今後人の居住の用に供される見込みがないと認められる家屋の敷地に対しては、そもそも固定資産税等の住宅用地特例は適用されないこととなるため、その点で税務部局と常に情報を共有する必要があることから、少なくとも管理不全空家等又は特定空家等に該当する建築物等についてはデータベース化することが必要である。

　また、法第11条に基づきデータベース化の対象とされた空家等のうち、「建築

物を販売し、又は賃貸する事業を行う者が販売し、又は賃貸するために所有し、又は管理する」空家等については、その対象から除外されている。これは、いわゆる空き物件に該当する空家等については、宅地建物取引業者等により適切に管理されていると考えられる上、空き物件たる空家等の活用もこれら業者等により市場取引を通じて図られることから、市町村による空家等対策の対象とする必要性が小さく、したがってデータベースの対象とする実益に乏しいと考えられるためである。しかしながら、たとえ空き物件に該当する空家等であったとしても、周辺の生活環境に悪影響を及ぼしているものについては、この法律の趣旨及び目的に照らし、市町村がその実態を把握しておくことが適切であると考えられることから、本条に基づくデータベースの対象となる。

5 空家等対策計画の作成

空家等対策を効果的かつ効率的に推進するためには、各市町村において、空家等対策を総合的かつ計画的に実施するための計画を作成することが重要である。

法第7条第1項に基づき、市町村が空家等対策計画を定める場合、同計画には①空家等に関する対策の対象とする地区及び対象とする空家等の種類その他の空家等に関する対策に関する基本的な方針、②計画期間、③空家等の調査に関する事項、④所有者等による空家等の適切な管理の促進に関する事項、⑤空家等及び除却した空家等に係る跡地の活用の促進に関する事項、⑥特定空家等に対する措置その他の特定空家等への対処に関する事項、⑦住民等からの空家等に関する相談への対応に関する事項、⑧空家等に関する対策の実施体制に関する事項及び⑨その他空家等に関する対策の実施に関し必要な事項を定めるものとする（同条第2項）。また、⑤空家等及び除却した空家等に係る跡地の活用の促進に関する事項として、空家等活用促進区域及び空家等活用促進指針に関する事項を定めることができる。

空家等対策計画に定めるべき各項目の具体的な内容及び特に重要となる記載事項については二2で示すとおりであるが、同計画を定めるに当たっては、各市町村における空家等対策の全体像を住民が容易に把握することができるようにするとともに、空家等の活用や適切な管理の重要性及び管理不全空家等や特定空家等がもたらす諸問題について広く住民の意識を涵養するように定めることが重要である。この観点から、空家等対策計画については定期的にその内容の見直しを行い、適宜必要な変更を行うよう努めるものとする。

空家等対策計画は、所有者不明土地対策計画（所有者不明土地の利用の円滑化等に関する特別措置法（平成30年法律第49号）第45条第1項に規定する所有者不明土地対策計画をいう。）をはじめとする他の計画と一体的に作成することも考えられる。

なお、空家等管理活用支援法人は、その業務を行うために必要があると認めるときは、市町村に対し、空家等対策計画の作成又は変更をすることを提案することができる（法第27条第1項）。この場合において、空家等管理活用支援法

人は、当該提案に係る空家等対策計画の素案を作成して、これを提示する必要があるが、当該素案は、空家等管理活用支援法人の業務とどのように関係があるか、素案のとおり空家等対策計画を作成又は変更した場合にどのような効果が見込まれるか、素案のとおり作成又は変更しない場合にその業務を行う上でどのような問題があるか等について具体的に示すことが必要である。提案を受けた市町村は、その内容について十分に検討した上で、当該提案に基づいて空家等対策計画の作成又は変更をするか否かについて、遅滞なく、その提案をした空家等管理活用支援法人に通知する必要がある（法第27条第2項）。

6　空家等及びその跡地の活用の促進
（1）空家等及びその跡地の活用

　　空家等対策を推進する上では、各市町村がその跡地も含めた空家等を地域資源として活用すべく、今後の空家等の活用方策を検討することが重要である。このような観点から、法第15条は「市町村は、空家等及び空家等の跡地に関する情報の提供その他これらの活用のために必要な対策を講ずるよう努めるものとする。」と規定されている。

　　空家等の中には、地域交流、地域活性化、福祉サービスの拡充等の観点から、地域貢献などに活用できる可能性のあるものも存在する。また、空家等を地域の集会所、井戸端交流サロン、農村宿泊体験施設、住民と訪問客との交流スペース、移住希望者の住居、住宅確保要配慮者向けの住宅等として活用することも考えられる[※6]。

　　空家等を有効に活用するため、例えば、活用可能な空家等又はその跡地の情報について、その所有者の同意を得た上で、都道府県又は市町村の設置する空き家バンクや宅地建物取引業者等による周知・発信を通じて、広く当該空家等又はその跡地を購入又は賃借しようとする者に提供することが想定される。その際、都道府県又は市町村は空き家バンクについて、その物件情報の収集や専門家への取次等を含めた運営等に関し宅地建物取引業者等の関係事業者団体との連携に関する協定を締結することや「全国版空き家・空き地バンク」に参画することが考えられる。

　　さらに、空家等の跡地については、市街地環境の向上に資する敷地整序の促進、土地の適正な利用・管理に向けたマッチング・コーディネートや土地所有者等に代わる管理などの機能を担うランドバンクの取組との連携、所有者不明土地等対策との連携により、地域のまちづくりにおいて活用することが期待でき、例えば、密集市街地や漁業集落等の狭隘な地区における駐車場や防災にも資する広場として活用することも考えられる。

　　このような空家等及びその跡地の活用に当たっては、関係事業者団体等を空家等管理活用支援法人として指定し、同法人と連携して取り組むことが効果的であると考えられる。

　　このほか、空家等及びその跡地の活用時に、土地の境界が不明瞭であることが支障となる場合があるため、筆界確定を進めることが重要である。土地

基本法では、土地所有者は、「土地の所有権の境界の明確化のための措置を適切に講ずるように努めなければならない」こととされており（同法第6条第2項）、国及び地方公共団体は、広報活動等を通じて、こうした土地所有者等の責務に係る国民の理解を深めるよう適切な措置を講ずるとともに、市町村等は、国土調査法（昭和26年法律第180号）に基づく地籍調査や、不動産登記法に基づく筆界特定制度の活用を通じて、筆界の確認を進めることが必要である。

※6　空家等の用途変更に当たっては、建築基準法、都市計画法、景観法（平成16年法律第110号）、消防法（昭和23年法律第186号）、旅館業法（昭和23年法律第138号）等の関係法令を遵守する必要がある。

（2）空家等活用促進区域の設定及び空家等活用促進指針の策定

　中心市街地や地域再生の拠点など、地域の拠点となる区域において空家等が集積すると、当該地域の本来的機能を低下させてしまうおそれがある。また、空家等やその跡地を活用する上で、建築基準法上の接道等に係る規制が支障となっている場合もある。このような課題に対応するため、市町村は、法第7条第3項に基づき、中心市街地や地域再生拠点等の区域内の区域であって、当該区域内の空家等の数及びその分布の状況、その活用の状況その他の状況からみて当該区域における経済的社会的活動の促進のために当該区域内の空家等及びその跡地の活用が必要となると認められる区域（空家等活用促進区域）並びに同区域における空家等及びその跡地の活用の促進を図るための指針（空家等活用促進指針）に関する事項を空家等対策計画に定めることができる。

　空家等活用促進区域内では、市町村長は、空家等の所有者等に対し、空家等活用促進指針に定められた空家等を誘導すべき用途（以下「誘導用途」という。）に供するために必要な措置を講ずることを要請することができる（法第16条第1項）ほか、特定行政庁との協議等を経て、建築基準法上の接道規制や用途規制の合理化を図ることができる（法第17条第1項及び第2項）。また、指定都市、中核市、施行時特例市以外の市町村が市街化調整区域（都市計画法第7条第1項に規定する市街化調整区域をいう。以下同じ。）の区域を含む空家等活用促進区域を定めるときは、あらかじめ、都道府県知事との協議をしなければならず、協議を経ることで、都道府県知事による都市計画法上の許可に当たり、協議の結果を踏まえた適切な配慮がなされることが期待される（法第18条第1項）。空家等対策計画は、都市計画法第6条の2の都市計画区域の整備、開発及び保全の方針及び同法第18条の2の市町村の都市計画に関する基本的な方針との調和が保たれることが必要である（法第7条第11項）。このため、例えば、市街化調整区域の全域を、空家等活用促進区域に設定することは、市街化を抑制するという市街化調整区域の趣旨からして適切な運用ではないため、区域の設定にあたっては十分留意する必要がある。このほか、国の行政機関の長又は都道府県知事は、空家等活用促進区域内の

空家等について、誘導用途に供するため「農地法その他の法律の規定による許可その他の処分」を求められたときは、適切な配慮をするものとされている（法第18条第2項）。当該規定に基づく配慮としては、例えば、空家等と隣接する農地を一体的に売買等する際、農地を転用する必要がある場合には、農地法第4条又は第5条に基づく許可や、農業振興地域の整備に関する法律（昭和44年法律第58号）に基づく農用地区域（同法第8条第2項第1号に規定する農用地区域をいう。）からの除外に当たり、手続きの迅速化に係る配慮がなされることが想定される。このほかにも、空家等の活用上、他の法律に基づく処分が要されるものについては、必要に応じて、配慮を行うことが望ましい。

　空家等活用促進区域及び空家等活用促進指針は、地域のまちづくり等にも大きく関わるものであるため、これらを定める際は、中心市街地の活性化や、移住・定住、二地域居住の推進、観光振興、福祉増進コミュニティ維持、まちづくりなどの政策課題に対応する市町村内の内部部局等と連携して取り組むことが望ましい。

　こうした空家等活用促進区域の設定等に係る考え方については、別途定めている空家等活用促進区域の設定に係るガイドラインにおいて示している。

7　空家等の適切な管理に係る措置

　所有者等による空家等の適切な管理を促進するため、市町村は、法第12条に基づき空家等の所有者等に対し、例えば、三に示す所有者等による空家等の適切な管理について指針となるべき事項（以下「管理指針」という。）に即した助言を行ったり、空家等を日頃管理することが難しい所有者等については、空家等を適切に管理する役務を提供する空家等管理活用支援法人等を紹介したりすることが考えられる。

　その上で、法第13条第1項では、適切な管理が行われていないことによりそのまま放置すれば特定空家等に該当するおそれのある状態にあると認められる空家等を管理不全空家等として、市町村長が、その所有者等に対し、管理指針に即し、当該管理不全空家等が特定空家等に該当することとなることを防止するために必要な措置をとるよう指導することができる。また、指導をしてもなお状態が改善されず、そのまま放置すれば特定空家等に該当することとなるおそれが大きいと認めるときは、修繕、立木竹の伐採その他の当該管理不全空家等が特定空家等に該当することとなることを防止するために必要な具体的な措置について勧告することができる（法第13条第2項）。

　市町村長は、3で述べた方法等により把握した情報や住民等から提供を受けた情報等に基づき、ある空家等が管理不全空家等であると認められる場合には、早期に指導等を行うことが必要である。

　また、法に基づく指導等の方法のほか、所有者等が不明であるなどの場合には、法第14条の規定に基づき、民法（明治29年法律第89号）の相続財産清算制度や、不在者財産管理制度、所有者不明建物管理制度、管理不全建物管理制度、

管理不全土地管理制度を活用することが考えられる。なお、固定資産税の滞納があり市町村が債権を有しているなど、利害関係が認められる場合は、同条の規定によらず、民法の規定に基づき、利害関係人として財産管理人の選任を請求することも可能である。このうち、相続財産清算制度や不在者財産管理制度、所有者不明建物管理制度は、空家等の適切な管理のため特に必要があると認めるときは、管理不全空家等か否かに関係なく活用することができる。相続放棄されていたり、所有者が不明である空家等については、適切な管理がなされないことにより管理不全空家等となるおそれが大きいため、早期にこれらの制度を活用することを検討することが望ましい。

　そのほか、空家等の所有者等の認知能力等が十分でなく、適切な管理等が期待できない場合には、本人の福祉を図る観点から市町村内の福祉局部とも連携して、民法の成年後見制度を活用することも考えられる。

　なお、管理不全空家等であるか否かの判断に当たって参考となる基準や、指導、勧告の考え方については、ガイドラインにおいて別途定めている。

8　特定空家等に対する措置

　特定空家等は、法第2条第2項に定義するとおり、例えば現に著しく保安上危険又は著しく衛生上有害な状態にあるもののほか、将来著しく保安上危険又は著しく衛生上有害な状態になることが予見されるものも含むものであり、広範な空家等について特定空家等として法に基づく措置を行うことが可能である。市町村長は、地域住民の生命、身体又は財産を保護するとともに、その生活環境の保全を図る観点から、このような特定空家等の状態に応じて必要な措置を講ずることが望ましい。なお、将来著しく保安上危険又は著しく衛生上有害な状態になることが予見される空家等について参考となる考え方の例や、特定空家等の状態に応じた措置のあり方については、ガイドラインにおいて定めている。

　特定空家等に該当する建築物等については、市町村長は、建築物等の詳細な現状を把握し、周辺の生活環境の保全を図るためにどのような措置が必要となるかについて迅速に検討するため、法第9条第2項に基づき、市町村職員又はその委任した者（例えば建築士や土地家屋調査士など）に特定空家等に該当すると認められる空家等に対して立入調査をさせることができるほか、その所有者等に報告を徴収することができる。また、この調査等の結果に基づき、市町村長は特定空家等の所有者等に対し、必要な措置を助言・指導、勧告及び命令することができる（法第22条第1項から第3項まで）とともに、その措置を命ぜられた者がその措置を履行しないとき、履行しても十分でないとき又は履行しても期限内に完了する見込みがないときは、行政代執行法（昭和23年法律第43号）の定めるところに従い、本来特定空家等の所有者等が履行すべき措置を代執行することができる（同条第9項）。災害その他非常の場合において、緊急に除却等を行う必要がある場合には、命令及び命令に付随する意見聴取手続等を経ることなく、代執行を行うことが可能である（同条第11項）。ただし、この

場合にも、助言・指導及び勧告を経ていることが必要であるため、常時から、措置をとることの緊急性が見込まれる特定空家等に対しては、助言・指導や勧告の措置を講じていることが重要である。このほか、法第22条は特定空家等の所有者等に対して市町村長が必要な措置を命ずる際に講ずべき手続（同条第４項から第８項まで並びに同条第13項及び第14項）、所有者等を市町村長が確知することができない場合における代執行に関する規定（同条第10項）等を定めている。これらの代執行を行った場合の費用については、国税滞納処分の例により、所有者等から費用を徴収することが可能である（同条第９項及び第12項）。

これに加え、７で管理不全空家等について述べたように、所有者等が不明である場合等においては、必要に応じて、財産管理制度等の活用を検討することが望ましい。

法第22条第16項に基づくガイドラインにおいては、どのような空家等が特定空家等に該当するか否かを判断する際に参考となる判断基準や市町村長が特定空家等の所有者等に対して必要な措置を助言・指導する段階から最終的には代執行を行うに至る段階までの基本的な手続の内容、特定空家等に残置された動産の取扱い等について定めている。各市町村長は、必要に応じてこのガイドラインを参照しつつ、各地域の実情に応じた特定空家等に関する対策に取り組むこととする。

なお、特定空家等と認められる空家等に対して立入調査等や必要な措置を講ずるに当たっては、市町村においては、建築・住宅部局、景観部局、観光部局、まちづくり部局、都市計画部局（又は土地利用規制部局）、農林水産部局、所有者不明土地等対策部局、福祉部局、税務部局、法務部局、消防部局、防災・危機管理部局、環境部局、水道部局、商工部局、市民部局、財政部局等の関係内部部局間の連携が一層求められる。

9　空家等に関する対策の実施に必要な財政上・税制上の措置
（1）財政上の措置

法第29条第１項においては「国及び都道府県は、市町村が行う空家等対策計画に基づく空家等に関する対策の適切かつ円滑な実施に資するため、空家等に関する対策の実施に要する費用に対する補助、地方交付税制度の拡充その他の必要な財政上の措置を講ずるものとする。」と規定されている。

具体的には、例えば１（2）④で述べたような財政上の措置を国として講ずることとする。また、空家等を除却又は活用するに当たり必要となる費用の一部を市町村を通じて、又は都道府県から直接、それぞれ予算支援している都道府県も存在する。

以上を踏まえつつ、地域活性化や良好な居住環境の整備を促進する観点から、空家等の活用や除却等をはじめとする空家等対策に取り組む市町村を支援するため、国及び都道府県においては、市町村による空家等対策の実施に要する費用に対して引き続き財政上の措置を講ずるよう努めるものとする。

（2）税制上の措置

　法第29条第2項においては「国及び地方公共団体は、市町村が行う空家等対策計画に基づく空家等に関する対策の適切かつ円滑な実施に資するため、必要な税制上の措置その他の措置を講ずるものとする。」と規定されている。

①空家の発生を抑制するための税制上の特例措置（所得税・個人住民税の特例）

　令和元年に国土交通省が実施した空家所有者実態調査（令和2年12月16日公表）によれば、周辺の生活環境に悪影響を及ぼし得る空家（住宅・土地統計調査における「その他の住宅」に該当する空家）の約78％は旧耐震基準の下で建築されたものであり、また平成30年における住宅の耐震化の進捗状況の推計値として国土交通省が令和2年5月に公表した数値を考慮すると、そのような空家のうち約53％が耐震性のない建築物であると推計されている。加えて、上述の令和元年空家所有者実態調査によれば、居住用家屋が空家となる最大の契機が相続時であることも判明している。

　このような実態を踏まえ、空家が放置され、その結果周辺の生活環境に悪影響を及ぼすことを未然に防止する観点から、空家の最大の発生要因である相続に由来する古い家屋及びその敷地の活用を促進することにより空家の発生を抑制するため、租税特別措置法（昭和32年法律第26号）等において、税制上の特例措置が講じられている（平成28年4月1日創設）。具体的には、相続の開始の直前において被相続人の居住の用に供されていた家屋（昭和56年5月31日以前に建築された家屋（区分所有建築物を除く。）であって、当該相続の開始の直前において当該被相続人以外に居住をしていた者がいなかったものに限る。以下「被相続人居住用家屋」という。）及び当該相続の開始の直前において当該被相続人居住用家屋の敷地の用に供されていた土地等を当該相続により取得をした個人が、平成28年4月1日から令和9年12月31日までの間に譲渡（当該相続の開始があった日から同日以後3年を経過する日の属する年の12月31日までの間にしたものに限るものとし、当該譲渡の対価の額が1億円を超えるもの等を除く。）をした場合には、当該譲渡に係る譲渡所得の金額について居住用財産の譲渡所得の3,000万円特別控除を適用する（ただし、当該譲渡の対価の額と当該相続の時から当該譲渡をした日以後3年を経過する日の属する年の12月31日までの間に当該相続人が行った当該被相続人居住用家屋と一体として当該被相続人の居住の用に供されていた家屋又は土地等の譲渡の対価の額との合計額が1億円を超える場合を除く。）（租税特別措置法第35条第3項から第11項まで及び第14項。なお、個人住民税については地方税法附則第34条第2項及び第5項並びに第35条第2項及び第6項）。また、令和元年度（平成31年度）税制改正により、平成31年4月1日以降の譲渡について、老人ホーム等に入所をしたことにより被相続人の居住の用に供されなくなった家屋は、一定の要件を満たす場合に限り、相続の開始の直前において当該被相続人の居住の用に供されていた家屋として本特例措置を適

用することとされた。さらに、令和5年度税制改正により、令和6年1月1日以降の譲渡について、譲渡後に被相続人居住用家屋の耐震改修又は除却を行う場合で、一定の要件を満たすときは、本特例措置を適用できることとされた。なお、本特例措置に関する事務手続等の詳細については、別途通知で定めている。

②管理不全空家等及び特定空家等に対する固定資産税等の住宅用地特例の取扱い（固定資産税・都市計画税）

　現在、人の居住の用に供する家屋の敷地のうち一定のものについては、地方税法第349条の3の2及び第702条の3に基づき、当該敷地の面積に応じて、その固定資産税の課税標準額を6分の1（200㎡以下の部分の敷地）又は3分の1（200㎡を超える部分の敷地）とするとともに、その都市計画税の課税標準額を3分の1（200㎡以下の部分の敷地）又は3分の2（200㎡を超える部分の敷地）とする特例措置（固定資産税等の住宅用地特例）が講じられている。この固定資産税等の住宅用地特例が、管理状況が悪く、人が住んでいない家屋の敷地に対して適用されると、当該家屋を除却した場合※7と比べて固定資産税等が軽減されてしまうため、空家の除却や適切な管理が進まなくなる可能性があるとの指摘が存在する。

　空家等の中でも、管理不全空家等及び特定空家等については、法に基づく勧告等の措置の対象となるものであり、その適切な管理や除却を促すことは喫緊の課題である。また、管理不全空家等及び特定空家等は、住民の日常生活に必要と認められる住宅用地の税負担を軽減するという住宅用地特例の本来の趣旨からも外れると考えられる。以上を踏まえ、地方税法において、固定資産税等の住宅用地特例の対象から、法第13条第2項又は法第22条第2項の規定により所有者等に対し勧告がされた管理不全空家等又は特定空家等の敷地の用に供されている土地を除くこととされている（地方税法第349条の3の2第1項等）。

　なお、空家等であるか否かとは別に、本来、家屋の使用若しくは管理の状況又は所有者等の状況等から客観的にみて、当該家屋について、構造上住宅と認められない状況にある場合、使用の見込みはなく取壊しを予定している場合又は居住の用に供するために必要な管理を怠っている場合等で今後人の居住の用に供される見込みがないと認められる場合には、住宅には該当しないものであるため、そうした家屋の敷地についてはそもそも固定資産税等の住宅用地特例は適用されない。したがって、空家等対策で得られた情報について、税務部局（特別区にあっては東京都の税務部局）と情報共有し、連携して必要な対応を行うことが重要となる。

※7　固定資産税等の住宅用地特例が適用されない場合の税額は、課税標準額の上限を価格の7割とするなどの負担調整措置及び各市町村による条例減額制度に基づき決定されることとなる。

二 空家等対策計画に関する事項

　市町村は、協議会を設置した場合には当該協議会の構成員等から意見を聴取するとともに、必要に応じて都道府県からの情報提供や技術的な助言を受けつつ、各市町村の区域内で必要となる空家等に関する対策を総合的かつ計画的に実施するため、本基本指針に即して、法第7条第2項に掲げる事項を定めた空家等対策計画の作成を推進すべきである。

　その際、一3で述べたとおり、各市町村内における空家等の実態を的確に把握した上で、空家等対策計画における目標を設定するとともに、定期的に当該目標の達成状況を評価し、適宜同計画の改定等の見直しを行うことが望ましい。

1　効果的な空家等対策計画の作成の推進

　効果的な空家等対策計画を作成するためには、各市町村内における防災、衛生、景観等に加え、地域の経済的社会的活動の促進の観点から空家等がもたらす問題に関係する内部部局が連携し、空家等に関する対策を分野横断的に記載した総合的な計画を作成することが重要である。また、周辺の生活環境に深刻な影響を及ぼしている空家等に対処するだけでなく、こうした空家等のそもそもの発生又は増加を抑制する観点から、四で述べるような施策等も含めた形で作成することが望ましい。

2　空家等対策計画に定める事項
（1）空家等に関する対策の対象とする地区及び対象とする空家等の種類その他の空家等に関する対策に関する基本的な方針

　各市町村における空家等に関する対策について、各市町村長が把握した空家等の数、実態、分布状況、周辺への悪影響の度合いの状況や、これまでに講じてきた空家等対策等を踏まえ、空家等に関する政策課題をまず明らかにした上で、空家等対策の対象地区、対象とする空家等の種類（例えば空き住居、空き店舗など）や今後の空家等に関する対策の取組方針について記載する。

　特に、空家等対策の対象地区を定めるに当たっては、各市町村における空家等の数や分布状況、これらの今後の見込み等を踏まえ、空家等の適切な管理の確保、活用の拡大及び除却等の促進といった総合的な空家等対策を重点的に推進するべき地区を定めることが考えられるほか、空家等の活用が特に必要と認められる区域については、空家等活用促進区域として定めることが適切である。また、対象とする空家等の種類は、市町村長による空家等調査の結果、どのような種類の建築物が空家等となっているかを踏まえ、どの種類の空家等から対策を進めていくかの優先順位を明示することが考えられる。

　これらの記載により、各市町村における空家等対策の今後の基本的な方針を、住民にとって分かりやすいものとして示すことが望ましい。

　なお、空家等対策計画の作成に当たっては、必ずしも初めから市町村の区域全体の空家等の調査を行うことが求められるわけではない。例えば、各市

町村における中心市街地や郊外部の住宅団地等の中で、既に空家等の存在が周辺の生活環境に深刻な影響を及ぼしている又は将来及ぼし得る地域について先行的に空家等対策計画を作成し、その後必要に応じて順次同計画の対象地区を拡大していく方法も考えられる。

（2）計画期間

　空家等対策計画の計画期間は、各市町村における空家等の実態に応じて異なることが想定されるが、関連する既存の計画で定めている期間や住宅・土地に関する調査の実施年と整合性を取りつつ設定することが考えられる。なお、計画期限を迎えるごとに、各市町村内における空家等の状況の変化を踏まえ、空家等対策計画の改定等を検討することが重要である。

（3）空家等の調査に関する事項

　各市町村長が法第9条第1項に基づき当該市町村の区域内にある空家等の所在及び当該空家等の所有者等を把握するための調査その他空家等に関しこの法律の施行のために必要な調査を行うに当たって必要となる事項を記載する。具体的には、例えば空家等の調査を実際に実施する主体名、対象地区、調査期間、調査対象となる空家等の種類、空家等が周辺に及ぼしている悪影響の内容及び程度その他の調査内容及び方法を記載することが考えられる。

（4）所有者等による空家等の適切な管理の促進に関する事項

　一1（2）①で述べたとおり、空家等の適切な管理は第一義的には当該空家等の所有者等の責任において行われなければならないことを記載するとともに、空家等の所有者等に空家等の適切な管理を促すため、例えば、空家等管理活用支援法人等と連携した各市町村における相談体制の整備方針や、空家等の活用に関心を有する外部の者と当該空家等の所有者等とのマッチングを図るなどの取組について記載することが考えられるほか、三に示す管理指針の周知を行うこと等による空家等の所有者等の意識の涵養や理解増進に資する事項を記載することが考えられる。

　また、管理不全空家等に対してどのような措置を講ずるのかについて方針を示すことが重要である。具体的には、必要に応じてガイドラインの記載事項を参照しつつ、例えば各市町村長が管理不全空家等であることを判断する際の基本的な考え方や、管理不全空家等に対して必要な措置を講ずるか否かについての基本的な考え方及びその際の具体的な手続等について記載することが望ましい。

（5）空家等及び除却した空家等に係る跡地の活用の促進に関する事項

　一6で述べたとおり、各市町村において把握している空家等の中には、修繕等を行えば地域交流や地域活性化の拠点として活用できるものも存在し、また活用する主体は当該空家等の所有者等に限られていない。例えば各市町

村が把握している空家等に関する情報を、その所有者の同意を得た上でインターネットや宅地建物取引業者の流通ネットワークを通じて広く外部に提供することについて記載することが考えられる。その際、空き家バンク等の空家等情報を提供するサービスにおける宅地建物取引業者等の関係事業者団体との連携に関する協定が締結されている場合には、その内容を記載することも考えられる。このように民間の関係事業者団体と連携する場合、当該団体を空家等管理活用支援法人として指定することについての方針等を記載することが適切である。また、当該空家等を地域の集会所、井戸端交流サロン、農村宿泊体験施設、住民と訪問客との交流スペース、移住希望者の住居等として活用する際の具体的な方針や手段について記載することも考えられる。当該空家等の跡地についても、市街地環境の向上に資する敷地整序の促進、ランドバンクの取組や所有者不明土地等対策との連携により地域のまちづくりにおいて活用することに加え、例えば、密集市街地や漁業集落等の狭隘な地区における駐車場や防災にも資する広場として活用する際の具体的な方針や手段について記載することも考えられる。

特に、経済的社会的活動の促進のために空家等及びその跡地の活用が必要と認められる区域については、一6（2）で述べたように、空家等活用促進区域及び空家等活用促進指針を定めることが望ましい。

（6）特定空家等に対する措置その他の特定空家等への対処に関する事項

各市町村長は、特定空家等に該当する建築物等の状態や特定空家等が地域住民の生活環境に及ぼしている影響の程度等の観点から、特定空家等に対してどのような措置を講ずるのかについて方針を示すことが重要である。具体的には、必要に応じてガイドラインの記載事項を参照しつつ、例えば各市町村長が特定空家等であることを判断する際の基本的な考え方や、特定空家等に対して必要な措置を講ずるか否かについての基本的な考え方及びその際の具体的な手続等について記載することが望ましい。

（7）住民等からの空家等に関する相談への対応に関する事項

一2（3）で述べたとおり、各市町村に寄せられる空家等に関する相談の内容としては、例えば空家等の所有者等自らによる空家等の今後の活用方針に関するものから、空家等が周辺に及ぼしている悪影響に関する周辺住民による苦情まで幅広く考えられる。そのような各種相談に対して、各市町村はできる限り迅速に回答するよう努めることとし、例えば各市町村における相談体制の内容や住民に対する相談窓口の連絡先について具体的に記載することが望ましい。

（8）空家等に関する対策の実施体制に関する事項

空家等がもたらす問題は分野横断的で多岐にわたるものであり、各市町村内の様々な内部部局が密接に連携して対処する必要のある政策課題であるこ

とから、例えばどのような内部部局が関係しているのかが住民から一覧できるよう、各内部部局の役割分担、部署名及び各部署の組織体制、各部署の窓口連絡先等を記載することが考えられる。また、協議会を組織する場合や外部の関係団体等と連携する場合については、併せてその内容を記載することが望ましい。空家等管理活用支援法人が、空家等対策に係る相談等について窓口としての役割を担うこととなっている場合は、当該法人の名称や連絡先等についても記載することが適切である。

（9）その他空家等に関する対策の実施に関し必要な事項

（1）から（8）までに掲げる事項以外に、各市町村における空家等の実情に応じて必要となる支援措置や空家等対策を推進するための数値目標、空家等対策の効果を検証し、その結果を踏まえて空家等対策計画を見直す旨の方針等について記載することが考えられる。

3 空家等対策計画の公表等

法第 7 条第12項において、「市町村は、空家等対策計画を定めたときは、遅滞なく、これを公表しなければならない。」ものとされており、同条第14項では、空家等対策計画の変更についてもこの規定を準用している。公表手段は各市町村の裁量に委ねられているが、単に各市町村の公報に掲載するだけでなく、例えばインターネットを用いて公表するなど、住民が空家等対策計画の内容について容易に知ることのできる環境を整備することが重要である。

三　所有者等による空家等の適切な管理について指針となるべき事項
1 所有者等による空家等の適切な管理の必要性

空家等は私有財産であるが、その適切な管理が行われていないことにより、防災、衛生、景観等の地域住民の生活環境に深刻な影響を及ぼすおそれがある。そのため、地域住民の生命、身体又は財産を保護するとともに、その生活環境の保全を図り、公共の福祉の増進に寄与する観点から、所有者等が空家等の適切な管理を行うことが社会的にも要請されているところである。

また、空家等の適切な管理を行い、資産価値をできる限り保全することで、空家等を活用することができる状態が維持され、将来的な所有者等による空家等の活用や、空家等の活用を通じた公共の福祉の増進や地域の活性化にも寄与することが期待できる。

こうした観点から、当面、空家等の活用や除却ができない場合には、次の点を踏まえつつ、所有者等による空家等の適切な管理の確保を図ることが重要である。

2 空家等の適切な管理のために所有者等が留意すべき事項

空家等が管理不全空家等や特定空家等とならないために必要となる所有者等による空家等の適切な管理の指針を以下に掲げる。

なお、空家等が管理不全空家等や特定空家等にならないようにするための以下に掲げる指針以外にも、行うことが望ましい日常的な管理として、定期的な郵便物等の確認・整理、冬期における給水管の元栓の閉栓等が考えられる。

（管理の指針）
　空家等は、不具合の発生が発見されにくいことから、傷みが早く進行する傾向にある。そのため、所有者等は、空家等が管理不全空家等や特定空家等とならないよう、次の①から④に掲げる例を参考として、一定の頻度で点検を行うとともに、空家等に破損等が見られる場合にはその修繕等を行うことが必要である。また、以下の事象の発生を予防するためには、定期的に通気や換気等の管理を行うことが求められる。
　また、地震、強風、大雨、著しい降雪等の後には、次の①から④に掲げる点検対象となる事象が生じていないかの確認が必要である。また、強風、大雨、著しい降雪等の前には、部材の剥落など当該事象の兆候が生じていないかを確認しておくことが望ましい。
　空家等の管理は所有者等が行うことが基本である。そのため、少なくとも定期的な管理は自ら行うとともに、その際には、点検対象となる事象を意識しつつ、当該事象やその兆候が生じていないかを確認することが必要である。
　一方で、点検や補修等は、その内容によっては専門性を要するものもある。このような場合には、空家等の管理を行う事業者、空家等の点検を行う事業者、空家等の補修工事等を行う事業者、空家等管理活用支援法人等に委託をすることが考えられる。また、遠隔地に所在するなどこれらの管理をやむを得ず所有者等が自ら行うことができない場合等は、定期的な管理も含め、これらの者に管理を委託することが考えられる。

　①保安上危険の防止のための管理
　・倒壊の防止
　　建築物、これに附属する門、塀、屋外階段等又は立木の倒壊を防止することが必要である。そのための点検対象となる事象としては、建築物の傾斜、屋根の変形、外装材の剥落若しくは脱落、構造部材（基礎、柱、はりその他の構造耐力上主要な部分をいう。以下同じ。）の破損、腐朽、蟻害、腐食等若しくは構造部材同士のずれ（以下「構造部材の破損等」という。）若しくは雨水浸入の痕跡、門、塀、屋外階段等の傾斜若しくは構造部材の破損等又は立木の傾斜若しくは幹の腐朽が考えられる。これらの事象が認められた場合は、構造部材等の補修、防腐、防蟻若しくは防錆処理又は立木の伐採、補強等を行うことが考えられる。
　　また、これらの事象の発生を予防するためには、定期的に通気や換気を行うことが必要である。
　・擁壁の崩壊の防止
　　擁壁の崩壊を防止することが必要である。そのための点検対象となる事

象としては、擁壁の一部の崩壊、土砂の流出、ひび割れ等の部材の劣化、水のしみ出し、変状又は水抜き穴の排水不良が考えられる。これらの事象が認められた場合は、補修又は清掃を行うことが考えられる。

　また、これらの事象の発生を予防するためには、定期的に水抜き穴の清掃を行うことが必要である。

・落下の防止

　外装材、屋根ふき材、手すり材、看板等（上部にあるものに限る。以下「外装材等」という。）、軒、バルコニーその他の突出物（以下「軒等」という。）又は立木の大枝の落下を防止することが必要である。そのための点検対象となる事象としては、外装材等の剥落、脱落、破損若しくは支持部材の破損、腐食等、軒等の脱落、傾き若しくは支持部分の破損、腐朽等又は立木の大枝の部分的な脱落、折れ若しくは腐朽が考えられる。これらの事象が認められた場合は、補修、撤去、防腐若しくは防錆処理又は立木の大枝の剪定等を行うことが考えられる。

・飛散の防止

　屋根ふき材、外装材、看板等（以下「屋根ふき材等」という。）又は立木の大枝の飛散を防止することが必要である。そのための点検対象となる事象としては、屋根ふき材等の剥落、脱落、破損若しくは支持部材の破損、腐食等又は立木の大枝の部分的な飛散、折れ若しくは腐朽が考えられる。これらの事象が認められた場合は、補修、撤去若しくは防錆処理又は立木の大枝の剪定等を行うことが考えられる。

②衛生上有害の防止のための管理

・石綿の飛散の防止

　吹付け石綿等の飛散を防止することが必要である。そのための点検対象となる事象としては、吹付け石綿の露出若しくは周囲の外装材の破損等又は石綿使用部材の破損等が考えられる。これらの事象が認められた場合は、除去、囲い込み又は封じ込めを行うことが考えられる。

・健康被害の誘発の防止

　汚水等、害虫等又は動物の糞尿等による健康被害の誘発を防止することが必要である。そのための点検対象となる事象としては、汚水等の流出、排水設備（浄化槽を含む。以下同じ。）の破損等、害虫等の発生、水たまりや腐敗したごみ等又は動物の糞尿等若しくは棲みつきが考えられる。これらの事象が認められた場合は、補修、処理、清掃、駆除等を行うことが考えられる。

　また、これらの事象の発生を予防するためには、定期的に清掃等を行うことが必要である。

③景観悪化の防止のための管理

　景観悪化を防止することが必要である。そのための点検対象となる事象

としては、屋根ふき材、外装材、看板等の色褪せ、破損若しくは汚損又は
ごみ等の散乱若しくは山積が考えられる。これらの事象が認められた場合
は、補修、撤去、清掃等を行うことが考えられる。

　また、これらの事象の発生を予防するためには、定期的に清掃を行うこ
とが必要である。

④周辺の生活環境の保全への悪影響の防止のための管理
・悪臭の防止
　　汚水等、動物の糞尿等又は腐敗したごみ等による悪臭の発生を防止する
　ことが必要である。そのための点検対象となる事象としては、排水設備周
　辺の臭気、排水設備の破損等若しくは封水切れ、動物の糞尿等若しくは棲
　みつき又は腐敗したごみ等が考えられる。これらの事象が認められた場合
　は、補修、封水の注入、駆除、清掃等を行うことが考えられる。

　　また、これらの事象の発生を予防するためには、定期的に封水の注入及
　び清掃を行うことが必要である。
・不法侵入の防止
　　開口部等の破損等による不法侵入を防止することが必要である。そのた
　めの点検対象となる事象としては、不法侵入の形跡又は開口部等の破損等
　が考えられる。これらの事象が認められた場合は、補修等を行うことが考
　えられる。
・落雪による通行障害等の防止
　　落雪による通行障害等を防止することが必要である。そのための点検対
　象となる事象としては、頻繁な落雪の形跡、屋根等の堆雪若しくは雪庇又
　は雪止めの破損等が考えられる。これらの事象が認められた場合は、雪下
　ろし又は雪止めの補修を行うことが考えられる。

　　また、これらの事象の発生を予防するためには、定期的に積雪の状況に
　応じた雪下ろしを行うことが必要である。
・立木等による破損・通行障害等の防止
　　立木の枝等のはみ出しによる周囲の建築物の破損又は歩行者等の通行の
　妨げ等を防止することが必要である。そのための点検対象となる事象とし
　ては、立木の枝等のはみ出しが考えられる。これらの事象が認められた場
　合は、枝の剪定等を行うことが考えられる。

　　また、これらの事象の発生を予防するためには、定期的に枝の剪定等を
　行うことが必要である。
・動物等による騒音・侵入等の防止
　　動物等の棲みつき等による騒音の発生又は周辺への侵入等を防止するこ
　とが必要である。そのための点検対象となる事象としては、動物等の棲み
　つき等が考えられる。これらの事象が認められた場合は、駆除等を行うこ
　とが考えられる。

四 その他空家等に関する施策を総合的かつ計画的に実施するために必要な事項

1 空家等の所有者等の意識の涵養と理解増進

　第一義的には、空家等の所有者等が自らの責任において空家等の適切な管理に努めなければならないことに鑑み、空家等をそもそも発生させない、又は空家等の増加を抑制する観点から、所有者等の意識啓発を図ることが重要である。具体的には、空家等の半数以上は相続を契機に発生していることを踏まえ、生前から住宅等の所有者等やその家族に「住宅を空家としない」との意識を持って必要な準備を進めるよう促すことが重要であり、生前から住まいの対処方針を決めておく「住まいの終活」を普及することや、空家等を所有し続けることに伴うリスク、例えば、空家等は傷みが早く資産価値も低減することなどを訴求することにより、所有者等の行動を促すことが重要である。このほか、例えば三1で述べたように、空家等の適切な管理を行うことの重要性、管理不全の空家等が周辺地域にもたらす諸問題及びそれに対処するための総合的な方針について所有者等の意識の涵養や理解増進を図るとともに、空家等となることが見込まれる住宅等の所有者等へ適切な管理についての注意喚起を行う取組を進めることが重要である。その際、市町村の内部部局が連携して、相続時や納税通知時など、あらゆる機会を捉えて周知等に取り組むことが効果的である。

　また、適切な管理がその所有者等によってなされない空家等は、周辺地域に悪影響を及ぼす要因となるものと考えられることから、空家等の活用や適切な管理を行うことの重要性、管理不全の空家等が周辺地域にもたらす諸問題及びそれに対処するために作成した空家等対策計画の内容については、空家等の所有者等に限らず、広く住民全体で共有されることが望ましい。このような観点からは、例えば、空家等対策計画の公表に合わせて、空家等の活用や適切な管理を行うことの重要性に加えて管理不全の空家等が周辺地域にもたらす諸問題について広報を行ったり、協議会における協議の内容を住民に公開したりする等により、空家等の活用や適切な管理の重要性、空家等の周辺地域にもたらす諸問題への関心を広く惹起し、地域全体でその対処方策を検討・共有できるようにすることが望ましい。

2 空家等に対する他法令による諸規制等

　空家等については、この法律に限らず、例えば建築基準法、消防法、道路法（昭和27年法律第180号）、災害対策基本法（昭和36年法律第223号）、災害救助法（昭和22年法律第118号）等各法律の目的に沿って適正な運用を図る一環から、適切な管理のなされていない空家等について必要な措置が講じられる場合も考えられる。例えば、災害が発生し、又はまさに発生しようとしている場合には、空家等に対して災害対策基本法第62条第1項及び第64条第2項の規定に基づき必要な措置を講ずることが可能となる場合もある。関係法令の適用を総合的に検討する観点からも、各市町村においては一2（1）で述べたとおり、市町村の区域内の空家等の所在、所有者等について内部部局間で広く情報共有を図り、空家等対策について内部部局間の連携を取りやすい体制を整備するこ

とが重要である。

3　空家等の増加抑制策、活用施策、除却等に対する支援施策等

　　空家等対策を講ずる上では、単に周辺地域に悪影響を与える管理不全空家等や特定空家等に対して、この法律をはじめとする2で述べたような関係法令に基づき必要な措置を講ずるだけでなく、空家等のそもそもの発生若しくは増加を抑制することが重要である。また、地方創生や中心市街地の活性化、コンパクトシティ施策等と空家等対策の一体的な推進、空家等を活用した新たなビジネスの創出の促進等により、除却や、立地・管理状況の良好な空家等の多様な活用の推進を図る取組も重要となる。

（1）空家等の発生又は増加の抑制等に資する施策

　　1で述べた空家等の所有者等の意識の涵養と理解増進に係る取組を進めるほか、一9（2）で述べた空家等の発生を抑制するための税制上の措置の的確な運用、また、空家等の所有者等、外部からの空家等への移住希望者、関係民間団体等との連携の下、空家等の売買・賃貸、適切な管理、除却等などの幅広い取組を促すことが考えられる。

（2）空家等の活用、除却等に対する支援施策

　　現在、空家等の所有者等だけでなく、各市町村の住民や外部からの移住希望者等が空家等を活用し、又は除却等する取組を促す観点から、例えば空家等のリフォームの普及・促進、空家等の他用途の施設（地域活性化施設、地域間交流拠点施設、社会福祉施設、店舗等）への転用、多様な二地域居住・多地域居住の推進のための空家等の活用、地方公共団体と民間団体等が連携した古民家の活用、空家等そのものの除却等を促すための各種財政支援策が用意されている。各市町村においては、これらの支援策を活用しながら、空家等の活用策の選択肢を少しでも広げて住民等に提示することも重要である。

管理不全空家等及び特定空家等の判断の参考となる基準

（国土交通省作成「管理不全空家等及び特定空家等に対する措置に関する適切な実施を図るために必要な指針（ガイドライン）」別紙より）

〔別紙1〕　保安上危険に関して参考となる基準

　「そのまま放置すれば倒壊等著しく保安上危険となるおそれのある状態（特定空家等）」又は「そのまま放置すれば当該状態の特定空家等に該当することとなるおそれのある状態（管理不全空家等）」であるか否かの判断に際しては、以下に掲げる放置した場合の悪影響ごとに、それぞれに掲げる状態の例を参考として総合的に判断する。なお、以下に掲げる放置した場合の悪影響及び状態の例によらない場合も、個別の事案に応じて適切に判断する必要がある。

1．建築物等の倒壊
　以下に掲げる状態の例であって建築物等の倒壊につながるものを対象として、特定空家等又は管理不全空家等であることを総合的に判断する。

（1）建築物	
（特定空家等）	・倒壊のおそれがあるほどの著しい建築物の傾斜 ・倒壊のおそれがあるほどの著しい屋根全体の変形又は外装材の剝落若しくは脱落 ・倒壊のおそれがあるほどの著しい構造部材（基礎、柱、はりその他の構造耐力上主要な部分をいう。以下同じ。）の破損、腐朽、蟻害、腐食等又は構造部材同士のずれ
（管理不全空家等）	・屋根の変形又は外装材の剝落若しくは脱落 ・構造部材の破損、腐朽、蟻害、腐食等 ・雨水浸入の痕跡
（備　　考）	・倒壊のおそれがあるほどの著しい建築物の傾斜は、1/20超が目安となる。 ・傾斜を判断する際は、2階以上の階のみが傾斜している場合も、同様に取り扱うことが考えられる。 ・屋根の変形又は外装材の剝落若しくは脱落は、過去に大きな水平力等が加わり、構造部材に破損等が生じている可能性が高い事象である。
（2）門、塀、屋外階段等	

（特定空家等）	・倒壊のおそれがあるほどの著しい門、塀、屋外階段等の傾斜 ・倒壊のおそれがあるほどの著しい構造部材の破損、腐朽、蟻害、腐食等又は構造部材同士のずれ
（管理不全空家等）	・構造部材の破損、腐朽、蟻害、腐食等

（3）立木

（特定空家等）	・倒壊のおそれがあるほどの著しい立木の傾斜 ・倒壊のおそれがあるほどの著しい立木の幹の腐朽
（管理不全空家等）	・立木の伐採、補強等がなされておらず、腐朽が認められる状態
（備　　　考）	・立木の傾斜及び腐朽に関しては、「都市公園の樹木の点検・診断に関する指針（案）参考資料」（平成29年9月　国土交通省）における樹木の点検の考え方や手法等が参考にできる。以下3.（3）及び4.（2）において同様とする。

２．擁壁の崩壊

　以下に掲げる状態の例であって擁壁の崩壊につながるものを対象として、特定空家等又は管理不全空家等であることを総合的に判断する。

（特定空家等）	・擁壁の一部の崩壊又は著しい土砂の流出 ・崩壊のおそれがあるほどの著しい擁壁のひび割れ等の部材の劣化、水のしみ出し又は変状
（管理不全空家等）	・擁壁のひび割れ等の部材の劣化、水のしみ出し又は変状 ・擁壁の水抜き穴の清掃等がなされておらず、排水不良が認められる状態
（備　　　考）	・擁壁の種類に応じて、それぞれの基礎点（環境条件・障害状況）と変状点の組合せ（合計点）により、擁壁の劣化の背景となる環境条件を十分に把握した上で、危険度を総合的に評価する。この場合、「宅地擁壁の健全度判定・予防保全対策マニュアル」（令和4年4月　国土交通省）が参考にできる。

３．部材等の落下

　以下に掲げる状態の例であって部材等の落下につながるものを対象として、特定空家等又は管理不全空家等であることを総合的に判断する。

（1）外装材、屋根ふき材、手すり材、看板等	

（特定空家等）	・外装材、屋根ふき材、手すり材、看板、雨樋、給湯設備、屋上水槽等の剥落又は脱落
	・落下のおそれがあるほどの著しい外壁上部の外装材、屋根ふき材若しくは上部に存する手すり材、看板、雨樋、給湯設備、屋上水槽等の破損又はこれらの支持部材の破損、腐食等
（管理不全空家等）	・外壁上部の外装材、屋根ふき材若しくは上部に存する手すり材、看板、雨樋、給湯設備、屋上水槽等の破損又はこれらの支持部材の破損、腐食等
（備　　　考）	・既に外装材等の剥落又は脱落がある場合は、他の部分の外装材等の落下が生じる可能性が高いと考えることができる。ただし、上部の外装材等の落下が生じるかの判断が必要になる。
（2）軒、バルコニーその他の突出物	
（特定空家等）	・軒、バルコニーその他の突出物の脱落
	・落下のおそれがあるほどの著しい軒、バルコニーその他の突出物の傾き又はこれらの支持部分の破損、腐朽等
（管理不全空家等）	・軒、バルコニーその他の突出物の支持部分の破損、腐朽等
（備　　　考）	・既に軒等の脱落がある場合は、他の部分の軒等の落下が生じる可能性が高いと考えることができる。
（3）立木の枝	
（特定空家等）	・立木の大枝の脱落
	・落下のおそれがあるほどの著しい立木の上部の大枝の折れ又は腐朽
（管理不全空家等）	・立木の大枝の剪定、補強がなされておらず、折れ又は腐朽が認められる状態
（備　　　考）	・既に立木の大枝の脱落がある場合は、他の上部の大枝の落下が生じる可能性が高いと考えることができる。

4．部材等の飛散

　以下に掲げる状態の例であって部材等の飛散につながるものを対象として、特定空家等又は管理不全空家等であることを総合的に判断する。

（1）屋根ふき材、外装材、看板等	
（特定空家等）	・屋根ふき材、外装材、看板、雨樋等の剥落又は脱落
	・飛散のおそれがあるほどの著しい屋根ふき材、外装

	材、看板、雨樋等の破損又はこれらの支持部材の破損、腐食等
（管理不全空家等）	・屋根ふき材、外装材、看板、雨樋等の破損又はこれらの支持部材の破損、腐食等
（備　　　　　考）	・既に屋根ふき材等の剥落又は脱落がある場合は、他の部分の屋根ふき材等の飛散が生じる可能性が高いと考えることができる。

（2）立木の枝

（特 定 空 家 等）	・立木の大枝の飛散 ・飛散のおそれがあるほどの著しい立木の大枝の折れ又は腐朽
（管理不全空家等）	・立木の大枝の剪定、補強がなされておらず、折れ又は腐朽が認められる状態
（備　　　　　考）	・既に立木の大枝の飛散がある場合は、他の部分の大枝の飛散が生じる可能性が高いと考えることができる。

〔別紙2〕　衛生上有害に関して参考となる基準

　「そのまま放置すれば著しく衛生上有害となるおそれのある状態（特定空家等）」又は「そのまま放置すれば当該状態の特定空家等に該当することとなるおそれのある状態（管理不全空家等）」であるか否かの判断に際しては、以下に掲げる放置した場合の悪影響ごとに、それぞれに掲げる状態の例を参考として総合的に判断する。なお、以下に掲げる放置した場合の悪影響及び状態の例によらない場合も、個別の事案に応じて適切に判断する必要がある。

１．石綿の飛散
　以下に掲げる状態の例であって石綿の飛散につながるものを対象として、特定空家等又は管理不全空家等であることを総合的に判断する。

（特定空家等）	・石綿の飛散の可能性が高い吹付け石綿の露出又は石綿使用部材の破損等
（管理不全空家等）	・吹付け石綿の周囲の外装材又は石綿使用部材の破損等

２．健康被害の誘発
　以下に掲げる状態の例であって健康被害の誘発につながるものを対象として、特定空家等又は管理不全空家等であることを総合的に判断する。

（１）汚水等	
（特定空家等）	・排水設備（浄化槽を含む。以下同じ。）からの汚水等の流出 ・汚水等の流出のおそれがあるほどの著しい排水設備の破損等
（管理不全空家等）	・排水設備の破損等
（２）害虫等	
（特定空家等）	・敷地等からの著しく多数の蚊、ねずみ等の害虫等の発生 ・著しく多数の蚊、ねずみ等の害虫等の発生のおそれがあるほどの敷地等の常態的な水たまり、多量の腐敗したごみ等
（管理不全空家等）	・清掃等がなされておらず、常態的な水たまりや多量の腐敗したごみ等が敷地等に認められる状態
（３）動物の糞尿等	
（特定空家等）	・敷地等の著しい量の動物の糞尿等 ・著しい量の糞尿等のおそれがあるほど常態的な敷地等への動物の棲みつき
（管理不全空家等）	・駆除等がなされておらず、常態的な動物の棲みつきが敷地等に認められる状態

〔別紙3〕　景観悪化に関して参考となる基準

　「適切な管理が行われていないことにより著しく景観を損なっている状態（特定空家等）」又は「そのまま放置すれば当該状態の特定空家等に該当することとなるおそれのある状態（管理不全空家等）」であるか否かの判断に際しては、以下に掲げる状態の例を参考として総合的に判断する。なお、以下に掲げる状態の例によらない場合も、個別の事案に応じて適切に判断する必要がある。

　以下に掲げる状態の例であって景観悪化につながるものを対象として、特定空家等又は管理不全空家等であることを総合的に判断する。

（特 定 空 家 等）	・屋根ふき材、外装材、看板等の著しい色褪せ、破損又は汚損 ・著しく散乱し、又は山積した敷地等のごみ等
（管理不全空家等）	・補修等がなされておらず、屋根ふき材、外装材、看板等の色褪せ、破損又は汚損が認められる状態 ・清掃等がなされておらず、散乱し、又は山積したごみ等が敷地等に認められる状態
（備　　　　考）	・景観法に基づく景観計画、同法に基づく景観地区における都市計画等において、上記の状態に関係する建築物の形態意匠に係る制限等が定められている場合は、上記の状態に該当することの判断を積極的に行うことが考えられる。

〔別紙4〕　周辺の生活環境の保全への影響に関して参考となる基準

　「その他周辺の生活環境の保全を図るために放置することが不適切である状態（特定空家等）」又は「そのまま放置すれば当該状態の特定空家等に該当することとなるおそれのある状態（管理不全空家等）」であるか否かの判断に際しては、以下に掲げる放置した場合の悪影響ごとに、それぞれに掲げる状態の例を参考として総合的に判断する。なお、以下に掲げる放置した場合の悪影響及び状態の例によらない場合も、個別の事案に応じて適切に判断する必要がある。

1. 汚水等による悪臭の発生

　以下に掲げる状態の例であって汚水等による悪臭の発生につながるものを対象として、特定空家等又は管理不全空家等であることを総合的に判断する。

（特定空家等）	・排水設備（浄化槽を含む。以下同じ。）の汚水等による悪臭の発生
	・悪臭の発生のおそれがあるほどの著しい排水設備の破損等
	・敷地等の動物の糞尿等又は腐敗したごみ等による悪臭の発生
	・悪臭の発生のおそれがあるほどの著しい敷地等の動物の糞尿等又は多量の腐敗したごみ等
（管理不全空家等）	・排水設備の破損等又は封水切れ
	・駆除、清掃等がなされておらず、常態的な動物の棲みつき又は多量の腐敗したごみ等が敷地等に認められる状態

2. 不法侵入の発生

　以下に掲げる状態の例であって不法侵入の発生につながるものを対象として、特定空家等又は管理不全空家等であることを総合的に判断する。

（特定空家等）	・不法侵入の形跡
	・不特定の者が容易に侵入できるほどの著しい開口部等の破損等
（管理不全空家等）	・開口部等の破損等

3. 落雪による通行障害等の発生

　以下に掲げる状態の例であって落雪による通行障害等の発生につながるものを対象として、特定空家等又は管理不全空家等であることを総合的に判断する。

| （特定空家等） | ・頻繁な落雪の形跡 |
| | ・落下した場合に歩行者等の通行の妨げ等のおそれがあるほどの著しい屋根等の堆雪又は雪庇 |

（管理不全空家等）	・落雪のおそれがあるほどの著しい雪止めの破損等
	・通常の雪下ろしがなされていないことが認められる状態
	・雪止めの破損等
（備　　　考）	・豪雪地帯対策特別措置法第2条第1項に基づく豪雪地帯又は同条第2項に基づく特別豪雪地帯の指定等当該地域における通常の積雪の程度等を踏まえて、上記状態に該当することの判断を適切に行うことが考えられる。

4．立木等による破損・通行障害等の発生

以下に掲げる状態の例であって立木等による破損・通行障害等の発生につながるものを対象として、特定空家等又は管理不全空家等であることを総合的に判断する。

| （特定空家等） | ・周囲の建築物の破損又は歩行者等の通行の妨げ等のおそれがあるほどの著しい立木の枝等のはみ出し |
| （管理不全空家等） | ・立木の枝の剪定等がなされておらず、立木の枝等のはみ出しが認められる状態 |

5．動物等による騒音の発生

以下に掲げる状態の例であって動物等による騒音の発生につながるものを対象として、特定空家等又は管理不全空家等であることを総合的に判断する。

| （特定空家等） | ・著しい頻度又は音量の鳴き声を発生する動物の敷地等への棲みつき等 |
| （管理不全空家等） | ・駆除等がなされておらず、常態的な動物等の棲みつき等が敷地等に認められる状態 |

6．動物等の侵入等の発生

以下に掲げる状態の例であって動物等の侵入等の発生につながるものを対象として、特定空家等又は管理不全空家等であることを総合的に判断する。

| （特定空家等） | ・周辺への侵入等が認められる動物等の敷地等への棲みつき |
| （管理不全空家等） | ・駆除等がなされておらず、常態的な動物等の棲みつきが敷地等に認められる状態 |

所有者等の特定に係る調査手順の例

（国土交通省作成「管理不全空家等及び特定空家等に対する措置に関する適切
な実施を図るために必要な指針（ガイドライン）」別紙５より）

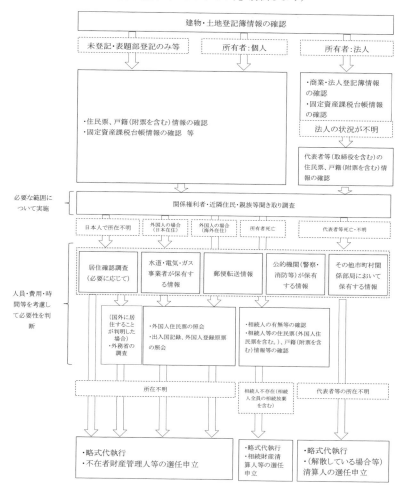

空家等活用促進区域の設定が規定される区域等

（国土交通省作成「空家等活用促進区域の設定に係るガイドライン」より）

【促進区域の設定が想定される区域】（法第 7 条第 3 項第 1 号～第 4 号）

中心市街地 （中心市街地活性化法第 2 条）	相当数の小売商業者が集積し、及び都市機能が相当程度集積しており、その存在している市町村の中心としての役割を果たしている市街地
地域再生拠点 （地域再生法第 5 条第 4 項第 8 号）	集落生活圏（自然的社会的諸条件からみて一体的な日常生活圏を構成していると認められる集落及びその周辺の農用地等）を含む一定の地域
地域住宅団地再生区域 （地域再生法第 5 条第 4 項第11号）	自然的経済的社会的条件からみて一体的な日常生活圏を構成していると認められる、住宅の需要に応ずるため一体的に開発された相当数の住宅の存する一団の土地及びその周辺の区域であって、当該区域における人口の減少又は少子高齢化の進展に対応した都市機能の維持又は増進及び良好な居住環境の確保を図ることが適当と認められる区域
歴史的風致の重点区域 （歴史まちづくり法第 2 条第 2 項）	・重要文化財建造物等の用に供される土地又は重要伝統的建造物群保存地区内の土地の区域及びその周辺の土地の区域 ・当該区域において歴史的風致の維持及び向上を図るための施策を重点的かつ一体的に推進することが特に必要であると認められる土地の区域

【促進区域の設定が想定される区域】（施行規則第1条第1号～第4号）

商店街活性化促進区域 （地域再生法第5条第4項第7号）	地域における経済的社会的活動の拠点として商店街が形成されている区域であって、当該商店街における小売商業者又はサービス業者の集積の程度、商業活動の状況その他の状況からみてその活力の維持に支障を生じ、又は生ずるおそれがあると認められ、かつ、当該商店街の活性化により地域経済の発展及び地域住民の生活の向上を図ることが適当と認められる区域
農村地域等移住促進区域 （地域再生法第5条第4項第12号）	人口の減少により、その活力の維持に支障を生じ、又は生ずるおそれがあると認められる農村地域その他の農地（耕作の目的に供される土地）又は採草放牧地（農地以外の土地で、主として耕作又は養畜の事業のための採草又は家畜の放牧の目的に供されるもの）を含む一定の区域であって、当該区域に移住する者を増加させることによりその活力の向上を図ることが必要と認められる区域
滞在促進地区 （観光圏整備法第2条第2項）	観光圏整備法に基づく観光圏整備計画に位置づけられた観光旅客の滞在を促進するため宿泊に関するサービスを改善・向上させるための事業等を重点的に実施しようとする地区
上記のほか、地域における住民の生活、産業の振興又は文化の向上の拠点であって、生活環境の整備、経済基盤の強化又は就業の機会の創出を図ることが必要であると市町村が認める区域	

❶**中心市街地：中心市街地のシャッター商店街や古い商家が残る旧城下町**

● シャッター商店街で活性化が求められる区域や宿場町の街道筋として発展した
　商業中心地の沿道区域、古い商家が残る旧城下町の地区など。

❷**地域再生拠点：中山間地域の拠点地区**

● 中山間地域にある拠点地区で、人口減
　少・高齢化に伴い、空き店舗等が増加し
　活力や生活利便性の低下が著しい地区
　で、住民の持続的な暮らしを支えるた
　め、生活利便機能が求められる地区。

❸**地域住宅団地再生区域：郊外地域の計画的な住宅団地**

● 高度成長期に都市の郊外部を中心に大量に住宅が供給された計画的な団地。同
　時期に一斉に子育て世帯が入居した結果、現在では高齢化が進展。都市機能の
　維持や増進、良好な居住環境の確保が求められる区域。

❹歴史的風致の重点区域：町家が集積し歴史的町並みが残された地区

- 歴史的なまち並みのある港町で、市の総
合計画において、そのポテンシャルを活
かして積極的に誘客を図るエリアに位置
づけられている。ここ数年において観光
客の増加が顕著な市の観光スポットと
なっており、店舗需要も高い。しかしな
がら、空家等及び転出人口の増加によ
り、地域の魅力・活力の低下が進みつつ
ある地区。

促進区域の地区イメージ例（施行規則第１条第１号～第３号）

❶商店街活性化促進区域

- 地域の核となる商店街であるが、空き店舗の増加・来街者数の減少への対応が必要であり、その活性化により起業・創業の場として機能するとともに地域への経済波及効果をもたらし、周辺住民の多様な消費ニーズを満たすなど、地域再生に係る高い効果の発揮を図る区域。

❷農村地域等移住促進区域

- 人口減少により、空家や遊休農地の発生、農業等の産業の担い手不足によるコミュニティの衰退などが課題となっている農村地域等で、移住促進によって活力の向上を図る必要がある区域。

❸滞在促進地区

- 観光圏の区域内において、宿泊施設が複数集積しており、特に宿泊地としての魅力向上に重点的に取り組み、観光圏の滞在の拠点として観光旅客の滞在の促進を図る地域。

【空家等活用促進区域の設定にあたって留意する点】

（空家等活用促進区域の設定に係るガイドライン「2-3 空家等活用促進区域の検討」より抜粋）

- 促進区域は、単に、空家等が集積していることだけをもって設定するのではなく、その区域内で、空家等の活用により、経済的社会的活動を促進する必要がある区域を対象とします。そのため、市町村の中に、複数設定することも可能です。

- 促進区域の設定にあたって、空家等の数や分布の状況などの具体的な数値基準は設けていません。促進区域の候補地区は、単に空家率の高い地域を対象とするものではありません。空家率のみならず、活用できる空家等が存在するか、また、空家等を活用することで、経済的社会的活動の促進につながるかという視点が重要です。さらには、現在空家が相対的に多くなくとも、将来空家が増加した場合に経済的社会的活動が大きく損なわれるかという視点も考えられます。なお、促進区域の候補地区の絞り込みの過程で、中心市街地の空店舗率を定めるなど、市町村が独自に目安となる基準を設けることも考えられます。また、活用を図るという趣旨から、管理不全空家や所有者不明の空家等など課題の大きい空家等があるかどうかにかかわらず、区域を設定することができます。

- 促進区域では、区域内の住民に対する要請や規制の合理化等の措置を講じることができることから、区域の範囲は、具体的に示すことが必要です。

- 促進区域の設定にあたっては、災害発生の蓋然性が高いエリアとして、土砂災害特別警戒区域や災害危険区域レッドゾーンに設定することは望ましくありません。また、土砂災害警戒区域や浸水想定区域（イエローゾーン）における設定については、防災担当部局等とも相談し、慎重に検討する必要があります。

- 市街化調整区域を含むエリアに促進区域を定めることを検討する場合には、都道府県との協議に先立って、促進区域や誘導用途等の設定について、都道府県と相談・調整をしておくことが望ましいと考えられます。

281

空家等管理活用支援法人の指定等の考え方

（国土交通省作成「空家等管理活用支援法人の指定等の手引き」より

空家等管理活用支援法人の指定等の手引き

はじめに

　令和 5 年（2023年） 6 月14日に改正法が公布され、同年12月13日に施行されることとなった空家等対策の推進に関する特別措置法（平成26年法律第127号。以下「法」といいます。）において、新たに空家等管理活用支援法人（以下「支援法人」といいます。）に係る制度が創設されました。

　この制度の狙いは、指定により、民間法人が公的立場から活動しやすい環境を整備し、空家等対策に取り組む市町村（特別区を含みます。以下同じ。）の補完的な役割を果たしていくことにあります。

　本手引きは、各市町村が支援法人の指定等を行うにあたっての基本的な考え方や、審査の基準を含む事務取扱要綱（例）を示すことで、各市町村における業務の適切な実施の一助となることを期待するものです。

　本手引きは、今後、支援法人に係る制度の運用に伴う事例等の集積を踏まえ、適宜見直していくこととします。

第 1 章　支援法人の業務と要件等

（ 1 ）支援法人は、法において以下の業務を行うものとされています。また、市町村のニーズに応じて、一部の業務のみ実施するものも指定の対象にすることができます。【法第24条】

> ❶　空家等の所有者等その他空家等の管理又は活用を行おうとする者に対する当該空家等の管理又は活用の方法に関する情報の提供又は相談その他の当該空家等の適切な管理又はその活用を図るために必要な援助
> ❷　委託に基づく、定期的な空家等の状態の確認、空家等の活用のために行う改修その他の空家等の管理又は活用のため必要な事業又は事務
> ❸　委託に基づく、空家等の所有者等の探索
> ❹　空家等の管理又は活用に関する調査研究
> ❺　空家等の管理又は活用に関する普及啓発
> ❻　その他の空家等の管理又は活用を図るために必要な事業又は事務

（ 2 ）支援法人は、（ 1 ）の業務の遂行のため必要がある場合等において、以下の

請求等を市町村に対して行うことができます。

> ❶ 業務の遂行のため空家等の所有者等を知る必要がある場合
>   空家等の所有者等に関する情報（以下「所有者等関連情報」といいます。）の提供の請求【法第26条第2項】
> ❷ 業務を行うために必要があると認める場合
>   空家等対策計画の作成・変更の提案【法第27条第1項】
> ❸ 空家等の適切な管理のため特に必要があると認める場合
>   法第14条各項の請求（裁判所に対する財産管理人等の選任請求）の要請【法第28条第1項】

（3）支援法人の指定を受けることができるのは、以下の法人であって、（1）に記載した業務を適正かつ確実に行うことができると認められるものです。【法第23条第1項】

> ❶ 特定非営利活動促進法（平成10年法律第7号）第2条第2項に規定する特定非営利活動法人
> ❷ 一般社団法人（公益社団法人を含みます。）
> ❸ 一般財団法人（公益財団法人を含みます。）
> ❹ 空家等の管理又は活用を図る活動を行うことを目的とする会社

　支援法人は、契約や財産の保有を行うこと等も想定されることから、権利及び義務の主体となれるよう、法人格を有することが必要とされています。
　具体的には、例えば以下のような法人が、支援法人として活動することが期待されます。

> ● 所有者等の依頼に応じて空家等の活用等に関する業務を行う地域の専門家（建築士、宅地建物取引業、不動産鑑定士等）の団体
> ● 相続・登記などの法務その他の専門家（弁護士、司法書士、行政書士、土地家屋調査士、社会福祉士等）による団体
> ● 空家等の活用等に密接に関連するまちづくり、地域活性化、移住・定住等を目的とする事業に取り組む法人
> ● 定期的に家屋を訪問する業務と併せて、所有者等の依頼に応じて空家等の管理を行う法人
> ● これらの専門家等により構成され、又はこれらの専門家等との連携体制を構築し、ワンストップで空家等の管理・活用に取り組む法人

　また、すでに市町村が協定等を締結している法人、市町村から業務を受託している法人のほか、次の法令に基づく指定法人であって、空家等の管理・活用に関する事業に取り組むものも支援法人として活動することが期待されます。

- 所有者不明土地の利用の円滑化等に関する特別措置法（平成30年法律第49号）第47条第1項に規定する所有者不明土地利用円滑化等推進法人

※　空家等や所有者不明土地を含む空き地は、地域において混在しており、課題や対策も共通することから、所有者探索、活用の促進、管理の適正化等について一体的に取り組まれることで両対策の円滑化・効率化が期待されます。

- 都市再生特別措置法（平成14年法律第22号）第118条第1項に規定する都市再生推進法人
- 地域再生法（平成17年法律第24号）第19条第1項に規定する地域再生推進法人
- 住宅確保要配慮者に対する賃貸住宅の供給の促進に関する法律（平成19年法律第112号）第40条第1項に規定する住宅確保要配慮者居住支援法人

そのため、必要に応じて、こうした法人制度を所管する部局等との連携を図ることが望ましいと考えられます。

第2章　支援法人の指定手続等

（1）市町村長（特別区の区長を含みます。以下同じ。）は、第1章（3）に該当する法人であって、同章（1）の業務を適正かつ確実に行うことができると認められるものを、その申請により、支援法人として指定することができます。【法第23条第1項】

（2）支援法人の指定は、市町村長の裁量で行います。具体的には、以下のような手続とすることが考えられます。

❶支援法人の指定の方針等の明示

　　支援法人制度の運用にあたっては、指定を受けようとする法人（申請をしようとする法人）のために、市町村として求める支援法人の業務など、指定の方針を明らかにしておくことが重要です。

　　まずは、市町村における空家等の管理・活用に係る施策を外部に補完してもらう必要性に応じて、第1章（1）に掲げる業務の種別など、市町村として求める支援法人の業務を明確に示すことが重要です。この場合、支援法人を指定しなくても当該市町村が自ら空家等の所有者等に対する相談対応等を行うことができると判断する場合は、当該業務に関して法人を指定しないことも可能ですが、「当市町村では、市町村において○○の業務を行うことができるため、当該業務に関し支援法人は指定しないこととする」など、方針を明らかにすることが重要です。

　　次に、空家等の管理・活用を進める上では、所有者等や活用希望者に寄り添った丁寧な相談や、所有者等の多様なニーズに応じたマッチング等が行われるために必要な数の支援法人が指定されることが望ましいと考えられます。

一方で、第1章（1）に掲げる業務の種別によっては、市町村の実情に照らして、指定する法人を一つに限ることも想定されますが、その際には、公平性の観点にも留意しながら、複数の支援法人の指定により業務の適正かつ確実な実施が確保できなくなるか等を検討した上で、合理的にその理由を説明すべきと考えられます。

このほか、指定の有効期間を定めることも考えられます。指定の有効期間を定める場合は、あらかじめそのことを明らかにしておくことが適切です。

こうした指定の方針等は、事務取扱要綱等において明らかにしておくことが必要です。

❷指定を受けようとする法人からの申請

指定を受けようとする法人からの申請の際に求める書類は、③で述べる審査に必要な情報が得られるよう、その内容や様式を市町村が定めます。

具体的には、法人の活動目的・内容が支援法人制度の趣旨・目的に合致しているかや、市町村の求める業務を適正かつ確実に行うことができる体制を法人が備えているかなど、③で述べる事項等を審査するため、以下のような書類の提出を求めることが考えられます。

なお、申請後の書類の手戻りの防止や、指定の方針等を巡る市町村と法人との認識の共有等を図るため、指定を受けようとする法人に対して、申請前に市町村にあらかじめ相談をするよう周知等することも考えられます。

【申請にあたって提出を求める書類の例】

○定款
○登記事項証明書
○役員の氏名、住所及び略歴を記載した書面
○法人の組織及び沿革を記載した書面並びに事務分担（法人の各部署が担当する業務内容等）を記載した書面
○前事業年度の事業報告書、収支決算書及び貸借対照表
○当該事業年度の事業計画書及び収支予算書
○これまでの空家等の管理又は活用等に関する活動実績を記載した書面
　※　法人のウェブサイト、会報、パンフレット、議事録等でも可
○法第24条各号に規定する業務（の一部）に関する計画書
　※　関係する行政機関や民間団体等との連携・調整の状況（例えば、事業として空家等の売買を計画している場合は、専門家等との連携・調整の状況）も記載することが考えられる。

❸支援法人の審査

支援法人を指定する際の審査にあたっての基準は、市町村が独自に定めるものですが、例えば、業務を適正かつ確実に行うことができるか否かを審査

するため、以下のような事項が考えられます。こうした内容を事務取扱要綱等に記載し、ウェブサイトへの掲載、申請の提出先となる事務所における備付けなど、適当な方法により公にすることが必要です。

【法人の基本的な要件】

○特定非営利活動法人、一般社団法人若しくは一般財団法人又は会社のいずれかの法人格を有すること
※　上記のうち、会社の場合は、法第23条第1項のとおり、「空家等の管理又は活用を図る活動を行うことを目的とする」ものである必要があります。このため、例えば、単に申請者である法人の業務において空家等の管理や活用を扱っているというだけでなく、定款等により活動目的を審査することが考えられます。
○過去に指定を取り消され、その取消しの日から○年を経過しない者でないこと
○暴力団員による不当な行為の防止等に関する法律（平成3年法律第77号）第2条第6号に規定する暴力団又は同号に規定する暴力団員でなくなった日から○年を経過しない者（以下「暴力団員等」といいます。）がその事業活動を支配するものでないこと。
○役員のうちに次のいずれかに該当する者がないこと
・未成年者（又は未成年者の法定代理人が次のいずれかに該当する者）
・破産手続開始の決定を受けて復権を得ない者
・禁錮以上の刑に処せられ、その刑の執行を終わり、又は刑の執行を受けることがなくなった日から○年を経過しない者
・心身の故障により業務を適正に遂行することができない者
・暴力団員等

【法人の業務の適切さ】

○申請者が支援法人として行おうとする業務の方法が適切なものであること

【法人の業務体制】

○支援法人として業務を行うに足る専門性を有していること
※　すでに空家等の管理・活用に関する活動実績があることをもって審査することも考えられます。
※　関係する専門家等と連携した活動ができることをもって審査することも考えられます。例えば、申請者が支援法人として行おうとする業務が、空家等の売買等に係るものである場合には、宅地建物取引業者等が支援法人の構成員や連携先となっていることなどが考えられます。また、相続や登記等の法務に関わる相談対応等である場合には、弁護士や

司法書士をはじめとした専門士業の者が構成員や連携先となっていることなどが考えられます。

○当該市町村内で業務が円滑に行えること
　※　当該市町村外を活動範囲に含んでいても構いません。
○必要な組織・人員体制を備えていること
○個人情報をはじめとする情報の取扱いに関する適切な措置がとられていること
　※　法第24条各号の業務の実施にあたっては、個人情報を含む所有者等関連情報を取り扱うものが多くあります。また、第3章で述べるとおり、市町村から法第26条第2項に基づき、所有者等関連情報を提供することもあります。
　　　市町村では、支援法人の指定時に、個人情報の保護に関する法律（平成15年法律第57号）に基づく個人情報の適切な管理等を行うことができる体制が確保されているかを審査したり、その取扱いについての誓約を求めることが考えられます。

【法人の経理的基礎】

○必要な経費等を賄い、持続的に活動を行うことができる経理的基礎を有していること

なお、申請者である法人が全国規模や都道府県単位の法人である場合には、指定は法人格単位で行うことになりますが、その審査にあたっては、指定を行う市町村内において当該法人が適正かつ確実に業務を行うことができるか等を確認することが必要です。

例えば、当該法人が市町村単位の地域支部を有している場合には、当該地域支部における業務の計画や責任者を含む体制を審査することが考えられます。一方、法人の経理的基礎については、法人格単位で確認することも考えられます。

このほか、市町村は、❷の申請書類等に基づいて、指定を受けようとする法人が業務を適正かつ確実に行えるかどうかを審査しますが、申請内容に不十分な点等があった場合には、直ちに申請を却下するのではなく、申請者に対して、必要な報告を求める等申請書類の補正等を促すようにすべきと考えられます。

❹支援法人の指定
　市町村長は、支援法人を指定したときは、以下の事項を公示することとされています。【法第23条第2項】

ア　支援法人の名称又は商号
イ　支援法人の住所
ウ　事務所又は営業所の所在地

公示方法は、市町村が独自に決めることができます。例えば、公報やウェブサイトへの掲載により幅広く地域住民等に周知を図ること等が考えられます。

❺支援法人による関連事項の変更
　支援法人が④のア、イ又はウを変更するときは、あらかじめ、市町村長に届け出る必要があり、市町村長はその届出があったときは、同じく公示することとされています。【法第23条第3項及び第4項】
　支援法人がこれらの変更をしたにもかかわらず市町村長に届出をしていないと考えられるときは、必要な届出をするよう支援法人に求めることが必要です。

❻支援法人の監督等
　市町村長は、必要に応じて、支援法人に対し、業務の報告をさせることができます。【法第25条第1項】
　また、市町村長は、支援法人が、必要な業務を適正かつ確実に実施していないと認めるときは、業務改善命令を出すことができます。命令に違反した場合には、支援法人の指定を取り消すことができます。【法第25条第2項及び第3項】

　市町村では、毎事業年度の開始前に、その事業年度の事業計画書等の提出を求めるとともに、当該事業年度終了後、遅滞なくその年度の事業報告書等の提出を求め、支援法人の業務状況等を確認することが考えられます。
　また、支援法人が適切に個人情報の管理等を行っているか確認するため、定期的にその状況についても報告を求めることが適切です。個人情報の管理等が不適切であること（※）が判明した場合には、命令を行うこと等も検討します。
※　例えば、個人情報の不適切な取扱いとして、支援法人が業務を遂行する中で取得した所有者等関連情報について、所有者等の同意を得ることなく、当該業務の目的外で使用している場合や、支援法人の外部に提供している場合等が考えられます。

第3章　情報の提供等
（1）支援法人への所有者等関連情報の提供
　市町村長は、支援法人からその業務の遂行のため空家等の所有者等を知る必要があるとして求めがあったときは、当該空家等の所有者等の探索に必要な限度で、所有者等関連情報を支援法人に提供することとされています。【法第26条第2項】
　その提供は、「所有者等を知る必要がある」ときの「所有者等に関する情報（所有者等関連情報）」に係るものに限られます。所有者等関連情報として

は、空家等の所有者等の氏名・名称、住所及び連絡先が基本です。また、「世帯構成」や「親族の連絡先」に係る情報は、所有者等関連情報には当たりません。

なお、この規定は、支援法人が自ら不動産登記簿情報等により所有者等を探索してもなお当該所有者等が分からない場合に、支援法人が市町村に対して情報提供の求めを行うことを想定したものです。そのため、支援法人からの情報提供の求めにあたり、当該法人が行った不動産登記簿情報等による所有者等の探索の結果を示してもらうことが考えられます。また、支援法人から情報提供の求めがあった時点で市町村の空家等施策担当局において所有者等が判明していない場合には、個別の事案の内容を踏まえ、できる限りその所有者等の探索を行うことが望ましく、少なくとも、当該市町村内で把握している固定資産課税台帳に記載された情報の照会を税務部局に対して行うこと等が適切です。

（２）所有者等の同意の取得

　　法第26条第２項に基づき支援法人に対して所有者等関連情報を提供する際、市町村長はあらかじめ所有者等の同意を得る必要があります。【法第26条第３項】

　　この同意は、その所在が判明している者に対して求めれば足りるとされています。【法第26条第４項】この規定は、支援法人から所有者等関連情報の提供の求めがあった場合、所在が判明していない者についても市町村が探索し、同意を得にいく必要はないことを明らかにしたものです。所在が判明していない者についての所有者等関連情報については、本人の同意が得られないため、市町村から支援法人に提供することはできません。

　　また、探索の対象となっている空家等が複数名の共有・相続人多数などの状態であることが判明している場合、所在が判明している所有者等について同意を得た上で、同意を得ることができた当該所有者等に関する所有者等関連情報を支援法人に提供することとなります。

　　所有者等の同意を取得する手続等の詳細については「空き家所有者情報の外部提供に関するガイドライン」（平成30年６月国土交通省住宅局作成）もご参照ください。

（３）支援法人への所有者等関連情報の提供の流れ

　　（１）及び（２）を踏まえると、支援法人への所有者等関連情報の提供は、基本的には、以下のような流れで行われることになります。本手引きの末尾に、各手続において参考となる様式例を掲載しています。

❶支援法人は、当該法人を指定した市町村長に対し、その業務の遂行のため空家等の所有者等を知る必要があるとして、所有者等の探索に必要な限度で、所有者等関連情報を請求する。【参考様式１】

❷市町村長は、支援法人に対し所有者等関連情報を提供するときは、あらか

じめ、当該情報を提供することについて本人の同意を得る。【参考様式 2 及び 3 】

❸市町村長は、本人の同意が得られた場合は、所有者等関連情報を支援法人に提供する。【参考様式 4 】

❹同意が得られなかった場合（所有者等の所在が判明していない場合を含む。）は、情報の提供ができないことを通知する。【参考様式 5 】

（4）所有者等関連情報の取扱いに関するその他留意点

❶市町村が所有者等の探索を支援法人に委託する際の所有者等関連情報の取扱い

　法第24条第 3 号に基づき、市町村は、支援法人に対して所有者等の探索を委託することができますが、その探索の結果、支援法人が所有者等関連情報を取得することになります。当該所有者等関連情報は、市町村の委託に基づく所有者等の探索のために取得したものであるため、当該委託業務の目的外に使用されることがないよう、また、委託業務の終了時には適切に廃棄等するよう、指定書や事務取扱要綱等においてその取扱いを明記することが重要です。

❷支援法人が会員の事業者等へ所有者等関連情報を提供する際の取扱い

　支援法人がその会員の事業者等へ所有者等関連情報を提供して、当該事業者等において空家等の活用や管理を行うことがあります。この場合も、支援法人が所有者等の本人から、同意を取得することが必要です。この場合の同意は、必ずしも個別の民間事業者名である必要はないと考えられますが、少なくとも、例えば「〇〇協会△△支部及び所属事業者」のように、提供先となり得る者の範囲が明確になるよう記載する必要があると考えられます。

　なお、市町村が、法第26条第 2 項に基づき支援法人に対して所有者等関連情報を提供する場合であって、支援法人がその会員事業者等へさらに同情報を提供することが分かっているときは、市町村が、同条第 3 項に基づき、上記と同様に最終的な情報提供先を明らかにした上で、所有者等の同意を取得することも考えられます。

○○市空家等管理活用支援法人の指定等に関する事務取扱要綱（例）

（趣旨）

第1条 この要綱は、空家等対策の推進に関する特別措置法（平成26年法律第127号。以下「法」という。）第23条第1項の規定に基づく空家等管理活用支援法人（以下「支援法人」という。）の指定等に関し、必要な事項を定めるものとする。

（指定の申請）

第2条 法第23条第1項の規定による支援法人の指定を受けようとする者（以下「申請者」という。）は、空家等管理活用支援法人申請書（様式第1号）を市長に提出するものとする。

2 前項の申請書には、次の各号に掲げる書類を添付するものとする。

一 定款

二 登記事項証明書

三 役員の氏名、住所及び略歴を記載した書面

四 法人の組織及び沿革を記載した書面並びに事務分担を記載した書面

五 前事業年度の事業報告書、収支決算書及び貸借対照表

六 当該事業年度の事業計画書及び収支予算書

七 これまでの空家等の管理又は活用等に関する活動実績を記載した書面

八 法第24条各号に規定する業務に関する計画書

九 前各号に掲げるもののほか、支援法人の業務に関し参考となる書類

（支援法人の指定）

第3条 市長は、前条第1項の規定による申請書の提出があった場合において、申請内容が次の各号のいずれにも該当すると認めるときは、法第23条第1項の規定により、当該申請者を支援法人として指定するものとする。

一 申請者が、特定非営利活動促進法（平成10年法律第7号）第2条第2項に規定する特定非営利活動法人、一般社団法人若しくは一般財団法人又は空家等の管理若しくは活用を図る活動を行うことを目的とする会社であること。

二 第8条の規定により、指定を取り消され、その取消しの日から○年を経過しない者でないこと。

三 暴力団員による不当な行為の防止等に関する法律（平成3年法律第77号）第2条第6号に規定する暴力団員又は同号に規定する暴力団員でなくなった日から○年を経過しない者（以下「暴力団員等」という。）がその事業活動を支配するものでないこと。

四 役員のうちに次のいずれかに該当する者がないこと。

　イ 未成年者

　ロ 破産手続開始の決定を受けて復権を得ない者

ハ　禁錮以上の刑に処せられ、その刑の執行を終わり、又は刑の執行を受けることがなくなった日から〇年を経過しない者

　　ニ　心身の故障により業務を適正に遂行することができない者

　　ホ　暴力団員等

　五　申請者が支援法人として行おうとする業務の方法が、法第24条各号に規定する業務として適切なものであること。

　六　申請者が、必要な人員の配置、個人情報の保護その他業務を適正かつ確実に遂行するために必要な措置を講じていること。

　七　申請者が、業務を的確かつ円滑に遂行するために必要な経理的基礎を有すること。

2　前項の指定の有効期間は、当該指定の日から起算して〇年とする。

3　市長は、申請者を支援法人として指定した場合は、空家等管理活用支援法人指定書（様式第2号）により当該申請者に通知するものとする。

（名称等の変更）

第4条　法第23条第3項の規定による変更の届出は、名称等変更届出書（様式第3号）により行うものとする。

2　支援法人は、その業務の内容を変更しようとするときは、あらかじめ業務変更届出書（様式第4号）を市長に提出するものとする。

（業務の廃止）

第5条　支援法人は、その業務を廃止したときは、直ちに業務廃止届出書（様式第5号）により市長に届け出るものとする。

2　市長は、前項の規定による業務の廃止の届出を受けたときは、法第23条第1項の規定による指定を取り消すとともに、遅滞なく、当該支援法人の名称又は商号、住所、事務所又は営業所の所在地及び業務の廃止の届出を受けた年月日を公示するものとする。

（事業の報告）

第6条　支援法人は、事業年度開始前、その事業年度の事業計画書及び収支予算書を市長に提出するものとする。

2　支援法人は、事業年度終了後、遅滞なくその事業年度の事業報告書、収支決算書及び貸借対照表を市長に提出するものとする。

（改善命令）

第7条　市長は、法第25条第2項の規定により、支援法人が業務を適正かつ確実に実施していないと認めるときは、支援法人に対し、その業務の運営の改善に関し必要な措置を講ずべきことを命ずることができる。

（指定の取消し）

第8条 市長は、法第25条第3項の規定により、支援法人が法第25条第2項の規定による命令に違反したときのほか、第3条第1項第1号、第3号若しくは第4号に掲げる要件に該当しないこととなったとき又は不正な手段により指定を受けたときは、第3条の規定による指定を取り消すことができる。

2　市長は、前項の規定により指定の取消しを行う場合は、指定取消書（様式第6号）により当該支援法人に通知するものとする。

（その他）

第9条 この要綱に定めるもののほか、必要な事項は、別に定める。

　　　附　　則

この要綱は、令和○年○月○日から施行する。

この要綱（例）は、一般的な記載例として掲載しているものです。
適宜修正のうえ御活用ください。

参考資料
⑬

空き家対策において活用可能な
財産管理制度比較表

（国土交通省作成「空き家対策における財産管理制度の活用に関する参考資料」より）

第2編　参考資料

空き家対策において活用可能な財産管理制度比較表

		❶不在者財産管理制度	❷相続財産清算制度	❸所有者不明土地管理制度
根拠条文		民法第25条第1項	民法第952条第1項	民法第264条の2第1項
申立人		・利害関係人　・検察官	・利害関係人　・検察官	・利害関係人
市町村長による財産管理人選任請求	改正空家法	可能（第14条第1項）	可能（第14条第1項）	可能
	（参考）所有者不明土地法	可能（第42条第1項）	可能（第42条第1項）	可能（第42条第2項）
裁判所が財産管理の処分を命ずることができる要件		「従来の住所又は居所を去った者（以下「不在者」という。）がその財産の管理人を置かなかったとき」※民法第25条第1項	「相続人のあることが明らかでないとき」※民法第951条	「所有者を知ることができず、又はその所在を知ることができない土地（土地が数人の共有に属する場合にあっては、共有者を知ることができず、又はその所在を知ることができない土地の共有持分）について、必要があると認めるとき」※民法第264条の2第1項
財産の範囲		不在者の全財産	相続財産全部	・所有者不明土地 ・所有者不明土地にある動産（土地所有者が所有するもの） ・上記の処分等により管理人が得た財産 ※所有者不明土地上に所有者不明建物がある場合、土地と建物の両方を管理人による管理の対象とするためには、所有者不明土地管理命令と所有者不明建物管理命令の双方を申し立てる必要がある。
	区分所有建物への適用	可能	可能	－
所有者の属性		自然人	自然人	自然人又は法人
申立先		家庭裁判所（不在者の従来の住所地・居住地）	家庭裁判所（被相続人の最後の住所地）	地方裁判所（当該土地の所在地）
保存行為及び利用又は改良を目的とする行為以外の管理人の権限	建物の処分（取壊し・売却）	可能（裁判所による権限外行為許可が必要）	可能（裁判所による権限外行為許可が必要）	－
	遺産分割協議	可能（裁判所による権限外行為許可が必要）	可能（裁判所による権限外行為許可が必要）	不可
管理の終了		・不在者が現れたとき ・不在者について失踪宣告がされたとき ・不在者が死亡したのが確認されたとき ・不在者の財産がなくなったとき	・相続財産が無くなったとき ・売却等を行った後に残った相続財産が国庫に引き継がれたとき	・売却や賃貸等といった所有者不明土地管理命令を発令した目的が達せられたとき（原則として、申立て又は職権により、裁判所が当該命令を取り消す。）

（参考）❶は裁判所webサイト「不在者財産管理人選任」（https://www.courts.go.jp/saiban/syurui/syurui_kazi/kazi_06_05/index.html）等より作成
　　　❷は裁判所webサイト「相続財産清算人の選任」（https://www.courts.go.jp/saiban/syurui/syurui_kazi/kazi_06_15/index.html）等より作成
　　　❸～❻は東京地方裁判所webサイト「共有に関する事件（非訟事件手続法第三編第一章）、土地等の管理に関する事件（非訟事件手続法第三編第二章）」（https://www.courts.go.jp/tokyo/saiban/vcmsFolder_1958/vcms_1958.html）等より作成

❹所有者不明建物管理制度	❺管理不全土地管理制度	❻管理不全建物管理制度
民法第264条の８第１項	民法第264条の９第１項	民法第264条の14第１項
・利害関係人	・利害関係人	・利害関係人
可能（第14条第２項）	可能（第14条第３項）	可能（第14条第３項）
可能 （第42条第５項）	可能 （第42条第３項、第４項）	可能 （第42条第５項）
「所有者を知ることができず、又は その所在を知ることができない建物 （建物が数人の共有に属する場合に あっては、共有者を知ることができ ず、又はその所在を知ることができ ない建物の共有持分）」について、必 要があると認めるとき」 ※民法第264条の８第１項	「所有者による土地の管理が不適当 であることによって他人の権利又は 法律上保護される利益が侵害され、 又は侵害されるおそれがある場合に おいて、必要があると認めるとき」 ※民法第264条の９第１項	「所有者による建物の管理が不適当 であることによって他人の権利又は 法律上保護される利益が侵害され、 又は侵害されるおそれがある場合に おいて、必要があると認めるとき」 ※民法第264条の14第１項
・所有者不明建物 ・所有者不明建物にある動産（建物 　所有者が所有するもの） ・建物の敷地利用権（借地権等で 　あって、建物所有者が有するも 　の） ・上記の処分等により得た財産	・管理不全土地 ・管理不全土地にある動産（土地所 　有者が所有するもの） ・上記の処分等により管理人が得た 　財産 ※管理不全土地上に管理不全建物が 　ある場合、土地と建物の両方を管 　理人による管理の対象とするため 　には、管理不全土地管理命令と管 　理不全建物管理命令の双方の発令 　を申し立てる必要がある。	・管理不全建物 ・管理不全建物にある動産（建物所 　有者が所有するもの） ・建物の敷地利用権（借地権等で 　あって、建物所有者が有するも 　の） ・上記の処分等により得た財産
不可	－	不可
自然人又は法人	自然人又は法人	自然人又は法人
地方裁判所 （当該建物の所在地）	地方裁判所 （当該土地の所在地）	地方裁判所 （当該建物の所在地）
可能 （裁判所による権限外行為許可が必 要）	－	可能 （裁判所による権限外行為許可・所 有者の同意が必要）
不可	不可	不可
・売却や賃貸等といった所有者不明 　建物管理命令を発令した目的が達 　せられたとき 　（原則として、申立て又は職権に 　より、裁判所が当該命令を取り消 　す。）	・ごみの除去や雑草の伐採等といっ 　た管理不全土地管理人を選任した 　目的が達せられたとき 　（原則として、申立て又は職権に 　より、裁判所が管理不全土地管理 　人の選任処分を取り消す。）	・管理不全状態が解消するなど、管 　理不全建物管理人を選任した目的 　が達せられたとき 　（原則として、申立て又は職権に 　より、裁判所が管理不全建物管理 　人の選任処分を取り消す。）

索　引

さ行

た行

■著者略歴━━━━━━━━━━

西村　明宏（にしむら　あきひろ）
早稲田大学政治経済学部政治学科卒業
早稲田大学大学院政治学研究科修了

平成10年　大蔵大臣秘書官
平成15年　衆議院議員1期目当選（第43回総選挙）
平成19年　内閣府大臣政務官（第1次安倍内閣）
平成19年　内閣府大臣政務官（福田内閣）
平成24年　自由民主党政務調査会国土交通部会部会長
平成25年　自由民主党政務調査会航空政策特別委員会副委員長
平成25年　自由民主党政務調査会観光立国調査会副会長
平成25年　衆議院東日本大震災復興特別委員会筆頭理事
平成25年　自由民主党総務会総務
平成26年　自由民主党政務調査会総合交通政策に関する特命委員会委員長
平成26年　国土交通副大臣兼復興副大臣（第2次安倍改造内閣）
平成26年　兼内閣府副大臣（平成26.10.3～）
平成26年　衆議院議員4期目当選（第47回総選挙）
平成26年　国土交通副大臣兼内閣府副大臣兼復興副大臣（第3次安倍内閣）
令和元年　内閣官房副長官（第4次安倍第2次改造内閣）
令和3年　衆議院議員（6回目）
令和4年　環境大臣・内閣府特命担当大臣（原子力防災）（第2次岸田改造内閣）

■著者略歴──────────

山下　貴司（やました　たかし）

東京大学法学部卒業
米コロンビア大学ロースクール修了

平成４年　　検事任官（東京地検特捜部
　　　　　　等で勤務）
平成14年　　在米日本大使館一等書記官
　　　　　　兼法律顧問
平成20年　　法務省刑事部国際刑事企画
　　　　　　官
平成22年　　慶應義塾大学法学部講師
　　　　　　（非常勤）
平成22年　　法務省司法試験委員会司法
　　　　　　試験考査委員（憲法）
平成24年　　第46回衆議院議員総選挙に
　　　　　　おいて当選
平成25年　　自由民主党司法制度調査会
　　　　　　事務局長
平成27年　　衆議院法務委員会理事
平成30年　　法務大臣（第４次安倍改造
　　　　　　内閣）
令和３年　　衆議院議員（４回目）

当選以来、空家等対策特措法のほか、
リベンジポルノ対策法や原発損害賠償
時効延長法、チケット不正転売禁止
法、AV出演被害防止・救済法などの
多数の議員立法を手掛ける。

【改訂版】
空家等対策特別措置法の解説

2015年 9 月20日　第 1 版第 1 刷発行
2024年 4 月30日　第 2 版第 1 刷発行

【監修】衆議院議員・元環境大臣　西村明宏
　　　　衆議院議員・元法務大臣　山下貴司
【編著】自由民主党空き家対策推進議員連盟

発 行 者　箕　　浦　　文　　夫

発 行 所　株式会社大成出版社
東京都世田谷区羽根木 1 － 7 －11
〒156-0042 電話 03（3321）4131（代）
https://www.taisei-shuppan.co.jp/

印刷　信教印刷

ISBN978-4-8028-3562-6